ひとり戸籍の幼児問題と
マイノリティの人権
に関する研究

稲垣　陽子

公人の友社

ひとり戸籍の幼児問題と
マイノリティの人権
に関する研究

目　次

はじめに ………………………………………………………………… 1

■研究目的……………………………………………………………… 2

■研究対象……………………………………………………………… 4

■研究方法……………………………………………………………… 6

■本論文の構成………………………………………………………… 7

第1章　「ひとり戸籍の幼児」と「無戸籍児」の戸籍問題 ………… 15

1-1　「ひとり戸籍の幼児」……………………………………………… 17

1-2　「ひとり戸籍の幼児」の実態 …………………………………… 20

1-3　「日本国憲法第25条」から乖離した「ひとり戸籍の幼児」……… 29

1-4　「戸籍のない子」…………………………………………………… 32

1-5　300日規定の問題点 ……………………………………………… 35

1-6　民法第772条規定による「出生届け」の問題点………………… 40

1-7　「選択的夫婦別姓」………………………………………………… 46

第2章　戸籍の歴史における憲法論争とGHQ、行政 ……………… 51

2-1　戸籍制度の形成 …………………………………………………… 51

2-2　「帝国憲法解釈を巡る論争」……………………………………… 58

2-3　穂積の憲法論 ……………………………………………………… 59

iii

目　次

2-4　ＧＨＱと憲法改正と戸籍制度 ……………………………… 64

2-5　行政側から見た戸籍制度 ………………………………… 72

2-6　官僚制の創出と戸籍制度 ………………………………… 80

2-7　住民基本台帳と自治体 …………………………………… 83

2-8　韓国における親族制度の形成と変化 …………………… 86

第3章　玉虫色の親権と「婚外子の戸籍」の問題 …………… 93

3-1　親権とは何か ……………………………………………… 93

3-2　民法改正（2012年） ……………………………………… 97

3-3　家父長制とは何か ………………………………………… 100

3-4　尊属殺重罰規定が消えた背景 …………………………… 105

3-5　戸籍が作る婚外子差別 …………………………………… 111

3-6　「非嫡出子」 ………………………………………………… 115

3-7　戸籍による「子どもの不利益」の発生 ………………… 121

3-8　海外の婚姻のあり方 ……………………………………… 122

第4章　「性同一性障害者の戸籍」と子どもの人権 ………… 133

4-1　多様な人間の性を考える手がかりとしての性科学に基づく三要素　133

4-2　「性同一性障害者」の戸籍 ……………………………… 136

4-3　「性同一性障害」（Gender Identity Disorder）の診断 …… 143

4-4　「性同一性障害者性別特例法」の問題点 ……………… 148

4-5　「同性婚」を認めた渋谷区役所 ………………………… 151

4-6　マイノリティ家庭の子どもの貧困 ……………………… 154

4-7　子どもの人権 ……………………………………………… 161

4-8　子どもを虐待から守るには ……………………………… 163

4-9　従来の子どもの人権 ……………………………………… 169

第5章 戸籍における天皇制に関する問題点 …………………… 177

5-1 「戸籍」と「天皇制」 ……………………………………… 180
5-2 皇族の身分を離れた者及び皇族になった者の戸籍に関する法律 … 182
5-3 天皇家には何故「氏」がないのか ……………………… 186
5-4 氏と「家制度」 …………………………………………… 187
5-5 「土地と日本人」 ………………………………………… 190
5-6 天皇制と民主主義 ………………………………………… 195

おわりに 子どもの人権を重視する社会の構築 …………………… 199

1 「ひとり戸籍の幼児」は、いま …………………………… 199
2 「広がる、子どもを守る社会」 …………………………… 202
3 動き出した自治体 ………………………………………… 207
4 多様な生き方を認める社会 ……………………………… 211
5 民法・戸籍法の差別的規定の廃止・法改正へ ………… 215

付録資料 日向国那珂郡飫肥人買船実録原文 ………………… 220

あとがき ……………………………………………………………… 227
参考文献 ……………………………………………………………… 230

はじめに

　幼児がひとりだけで、何故戸籍を作ることができたのか。戸籍制度は日本の家族を統制する機能を家族単位の編成に求め、届出を強制している。それにも拘わらず、幼児がたったひとりだけの戸籍が作られている。「ひとり戸籍を持つ幼児は、数は不明だが日本全国で結構いる。しかし、法律通りにやっているので問題ない」と法務省から回答があった。福祉行政は「戸籍に載っていなくても、親権を持つ親に責任があるのだから親権を持つ親に育てて貰え」と、行き場のない幼児を保護することはなかった。「親権」を持つ父親は養子先の戸籍で新しい家族を作り、「ひとり戸籍の幼児」を養子先の戸籍に入れることを拒み続けた[1]。「親権」には法的拘束力がないので、社会に深く浸透した戸籍制度には、抵抗出来るわけがなかったのである。

　離婚した父母の双方から、「戸籍が汚れるから子供はいらない」と、幼児はひとりだけで、元の抜け殻の戸籍に残される。双方の親族一同からも、「戸籍に入れていないのだから来ないでくれ」と追い返される。行政の窓口で「ひとり戸籍の幼児」は、「戸籍に入っていなくても親子の縁はきれないのだから」と説得させられる。そこで、親権を持つ親に責任を持っていっても、親権を持つ親は法的拘束力がないので親権から逃げることが出来たのである。夫婦が親権の取り合いをするのも大きな問題であるが、双方の親から親権を放棄されるのは、子どもにとってあまりにも悲しく過酷な現実である。「ひとり戸籍の幼児」は、戸籍制度と親権から実質的に保護されない場合がある。同じ無責任な両親を持つにしても、まだ、福祉行政から保護される「捨て子」のほうが羨ましい存在なのである。

1　著者自身の実体験に基づくものである。

はじめに

　明治31（1898）年に戸籍制度が施行されて以来、110年以上経た今日、「無戸籍児の問題」がようやく社会に知られるようになってきた[2]。110年以上も放置され続けた「無戸籍児」は三世代に渡っている事例もある。「ひとり戸籍の幼児」の存在は社会に殆ど知られていない。

■研究目的

　現在、日本においては、法律を作る場合には、第1条には目的規定を置き「何のためにこの法律を作るのか」と書くのが通例であり、例えば、「民法」第1章第1条によると、①—私権は、公共の福祉に適合しなければならない。②—権利の行使及び義務の履行は、信義に従い誠実に行わなければならない。③—権利の濫用は、これを許さない、とある。又、「刑法」第1章第1条では、①—この法律は、日本国内において罪を犯したすべての者に適用する。②—日本国外にある日本船舶又は日本航空機内において罪を犯した者についても、前項と同様とする、とある。ところが、日本の身分登録制度としては、戸籍と皇統譜、それと外国人登録の三つの制度があるが、戸籍法と皇統譜令には、何のために身分関係を把握するのかという目的が明記されていないのである。皇統譜については、当然に厳重に管理されているから情報が悪用されることはない。しかし戸籍の場合は、目的が明記されていないために、戸籍法上の情報がどの範囲まで流れ、逆にどこまでで流れを食い止めることができるのかが不明である。目的規定のない戸籍法は、非常に危険な面を持っている。

　戸籍制度は明治5（1872）年「明治5年式戸籍」（壬申戸籍）から昭和23（1948）年「昭和23年式戸籍」へ幾度となく改正されたが中身は変わっていない。行政事務において戸籍制度は極めて重要であり、日本国籍を有する者の身分関係を証明する唯一無二の公的証明は、「管理方式」としては有効な監視方法になる。

2　「無戸籍児」の当事者の声はいずれも小さく、弁護士や法律学者の間で問題視されていただけで、行政も社会の視線も冷たかった。毎日新聞社会部、2008、178頁。

2

このことを踏まえ新戸籍が作られるシステム（新規作成システム）と個人編纂システムでは対立が生じるのである。

　本書では、明治以降の戸籍制度の特徴を、次の５点に集約したい。すなわち、①制度設計における国民管理の強調（身分関係の証明）、②市民に対する福利厚生概念の欠如を指摘することができ、このことは行政管理の要になっている、③システム的欠如は「新規作成方式」に重点が置かれ、④21世紀型社会への対応不備、これは多様性（ダイバーシティ）の欠如であり、⑤法制度における救済性の欠如がそれであり、これらの不備から「ひとり戸籍の幼児」が存在し、戸籍制度から弾かれる人々が出てくるなど多くの問題が噴出しているといえる。

　戸籍制度は日本の家族を統制するために、家族単位で編成し、届出を強制している。

　それにも拘わらず、幼児がたった一人だけで戸籍が作られている。これは、法律違反ではないのか。戸籍の受け皿として「親権」はあるが、拘束力がない。幼児の保護責任をお互いが相手に押し付けた場合、幼児の父母双方の「家」から「籍」に入れていないことを理由に、幼児が育児放棄される場合がある。そして、「ひとり戸籍の幼児」は居場所を失う。福祉行政は、戸籍に載っていなくても親権を持つ親に責任があるとして幼児を保護することはない。「親権」を持つ父親は養子先の戸籍に入ったことを理由に幼児保護責任から逃れる場合が問題なのである。この「親権」には法的拘束力がないので、社会に深く浸透した戸籍制度に抵抗できる訳がない。飢えと虐待といじめの中で幼児は訴える術を知らない。世間もその悲惨な状況を知ることはない。

　戸籍制度は、個人そのものではなく、「家」の一員として個人の一生における身分を登録することを強制しておきながら、保護すべき幼児は切り捨てている。「ひとり戸籍の幼児」は不利益を受けたのが幼児であるがために、一般に知られることもなく今日まで続いている。戸籍制度が施行されて110年以上を経た今日でも、「ひとり戸籍の幼児」の存在は社会に知られていない。育児放棄されている「ひとり戸籍の幼児」の存在を調査研究し、社会にその過酷な現実を訴えるのが研究の目的である。

はじめに

■研究対象

「ひとり戸籍の幼児」・「無戸籍児」・「婚外子」・「性同一性障害の親を持つ子」
の戸籍の問題と子どもの人権問題を調査分析する。「ひとり戸籍の幼児」は、父
母双方、及び双方の祖父母・親戚から「籍」が違うことで、疎外されている。人々
を支配する戸籍制度は、国民それぞれが、自分にとって都合の良い「イイトコ
ドリ」をする傾向がある。そこから、意味のない差別が生まれる。「ひとり戸籍
の幼児」に関する先行研究は見当たらない[3]。

　戸籍制度に関する先行研究としては佐藤文明の戸籍の研究があるが、彼は法
政大学出身で新宿区役所の戸籍係であった。そこで戸籍制度の仕組みを知るこ
とになる（本書78頁参照）。彼は日本人を差別管理している戸籍制度の犯罪性に
突き当たり、結局いたたまれずに区役所の戸籍係を退職している。佐藤は、『戸
籍がつくる差別』において戸籍制度からくる差別について批判している。

　また、法政大学教授である和田幹彦の『戦後占領期の民法改正過程』・『家制
度の廃止―占領期の憲法・民法・戸籍法改正過程―』で、戦後の混乱期の、Ｇ
ＨＱと政府による「家制度廃止」の攻防戦について執筆している。おかげで戸
籍法も家制度も名前を変えて残ったのである（本書71 〜 77頁参照）。これまでの
戸籍研究の焦点は主に制度論に置かれており、戸籍制度が生み出す影の部分に
対する検討や検証は殆ど行われなかった。特に一人幼児の戸籍のようなマニアッ
クな負の連鎖の現実についての考察や研究はなかったといえる。明治以降130
年の年月の変化の中、戸籍制度の社会的な意味合いにも大きな変化が迫ってき
ている。管理法としての性格が強い家制度の戸籍制度の射程には、大多数では
ないが多様性の保証という基本的人権に対する制度的配慮が乏しい。例えば、

3　法律の条文をかざし、少数者の存在を公的に認めようとしなかった国や自治体の姿勢、
　規定が今の時代にそぐわないことを理解しょうとしない政治家、法務省は当事者や家族
　が苦しんでいるのを知りながら問題を放置してきた（毎日新聞社会部、2008、179頁）。
　新聞社でさえ「一人戸籍の幼児」については知らないのである。当事者が声をあげなけ
　れば問題にならない。このような理由から先行研究がないと考える。

4

無戸籍児、婚外子、ＬＧＢＴ、同性婚、夫婦別姓などへの理解不足である。

　昭和60（1985）年11月法務省民事局参事官室は法制審議会民部会身分法小委員会の審議結果の大綱で、子の氏の変更（民法第791条1項）について試案を発表した。「父と氏を異にすることとなった場合などには、その子は、家庭裁判所の許可を得ないでも、届出により、その父母の氏を称することができるように、民法第791条1項を改正するかどうかについては、なお検討する」（民事月報40巻11号64頁）としている。民法第791条の立法趣旨について我妻栄は「旧法は家に重きを置いた結果、離婚・離縁なども当事者だけの問題とみて、離婚・離縁する者の子は、原則として家に残るとしたので、その家籍の変動は、別に、入籍の問題とされた。新法が氏を持って各個人の呼称とし、親子夫婦という最も緊密な間の者だけを同じくするものとしたことから言えば、緊密な関係が破れたときは、子の氏も親の氏とともに当然に変更すると考えるのが至当ではないか。同居する親子は同一の氏を称したいという国民感情を満足させることができるような規定を設けてさえおけば、それ以上に、場合を分けて規定する必要はない。かくして、しばしば変更された原案が、結局791条一本となった」としている。家庭裁判所の許可を必要とする理由については説明されていない[4]。

　昭和21（1946）年、戸籍の編製単位について起草委員や起草幹事の内部では多くの議論があった。原案としては、法学者であり、弁護士でもある川島武宜のカード式があったが、色々な考え方から纏まらなかった。来栖三郎は個人別編製の川島案に同調したが、我妻栄の反対から、個人別編製のカード式はなくなった。そこで残った問題は編製単位として三世代以上を認めると、戸籍の最初に記載した父母双方が死亡した場合、子どもだけがその同一戸籍に残ることであった。つまり、子どもだけが戸籍に残ることを問題にしていた。二世代で、まさか子どもが一人だけで戸籍に残るということは、想定外だったのである。そのまさかで「ひとり戸籍の幼児」が誕生したのである。

　本書では、戸籍制度に関するこうした先行研究の成果を踏まえながら、これ

4　大棟、1986、250 ～ 251頁。

はじめに

まで研究対象となったことのない子供の戸籍を研究対象とし、日本社会の根幹的な仕組みである戸籍制度によって生み出された負の連鎖について分析を進め、ひとり戸籍の幼児や無戸籍児、夫婦別姓、LGBT 等々、明治期以降、戦後 70 年を経て、顕著化している戸籍制度の現在的問題をマイノリティの視点から吟味するものである。

■研究方法

西欧でキリスト教が人々の思想を支配したように、日本でも天皇を頂点とした戸籍制度が浸透していった。身分登録として確立した戸籍制度は、国家の恣意的な思想を国民に信仰させる役割を担った。その思想は、国家の統一と治安の安定を図り、国民を支配するのに国家にとって、都合の良い国民性をつくり上げた。戸籍が国家の設定した規範規制に順応する国民意識をつくり上げ、国家が国民を支配しやすいように戸籍を利用したのではないか。戸籍制度は現在においても根強く人々に影響を与え、様々な問題を捲き起こしている。これらの問題についての発生過程の分析をする。

来栖三郎は個人別編製の川島案に同調し、我妻栄から「戸籍編成単位の構成を考えろ」と言われた。つまり、これは「従来の戸籍を川島案の個人別編製のカード式の様に大きく変革するのでなく、もっとモディファイしたものを考えろ」ということであった。カード式にしない場合、残った問題は編製単位として三世代も認めるか、二世代迄に限るかである。ここで問題となったのは、三世代以上を認めると、戸籍の最初に記載されている父母双方が死亡すると、子どもだけがその同一戸籍に残ることである[5]。

明治 31 (1898 年)、梅謙次郎は明治の民法改正時に民法第 1610 条「15 歳未満ノ養子ガ離縁ヲ為ス場合ニ於テ実家ニ父母共ニアラサルトキハ何人ノ同意ヲ得ヘキヤ」と子どもだけが残る戸籍の問題を指摘している[6]。戸籍に子どもだけ

5　和田、2009、216 頁。
6　江戸、1985、194 頁。

が残るのを危惧したのはこの2例で、それもいつの間にか立ち消えている。

■本論文の構成

(1) 子どもの「戸籍問題」の現在に至るまでの戸籍制度

宮崎県日南市飫肥では、戦前戦後を通じて農民は凶作になると娘を売買し、その場を凌ぐのが恒例であった。日南市北郷町郷之原に所在する「郷原神社」には、「飫肥人買船実録」等の資料の写しがあり、悲惨な歴史が繰り返されていた事実を伝えていた。これらの実録は、文政13 (1830) 年6月中頃に、広瀬淡窓（儒学者）によって記載されたものである。「郷原神社」（旧称山宮神社）は太古より稲作を中心とする人々の信仰の場であった。山宮神社の歴史は古く、およそ二千年前の弥生時代に起源する。「山宮」とは山の頂上付近にあった小山の名残で、神社名として永い間使われていたが、明治初期に神社の統合で「郷原神社」と名称を変更している。

寛政10 (1798) 年、都城家中の飫肥事情探索報告によると、人少なくして人買い商人が往来し、資源として下人の重要が増えたので、飫肥藩駈落奉行というところに、誘拐の手先が諸方に潜行して人を引き入れていた。これらの下人には永代奴隷と年季奴隷があった。真相は年季買奴であった。永代買奴を飫肥領では「下り奴」「めろう」と云い、その子供または購われた幼少奴隷を、養育の意味である「オヤシ」から「オヤシモン」と呼んだ。今日でも「子飼い」と云う語は元来「子買い」であったのではないか。

「小児の泣くを止めさするに日向の人買い船と言の葉に残らんは、恥辱を万世に伝うるにあらずや」と、広瀬淡窓は「飫肥人買船」(1881) に記している[7]。

「飫肥の人買い船」は、かなり昔からの慣行であったらしい。日向の稚児が東

7　封建的性向を培養基とする病変性思潮が、今日の「宮崎県民性」なるものをつくり上げた。多分に懐疑的、嫉妬的、非協力的、反発的遺伝性素質をもつが、また忍従刻苦の姿はあくまで屈辱的、虚無的でもあり、云うまでもなく日向の植民地的命題を決定する病巣の確認である。本書はそれらの歴史的痼疾を観察した（広瀬淡窓編述）広瀬淡窓本人自身が記述している。

はじめに

国の人買いに連れ去られ、母が我が子を尋ねて全国を漂流した悲しい物語もあった。「言うことを聞かないと、飫肥の人買いにやるぞ」と言えば、泣く子も黙ったという。「飫肥人買船実録」は世間を震撼とさせた。この「実録」の事件は永く人々に伝承され、明治時代に入ってもなお、関西地方では「云うことを聞かぬと、飫肥の人買いにやる」は、子どもにとって一番恐ろしい言葉として使われた。この飫肥は「一人戸籍の幼児」が発生した場所でもある。戸籍制度が施行されて110年以上の歳月を経て、「無戸籍児」の問題で社会が騒ぎ始めた。平成27（2015）年3月10日、文部省調査報告によると、「無戸籍児」は全国で142人、うち3分の1は経済的困窮で就学援助を受けている。現在、確認している1人は学校に通っていない。一時的に就学していなかった子どもは7人いる。学力に問題があり、虐待が疑われる子どももいたということであった。行政が把握できたのは一部で、他にも相当の「無戸籍児」がいる。そこで岩手県一関市役所・兵庫県明石市役所では「無戸籍児の救済」を始めている（第1章）。

　「戸籍が汚れる」という理由で、女の人が婚外子を産んだことが、戸籍に残るのを恐れて中絶してしまう。産婦人科医師菊田昇によると、中絶の比率は婚内子の100倍以上であるという。このことは、少子減少の原因の一つでもある。人為的に婚外子が産まれないように、社会の壁を作っている戸籍制度には問題がある（第3章）。

　「性同一性障害の親を持つ子どもの戸籍の問題」は、どうなるのか。基本的に戸籍制度は、「続柄」で血統管理する制度であるから、親の性別は子どもの戸籍に「父・母」という形で記載される。親の性別記載が変わると、それに伴って当事者である親だけでなく、子どもにかかわる性別記載も変更しなくては整合性がとれなくなる。つまり、片方の親の名前を変更することは、同時にもう一方の親と子どもといった家族の書類の記載も変更する必要が出てくる。人を「個人」としてではなく「家族・血統」として登録・把握する「戸籍制度」の本音が出てくるのである（第4章）。

（2）差別の原点としての戸籍制度

　長尾龍一によると、明治 15（1882）年までの穂積八束の政治思想は、保守的ではあったが、その保守主義は完全に 19 世紀後半の西洋の憲法思想・政治思想の枠内にあり、国家や人種の境界を超えた政治学の立場を堅持していた。そこでは未だ日本固有のものへの、やみ難き関心の後も見られず、政治と宗教の結合や天皇崇拝なども見られず、その頃にはまだ、「祖先崇拝」さえ存在していなかったのである。しかし、同年の憲法論争に寄せた穂積の論稿は政府高官の目を惹いた。伊藤博文・井上毅である。穂積は彼らの庇護のもとで急速に出世していった。彼は、ドイツに留学し、日本社会と西洋社会は本質的に違うと確信したのである。「日本は君主国なり」という穂積の信念の帰結として、民主制に対する敵意、社会主義に対する嫌悪の情がうまれた。ダーウィンの「生存競争」「適者生存」という弱肉強食の世界に影響を受け、今まであるものの存続を適応力の証明とし、未来の発展を否定して「現状聖化の理論」[8] に落ち着いた。

　穂積は「萬人平等思想」を嘲笑し、社会主義は「破壊である」と攻撃したのである。彼の持論である「祖先崇拝論」は天皇主権＝国体（絶対普遍）へと発展し、「政党内閣は憲法違反だ」とまで言わせている。その思想は教科書にまで及んだのである。新聞には匿名で美濃部達吉への攻撃文を掲載したこともあった。しかし、保守的・権力的憲法論は学界から孤立していった。110 年以上前に作られた憲法・民法にある穂積八束の思想は、日本民族の伝統の中で揺らぐことなく、今日も我々国民を導いている。一方、その思想は、弱者側に永遠に人として平等に生きることを閉ざしているのである（第 2 章）。

　戸籍研究家である佐藤文明作成の「ピラミッド型　戸籍の差別構図」の一番上の天皇・皇族に近いところに位置している元皇族は現在も戸籍簿に存在し、社会的な栄誉・名誉に輝く地位が約束されている[9]。明治維新以来続いている「名

8　本書、第 2 章 2-3 穂積の憲法論を参照。「聖化」とは自らの思想が正当な働きとして成立する概念。法哲学者である長尾龍一は、穂積八束の理論を「現状聖化理論」として捉えている。
9　佐藤文明、1997、25 頁。

はじめに

家」は廃れることもなく、「五摂家」である近衛、一条、二条、九条、鷹司が、「家」として皇族ではないけれど、「平民の一番上」の位置を占めている。この名家の人たちは今も宮内庁に勤め、特権階級として「血統」の形で身分的な差別で確実に生き残っている。戸籍とは元々、差別により編成されており、その背景にある「家」・「血統」から序列の中で上下を決めているので、現状の天皇制が続く限り差別意識が無くなることはないのである（第5章）。

(3) 家父長制が作る戸籍の抜け穴

法務省は、「戸籍制度はジャパンアズナンバーワンである」と自画自賛している[10]。国家に都合の良い戸籍制度をつくり、戸籍を利用して個人情報を収集することができるのである。戸籍法が手続き法であるがために「法が立ち入れない」はずの家庭にも掟破りで立ち入ることができる。個人の身分登録簿の領域を越えようとしている戸籍制度は、制度上の不備から多くの問題を抱えている（第2章）。

家父長制は、男性による女性の支配を指す概念であった。かつて存在した刑法第200条（尊属殺人罪）は、親族共同生活において夫婦関係よりも親子関係を優先させ、親子関係においては相互関係より権威服従の関係と尊卑の身分的秩序を重視した親権優位の旧家族制度的思想による差別規定であり、今日ではすでに、合理的根拠を失っている。

昭和43 (1968) 年10月5日、栃木県矢板市佐久山町の「実父殺し事件」における尊属殺人罪を背景に重罰を科した尊属殺人罪は平成7 (1995) 年の刑法改正により姿を消した。宇都宮地方裁判所の判決文から、被告人（実の娘）の立場から、実父の性暴力から殺人に至った背景について分析する（第3章）。

(4) 社会的マイノリティの人権問題

明治政府の国家主義体制[11]が確立し、学校教育では「忠君愛国」[12]が説かれ、

10　鈴木勝生、「戸籍制度に関する一考察」（筑波大学修士論文）、2008、5頁。
11　個々人は国家に従属すべきものと考え、国家の中に普遍的倫理が具体化されていると考える。そのため国家権力の行使は無制限となり、内に対しては権力独裁体制の危険があり、外に対しては国家膨張主義の危険を招く恐れがある。

「子どもは、国家富強のための人的資源」とみなされていた。神島二郎によると、このことが、「人が物になる根源となった」と指摘している[13]。子どもが「物」にならざるを得なかった「子どもの人権」についての政策形成分析をする。

110年以上の時を経て、「無戸籍児」の存在が騒がれ始め、一部の自治体が動き出した。岩手県一関市役所・兵庫県明石市役所では、「無戸籍児応援プロジェクト」を立ち上げて無戸籍児を援助している[14]。

平成25（2013）年9月4日の最高裁大法廷では、婚外子の相続分差別規定は憲法第14条1項「法の下の平等」に違反し、違憲・無効とする初の判断を示した。戸籍制度の矛盾の一つである婚外子差別が崩れたのである。世界的にも批判され続けられた日本国における婚外子差別問題は、婦女子の人権を如何に粗末にして来たかを露呈している。

また、平成27（2015）年3月31日には東京都渋谷区議会本会議において同性カップルを婚姻に準じる関係と認め、「パートナーシップ証明書」を発行している[15]。これらの影響は社会の意識を変える力になると期待される。多様性を社会が受け入れ、そして認めることにより、戸籍の差別問題からくる子どもの人権問題も、近い将来解決すると確信する（おわりに）。

(5) 戸籍制度の危険性

戸籍は生活の細々としたことごとの中に入り込み、作用する。そして、それを意識しないうちに、「我が内なる象徴天皇制」を育て、現実の象徴天皇制を支えているのである。戸籍のない国であるアメリカへ視察に行った法務省の役人が、日本の戸籍制度の優秀性を自慢した。するとアメリカの役人は「政府がそこまでやる必要はないし、やるべき筋でもない」。つまり、たとえ政府でも私権を侵すことはできないということなのである。また、「ファミリー・レジスト（戸

---

12 「忠君」は君主に忠義を尽くすこと。「愛国」は国を愛すること。
13 　神島、1980、86頁、本論文後掲126頁参照。
14 　一ノ関市役所及び明石市役所の事例については、平成28（2016）年1月29日、「神戸新聞」（電子版）参照。
15 　平成27（2015）年3月31日、朝日新聞（夕刊）より引用。

11

はじめに

籍の訳のつもり）をみせてくれ」と日本の法務省の役人が、戸籍制度のシステムについて説明した。「何故そんなものが必要なのだ」とアメリカの役人は問い返したという[16]。現実とは縁のないことが多い身分関係をファミリーとして登録する発想が、アメリカの役人には理解不能だった。ファミリーという言葉も家父長制の影を宿している。天皇の権威は家父長や祖先の絶対性で支えられ、戸主の権威は天皇や祖先の不可侵性で補完される。この間を媒介するのが戸籍制度である。戸籍はまず家族を天皇制の下に組織するための身近な制度としてある。家族員は戸主に組織され、戸主は「系統」を辿ることで祖先へ、また下ることで分家や同族、広くは一族へと組織される。そして「系統」の観念や「氏」の観念によって天皇制国家に組織されるのである。

　戸籍は、個人の氏名、出生、死亡年月日、国籍、家族関係等を公的に証明する制度である。民法第3条では、「①－私権の共有は、出生に始まる。②－外国人は法令又は条約の規定により禁止される場合を除き、私権を共有する。」とある。戸籍に登録されていても、いなくてもである。しかし、いざという時には、その証明が必要となる。戸籍の届出が、何故ここまで強制されるようになったのか。かつて国家は戸主に、50歳以上の嗣子・養子の兵役を免除するという恩恵を与えている。この特権の見返りとして、戸主は、身分行為を国家に届出するという、言わば行政の戸籍係としての役割を担っていたのである。国家に貢献することで戸主の地位と権威を確立させ、同一戸籍内の支配を対外的に示した。

　今日においても、強制的届出による戸籍制度は、戸籍以外の手段による証明は認めないのである。確かに家制度時代の戸籍に比べれば、戸籍に記載される家族の範囲は縮小したが、一つの戸籍に記載される家族の範囲が氏を基準に決定される構造に変わりはない。このことは、戸籍筆頭者とそうではない者との間に主従の関係を持ち込んでいる。憲法が規定している「個人の尊重（憲法第13条）」、「法の下の平等（憲法第14条）」の原則に違反しているのではないか。家族

16　佐藤、1995、49 ～ 50 頁。

単位の編製は無戸籍児を産む原因（民法第772条）になるし、また、民法第790条第1項から「嫡出子である子は父母の氏を称する。但し子の出生前に父母が離婚した時は離婚の際における父母の氏を称する」から、戸籍に幼児が一人だけで取り残される場合がある。離婚した両親の身勝手な事情から「戸籍が汚れる」ということで、幼児は一人だけで元の戸籍に残される。ここに「ひとり戸籍の幼児」が生まれるのである。家族単位の登録制である限り、人それぞれの事情から、出生の届出を避ける人はなくなりそうもない。また、「夫婦及びこれと氏を同じくする子」という家族を基本的単位とする方法は、これまでに家族関係にない人々、例えば離婚した女性、婚外子を出産した女性と婚外子等を差別し、疎外してきた。戸籍は自由に閲覧でき、謄本を得て結婚や就職に提示させられたことによる。

　現在は、戸籍法改正により、戸籍交付は厳格に制限されてはいるが、戸籍のあり方に問題がある。今日、夫婦と子どもから成る世帯は27.9%（1444万世帯・2010年総務統計局より）に過ぎない[17]。「夫婦と子をモデルにした家庭像」は、今日では多様な家族が混在する現実では遠くなりつつある。

17　1995年の統計では、夫婦と子どもからなる世帯は34.2%であったが27.9%に減り、単独世帯は25.6%から32.4%と増えている。「元々、民法は一定の家族像を示していたわけではなかった。戸籍の編製基準を、夫婦と子という「近代的小家族」の家族像に求めたのは、「家」の克服に必要だったからであり、現行戸籍がその使命を終えた時、新たな編製基準が求められるのは当然である。」と刈谷教授は述べている（二宮、2006、55頁）。

第1章 「ひとり戸籍の幼児」と「無戸籍児」の戸籍問題

　この章では、「ひとり戸籍の幼児」の背景について探る。宮崎県日南市飫肥では、戦前は、農民は凶作になると娘を売買し、その場を凌ぐのが恒例であった。日南市北郷町郷之原に所在する「郷原神社」には、「飫肥人買船実録」等の資料の写しが保存されており、悲惨な歴史が繰り返されていた事実を伝えていた。これらの実録は文政13（1830）年6月中旬頃に、広瀬淡窓（儒学者）によって記載されている。

図　1-1-1　「日州飫肥人買船実録」の古文書

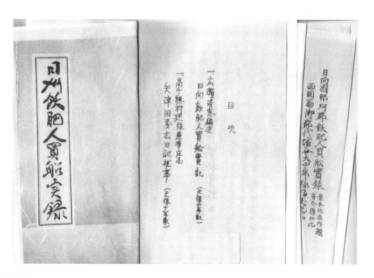

　「郷原神社」（旧称山宮神社）は太古より稲作を中心とする人々の信仰の場所であった。山宮神社の歴史は古く、およそ二千年前の弥生時代に起源する。「山宮」

第1章 「ひとり戸籍の幼児」と「無戸籍児」の戸籍問題

とは山の頂上付近にあった小山の名残で、神社名として永い間使われていたが、明治初期に神社の統合で「郷原神社」と名称を変更している。

　戦前、飫肥杉は中国へ「ベンコウ（弁甲）」として輸出され、繁栄していた。その裏帳簿にも、娘売買が記載されており、それは飫肥杉に次ぐ金額であったという。飫肥藩の財政を支えた飫肥杉の積み出しを合理的に使う為に、また、飫肥藩五代藩主伊東祐実は油津港の機能を充実させるためにも堀川運河を開削した。

　しかし、工事が難航したために、当時としては恒例の、神に運河の完成を願うため、生贄として処女の娘を「人柱」にして生き埋めにした事実がある[18]。

　三百年前に掘削された運河は、日南地方の経済効果のみが脚光を浴び、飫肥藩による運河の整備が称えられているだけである。運河工事成功の為に神への生贄として生き埋めにされた娘のことは、すっかり忘れ去られていた。かつて農民が凶作になると、我が娘を売買してその場を凌いだこともである。「日本全国、どこでもあったっちゃガアー（あったよー）」と現地の人の声があった。このような背景の中から「ひとり戸籍の幼児」の戸籍は作られている。

　昭和21（1946）年、戸籍の編製単位を何にするかで起草委員、起草幹事の内部で、相当もめていた。原案は川島武宜の個人別編製カード式であったが、我妻栄が大きな変革を好まなかったのでカード式はなくなった。カード式にしない場合、問題は編製単位として三世代も認めるか、二世代迄に限るかであった。ここで問題になったのは、三世代以上を認めると、戸籍の最初に記載された父母双方が死亡した場合、子どもだけがその同一戸籍に残ることであった。つまり、子どもだけが戸籍に残ることを問題にしていた。まさか二世代で、子どもが一人だけで戸籍に残されることは想定外であったのである。そのまさかが他ならない「ひとり戸籍の幼児」なのである。

18　岡本、1997、45頁。

16

1-1 「ひとり戸籍の幼児」

　民法第790条1項但し書きから父親は養子先で新しく戸籍を作り、子を養子先に連れていく気がないならば、たとえ、幼児であろうが元の籍にひとりだけ残す。また、母親が幼児を引き取って再婚し、再婚先に籍を入れることができない場合も、幼児は元の籍にひとりだけ残す。こうして「ひとり戸籍の幼児」は生まれる。

　昭和60（1985）年11月の法務省民事局参事官室は法制審議会民法部会身分法小委員会の審議結果の大綱で、子の氏の変更（民法第791条1項）について試案を発表している。「父と異にすることとなった場合などには、その子は、家庭裁判所の許可を得ないでも、届出により、その父母の氏を称することができるように、民法第791条1項を改正するかどうかについては、なお検討する」としている[19]。

　民法第791条の立法趣旨について我妻栄は「旧法は家に重きを置いた結果、離婚・離縁等も当事者だけの問題とみて、離婚・離縁する者の子は、原則として家に残るとしたので、その家籍の変動は、別に、入籍の問題とされた。新法が氏をもって各個人の呼称とし、親子夫婦という最も緊密な間の者だけを同じくするものとしたことから言えば、緊密な関係が破れたときは、子の氏も親の氏とともに当然に変更すると考えるのが至当ではないか。同居する親子は同一の氏を称したいという国民感情を満足させることができるような規定を設けてさえおけば、それ以上に、場合を分けて規定する必要はない。かくして、「しばしば変更された原案が、結局791条一本となった」としている。家庭裁判所の許可を必要とする理由については説明されていない[20]。

---

19 『民事月報』、40巻11号、64頁。
20 　大棟、1986、250～251頁。

第1章 「ひとり戸籍の幼児」と「無戸籍児」の戸籍問題

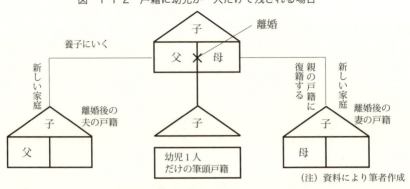

図 1-1-2 戸籍に幼児が一人だけで残される場合

(注) 資料により筆者作成

「ひとり戸籍の幼児」が生まれる場合
・戸籍法第18条1項「父母の氏を称する子は父母の籍に入る」
・民法第790条1項「嫡出子である子は父母の氏を称する。但し子の出生前に父母が離婚した時は離婚の際における父母の氏を称する」
・民法第790条1項但し書きの民事局回答
　「出生後その届出前に父母の氏が縁組で変わっても出生子は、やはり出生当時の父母の氏を称し、父母の従前の戸籍に入籍することになる。」

(昭和23年3月5日民事甲第327号民事局長回答)

　親権を持つ親が、養子として新しい戸籍を作り「籍が汚れる」という理由で子の入籍を拒み「ひとり戸籍の幼児」がうまれる場合のことは想定していないのである。
　「ひとり戸籍の幼児」の問題は、社会に知られていないことに問題がある。一般に「ひとり戸籍の幼児」の存在を知る人はいない。法務省は、「ひとり戸籍の幼児」の存在を認識していながら放置しているのが現状である。ひとり戸籍を持つ幼児は、数は不明だが全国で結構いると推察される。
　しかし、「法律通りやっているので問題ない。」と常に法務省で用意された答えが返ってくる。法務省は「ひとり戸籍の幼児」の存在を認めてはいる。練馬

区役所・板橋区役所の戸籍課に直接聞き取り調査に行っても、「ひとり戸籍の幼児」の存在を認めてはいてもプライバシーの侵害にあたるという理由で該当する人数を明かすことはない。

　幼児の保護責任をお互いが相手に押し付けた場合、幼児の父母双方の「家」から「籍」に入れていないことを理由に、幼児が育児放棄される場合がある。そして、「ひとり戸籍の幼児」は居場所を失う。福祉行政は、戸籍に載っていなくても親権を持つ親に責任があるとして幼児を保護することはない。「親権」を持つ父親は養子先の戸籍に入ったことを理由に幼児保護責任から逃れる場合がある。この「親権」には法的拘束力がないので、社会に深く根付いた戸籍制度に歯がたつ訳がない。飢えと虐待といじめの中で幼児は訴える術を知らない。世間もその悲惨な状況を知ることはない。

　戸籍制度は、個人そのものではなく、「家」の一員として個人の一生における身分を登録することを、強制しておきながら、保護すべき幼児は切り捨てている。「ひとり戸籍の幼児」は不利益をうけたのが幼児であるがために、一般に知られることもなく今日まで続いている。

　明治31（1898）年から110年以上経った今日、民法第772条2項による「無戸籍の子」の存在が社会に知られるようになってきた。そして、自治体が救済に動き始めている。「ひとり戸籍の幼児」の存在を社会に訴え、育児放棄されている「ひとり戸籍の幼児」を一人でも多く救済することに本研究の意義がある。民法第790条第1項「嫡出子である子は父母の氏を称する。但し子の出生前に父母が離婚した時は離婚の際における父母の氏を称する」から、戸籍に幼児がひとりだけ取り残される場合があるが、本論文はその幼児の不利益に関するものである。

　法務省民事局は「出生後その届出前に父母の氏が縁組で変わっても出生子は、やはり出生当時の父母の氏を称し、父母の従前の戸籍に入籍することになる」と、回答している。つまり、「ひとり戸籍の幼児」の存在を認めている。

　戸籍制度の歴史及びその先行研究を分析し、何故、幼児一人だけの「戸籍」を作ることが出来たのか。また、何故、それが明治31（1898）年から110年以

第1章 「ひとり戸籍の幼児」と「無戸籍児」の戸籍問題

上経った今日まで、社会に知られることもなく放置され続けているのかを明らかにし、「ひとり戸籍の幼児」の存在を社会に訴えたい。

1-2 「ひとり戸籍の幼児」の実態

「ひとり戸籍の幼児」の事例を知る手がかりは、殆どなかった。練馬区役所・板橋区役所の戸籍課を訪ねても「プライバシー権の侵害になるので教えることはできない」という答えしか返ってこなかったし、他の自治体に質問しても同じ答えであった。事情ある場所で、やっと見つけても「発表しないでほしい」ということである。他に方法がないので僅かな事例をここに紹介することになった。

（1）一人戸籍幼児の事例

事例1　Y子は3歳にしてすでに「ひとり戸籍」を作られていた。親の離婚により、母親の籍にも、父親の籍にも入れてもらえず、幼児がひとりだけで生きることの自己責任を負わせられている。父方母方双方の「家」からは「Y子を籍に入れていないこと」を理由にお互いが保護責任を相手方に押し付け、3歳の幼児には居場所がなかった。繁華街の中心にある公衆便所の隣に位置する物置小屋に、Y子は昼の間、放置されている。夜になると、心を病んだ母親が僅かばかりの芋と麦飯を持って来る時もあった（妹は生まれて三日目に父方の家から売春宿の女に連れていかれている。それを知りY子の母は、一時的に目がみえなくなっていた）。

　その後、母親の実家でもY子を籍に入れていないことを理由に反対されながら、雨漏りのする蔵で母子の生活が始まった。かつて、女性が一人で生きていくには、親が女子を教育して男と同じように生きるための資格を持たせない限り、当時は女中の仕事くらいしかなかった。そのような仕事にもなかなか、ありつけなかった時代である。

　また、「家父長」に保護されない女の行先は奇跡が起きない限り、特に労働に従事できない女は水商売で食べていく道しかなかった。女は結婚して

20

子を産み夫に従う。陸の孤島といわれた宮崎県の男尊女卑の伝統は揺るぎのない徹の掟であった。この掟から外れると罰が待ち受けているのである。生きるため就かざるを得なかった仕事の対価はあまりにも少なく、うまくいっても醤油1本くらいのものであったし、実入りのない日が多く水だけで過ごす日も珍しくはなかった。この間、Y子は母親による虐待を常時受けている。このような悲惨な状況から救出されたのは、Y子が小学校5年の修了間際だった。

事例2　M子の友人は3歳の頃、父親にコインロッカーに押し込められた記憶が、大人になってもフラッシュバックして忘れることが出来ない。その子もまた、「ひとり戸籍」の幼児であった。

事例3　「ひとり戸籍」の幼児の母親の話（電話での聞き取り調査より）、「それがどうしたの。親権があるからいいの。親と子は切っても切れないのだから」。この母親は、無戸籍児の子どもも、抱えていた。

事例4　足立区役所戸籍課の話（電話での聞き取り調査より）「ひとり戸籍の子は結構いる。しかし、親の戸籍に入らない方が良い場合がある。」と、当たり前のように言われた。ひとり戸籍の幼児の環境は、常識では予想もつかない厳しい環境にある。

※「ひとり戸籍の幼児」が、もとの戸籍に残された場合
　復氏した妻が、新戸籍編製の申出をしたときは、妻を戸籍筆頭者とする新戸籍が編製（戸籍法19条1項但し書き）される。離婚した妻が子を自分の戸籍に入れたい場合は、子の氏の変更許可申立て（民法791条1項、同条3項、家事事件手続法39条、別表1第60項）をし、家庭裁判所の許可審判を得る必要が生じる。妻が子に自分と同じ氏を称じさせなければ、子を自分の戸籍に入れることが出来ない（戸籍法18条2項）。

第1章 「ひとり戸籍の幼児」と「無戸籍児」の戸籍問題

　水口章は、ＷＥＢＲＯＮＺＡ（朝日新聞社）において、「ひとり戸籍の幼児」に
ついて次のように論じている[21]。大学院の政策研究会で発表された「幼児のひ
とり戸籍問題」であるが、第2次大戦後の昭和22（1947）年に新憲法の制定に
伴い民法改正で「家制度」は廃止されたが、昭和23（1948）年に夫婦を基本単
位とする新しい戸籍法が施行された。この「戸籍制度」が存在することで、父
母の離婚や親の死亡などにより、幼児の時から一人で戸籍に残されてしまう「幼
児のひとり戸籍問題」や、「婚外子差別問題」・「性同一性障害者の戸籍上の性別
問題」・「夫婦別姓問題」など、差別に関わる問題が生じてくる。日本では「家制度」
を廃止しながらも、家族単位の国民登録制度を残してしまった。そのことで、
個人を単位として制度設計されている福祉や医療制度などの齟齬が生じている。
ここに色濃く残っている内閣制度の在り方との共通的構造の歪みが見て取れる。

（2）「ひとり戸籍の幼児」の親権

　戸籍によって生み出された「ひとり戸籍の幼児」は、明治31（1898）年から、
今日まで社会に知られることもなく、両親からも福祉行政からも、放置され続
けられている。それに加えて社会の無関心が、幼児を飢えと虐待、そして、い
じめへと追い込んでいる。保護されるべき幼児の居場所はどこにもない。親た
ちは、それぞれの戸籍で新しい生活がはじまる。親権をどちらかの親が持って
いたとしても、籍にもいれない親が責任を持つ訳がない。しかし、福祉行政は、
親に親権があるからと機能することはない。

　親権とは、未成年の子は父母の親権に服する（民法第818条）ことである。歴
史的に父が子を権力的に支配して、子はそれに服従することから「親権」と表
現された。しかし、今日では、子の利益、子の福祉を守ることの重要性が認識
されるにつれて、親権は子の利益を守る親の義務を強調するようになっている。
民法でも「親権を行う者は、子の監護及び教育をする権利を有し、義務を負う」（民
法第820条）と規定している。

21　www.weblio.jp ＞辞書・百科事典＞水口章の解説。

封建的な親本位の「子の親権」

「子のための親権」を法理念としながら、民法は今日に至っても封建的親本位のままである。両性平等を反映して父親の単独親権から父母の共同親権に改められたが、婚姻継続中に限られた（民法第818条3項）。離婚の場合は父母の一方の単独戸籍とされる（民法第819条1・2項）。

親権とは「子を持ったら親として育てたい」という人の念願であり権利でもある。依然として「家父長権」の流れの中にある親権ではあるが、「子の幸福」という現代法のもとでは、親権の本質は親の義務とすべきである。親権の権利性の弊害は離婚後の単独親権にある。親権を親の義務とすると、離婚後も共同親権でなければならないのではないか[22]。

※共同親権

婚姻中は民法第818条第3項により、父母の共同親権が定められている。

・共同親権の問題点

① 離婚し離れて暮らしているが、親が親権を行使するためには、両親が話し合い合意をしなければ、親権を行使することが出来ない。

② 子どもと離れて暮らす親は、子どもに会う機会ができるメリットがあるが、子どもと一緒に生活している親は、親権を即座に行使できないデメリットがある。

③ 親権を物理的に行使するために、子どもの近くに両親ともいなくてはならないため、転居を制限される。

・共同親権のメリット

① 両親が離婚しても、子どもは片方の親に会えなくなることがない。

22　二宮、2010、93頁。

第1章 「ひとり戸籍の幼児」と「無戸籍児」の戸籍問題

② 親権を奪うために裁判を起こす必要がない。

親のためにある扶養義務

民法第877条は「直系血族及び兄弟姉妹は、互いに扶養する義務がある」と規定しているが、ここにいう「直系血族」とは、子の老親に対する扶養義務のことであり、子（15歳未満の未成熟子）に対する扶養義務を定めたものではない。未成熟子（自力では生きていけない子）に対する親の扶養義務は生活保護義務である。この扶養義務は、たとえば一枚のパンしかないならば、親子が平等に分け合って食べるというような、運命共同体的な強い扶養義務を指す。問題は父母の離婚後である。一般的には、父親が母親と同居する子に毎月養育費を送る形になる。しかし、父母の協議が不調の場合は家裁の調停・審判によるが、協議内容は社会的に明確ではない。子どもの生存にかかわる養育費について、現行法では直接の履行方法がなく、いわば放任状態である。

戸籍の記載の重要さ

昭和22（1947）年、日本国憲法の制定に伴う民法改正により家制度が廃止された。改正時の我妻栄委員は、家制度が廃止されても、家族が現実に共同生活を営むことは変わらないので、「氏を同じにするか、しないかということが現実の共同生活が一緒になる、ならぬというところを抑える一つの拠り所にしようと考えている」と説明した[23]。これは明治時代から続いている親子同氏・夫婦同氏の原則である。結局は家制度が廃止されても氏が残ったのである。

氏は、明治時代になって初めて国民全員が名乗らなければならなかった。明治民法では、氏は「家」の名称であり、戸主および家族は皆その家の氏を称した。その結果、親子同氏・夫婦同氏になった。家の氏は変更してはならず、個人の氏は、嫁入り、婿入り、養子縁組などによって、その属する家が変わった。どの家に属するかで、扶養の権利義務、相続権に左右されたので、氏の異同は、家異同

---

23 二宮、2006、48頁。

であり、このことは重要な法律上の効果を伴っていたのである[24]。

　戸籍が民法上の権利義務とは関連しない今日でも、戸籍の記載の形式が家族の実体に対して重要な意味を持ち続けているのである。戸籍の記載の形式が、これほどまでに重要であるにも、かかわらず、「幼児のひとり戸籍」の記載の残酷さに気がつく人はいない。

「単独戸籍」の子どもの不利益

　『こうのとりのゆりかご』によると、戸籍の問題として「戸籍がよごれる」[25]と訴え、社会的な目を気にする例が多いという。すなわち、戸籍制度は日本独特のものであり、長所と短所がある。生まれた子どもを把握する根拠になることが長所であるが、一方、戸籍が後まで残ることで「戸籍の傷」が子どもを認めないことに影響しているという状況がある。思いがけない妊娠をした女性が訴える「戸籍が汚れる」という感覚は、日本社会独特のものであろうが、名前を持つ権利、戸籍を持つ権利は、子どもに保障された権利であり、結果として、保護者はそれを行う義務がある。ゆりかご事例では、就籍は義務であるにもかかわらず、その自覚がないものも見られた。この点からすると、ゆりかご事例の子どもは、大きな不利益を被っている状況にある。

　ゆりかごの子どもの不利益

① 生みの親が出てこない場合、特別養子縁組などを結ばない限り、子どもは「単独戸籍」であり続ける。

② 成長して出自をたどれば、戸籍の本籍地の記載内容から、ある程度自分自身がおかれた境遇について類推がつくこと。

③ 既に就籍されており二重戸籍となった場合、戸籍の抹消手続きが必要なこと。

24　二宮、2006、49頁。
25　主に離婚による除籍のことを言う。離婚した場合、婚姻関係にあった者の欄が除籍となり、除籍された記録が紙ベースの頃は台帳に残った。

第1章 「ひとり戸籍の幼児」と「無戸籍児」の戸籍問題

　現在の福祉行政では、病院や産院で産んでも親が出生届を出さなければ子どもは戸籍上存在せず、子どもにとって必要なケアが受けられない。これは子どもに対する福祉行政による権利侵害である。

　「ひとり戸籍」の幼児も「単独戸籍」[26]の子どもと、同じ扱いをするべきではないか。「ひとり戸籍」の幼児は親に放置されているのに、福祉行政は、親に親権があるとして、このような施設にすら入れてくれようとしない。飢えと虐待に苦しんでいる「ひとり戸籍」の幼児を、行政は一刻も早く調査する必要がある。

訴える術を知らない「ひとり戸籍」の幼児

　我妻による戦後の民法改正では、夫婦同氏・親子同氏の原則を維持した。同氏同籍の原則により、同じ氏を名乗る夫婦と子が一つの戸籍に記載されることになる[27]。このことにより、戸籍感情が生まれ、戸籍による家族統制機能が作動する。戸籍が民法上の権利義務とは関連しない今日でも、戸籍の記載の形式は家族共同生活の実体に対して重要な意味を持ち続けている。

　「ひとり戸籍」の幼児に関しては、戸籍に載っていなくても、親権を持つ親が責任を持つから問題ないとして説明はあるが、戸籍上にこそ幼児の保護責任者を明らかにすべきではないか。親の都合による「幼児のひとり戸籍」は、戸籍の根幹をなす親子同氏の原則から、はずされている。現実に両親から保護責任遺棄されているにも関わらず、福祉行政が機能することはない。行政窓口では、すべての幼児の問題として「ひとり戸籍の幼児」も取り扱うから、それで良いという、答えである。何か問題が表面に出たとき、その時に対応するというのである。

　「戸籍」による外観の重要さは、たとえば、相続に関しては結婚改姓した妹に対して、兄が「家を出たのだから、相続放棄しろ。」と当然のように押し付ける。あるいは、一人娘が結婚改姓したために「家の名」が絶えると嘆き悲しみ、また、子供たちが結婚して除籍されて「戸籍には、ばあさんが一人ぽっちでかわいそ

26　捨て子の単独戸籍には父母の記載がない。
27　二宮、2006、48頁。

う。」という話をよく耳にする。しかし、「戸籍に幼児がひとりぽっちでかわいそう。」という話は、今だかつて、一度も聞いたことがない。

15歳になったら両親のどちらかの姓を選んで自分で家庭裁判所に申請すれば良いという話は聞いた。しかし、どう申請すればいいのか無知な少女は方法もわからず、相談できるような信頼できる大人もいなかった[28]。「ひとり戸籍」の子供は、申請のことを知る由もない。生きることの前提となるはずの「戸籍」は、「ひとり戸籍の幼児」に15歳になるまで一人で生きていけということなのか。両親から「俺の子ではない。」「私は子供はいらない。」と責任のなすり合いの中で幼児は、訳も分からず大人のエゴに押し流されながら、飢えと虐待といじめの中で命ある限り生きていくだけである。幼児は訴える術をしらない。世間も無関心であった。

民法第900条4号但し書きによる非嫡出子の差別、あるいは、民法第772条2項による無戸籍の子供たちは、親が関わりあって問題にされただけでも「ひとり戸籍の幼児」よりは、まだ、ましである。

そこには、民法第772条2項による無戸籍の子の問題に関しては法曹関係者がほとんど知らなかったという事実がある。三曹全てが、無戸籍の子どもの存在を周知していなかったのである。明治31年から100年以上「無戸籍」に苦しめ続けられてきた子どもの存在が、やっと、世間に知られた。それでも、依然として戸籍が改正されることはない。しかし、平成19（2007）年には自治体が救済し、住民票を作成し行政サービスを提供している。この救済も、全国の無戸籍の子どもの1パーセントしか恩恵に与らないという[29]。

「幼児のひとり戸籍」に至っては、両親双方が幼児の入籍を拒否しているくらいだから問題になることもなく放置されつづけている。「幼児のひとり戸籍」についての判例は、どこを探してもあるはずはなかった。我が子を取り合う裁判

28　中学2年生のとき、私は知らない人に「父ちゃんか母ちゃんのどっちかの籍を選べるとよ。」と言われたことがある。急に言われて、なんのことだか私は理解できなかった。それは一度きりで、スッカリ忘れてしまっていた。

29　平成19（2007）年4月6日、毎日新聞（朝刊）より引用。

第1章 「ひとり戸籍の幼児」と「無戸籍児」の戸籍問題

はあっても、さすがに、我が子を捨てあう裁判はなかったからである。

「赤ちゃんポスト7年　母と子の報告書から」
　熊本にある赤ちゃんポストは慈恵医病院の裏手の細い道に人目につかないようにある。子を捨てるという負い目のある親に対して、せめてもの心遣いである。これまでに棄てられた幼児は101人になる[30]。相手の男にも親にも相談できず、子どもを殺し自分も死んでいた母子は身元が分かっただけで82人にもなる。孤立し、追い詰められたある女性は、自宅で出産しへその緒も自分で切った。また、20代の女子学生は、親にもいえず男も責任を持ってくれず、思案している間に堕す時期を失っていた。そして男の子を出産し一週間後に、赤ちゃんポストに駆け込んだ。小さな扉を開くと、中の暖かい部屋にはベッドがあり、そこに赤ちゃんを置くとブザーが鳴った。彼女は我が子に別れを告げ、扉を閉めた。
　このような不幸をストップすることができないのは、彼女らの回りに相談できる大人がいないことにある。社会は「少子高齢化なのだから産め」と盛んに囃し立てる。その気になったら、後は常にほったらかしである。女性が子どもを産み育てるには、社会の協力が必要である。女の妊娠を知ると突然いなくなる父親の資格のない男が殆どである。そして女性は追い込まれる。一人で母親が苦しみ、悩んで生まれた子は低出生体重児[31]が多いという。
　しかし、棄てた親にも問題があり、子どもが引き取られたにしても、幸福になるとは限らない。戸籍の問題があった。棄てた親が判明しても「戸籍が汚れるから籍に入れない」と拒むのである。子どもは親の名前を知る権利があり、戸籍に入る権利がある。
　一度棄てた子を頑張って育てようとした親もいた。3才になった子は、今、児童養護施設に預けられている。赤ちゃんポストに棄てられた101人のうち18人だけが、引き取られている。慈恵医病院では24時間体制で電話を設け、相談に

30　平成19（2007）年2月23日、朝日新聞（朝刊）より引用。
31　出生体重が2500g未満の赤ちゃんのこと。最近は未熟児という。

乗っている。月300件以上の相談があり、県外からの相談件数は年々増えている。

1-3 「日本国憲法第25条」から乖離した「ひとり戸籍の幼児」

(1)「生存権」とは
「ひとり戸籍の幼児」は、親の保護もなく、福祉行政の助けもなく一人で生きることを余儀なくされている。日本国憲法は子どもの生存権を認めているのだろうか。

我妻栄は、政府による市民の生存の確保を目指す「生存権」を20世紀的権利と位置づけ、憲法第25条〜28条の4ヶ条をひとまとまりの「生存権的基本権」条項と理解する説を唱えた。用語としては、この4ヶ条で保障された権利を「社会権」、そのなかで特に第25条の権利を「生存権」とよんでいる[32]。憲法は、近代市民革命の時に国家が市民生活に干渉させないために作られた。しかし、その後、市場経済が発達し、産業革命が起き、その結果「持てる者と持たざる者」との格差が拡大し、個人の努力だけでは生きることすらできない状態に陥った。これらの経済的弱者を救済するための人権として生存権・社会権が生まれた。

個人がどんなに努力しても生きることができないことを問題視し、一人ひとりが自立するための支援を国家に求めるのが生存権の本質である。人権を強く主張することを通して初めて実現する人権といえる。憲法第25条は、国家に依存して貧困を救済してもらう恩恵的権利というより、理不尽な政策や社会構造自体を排除する権利である。

(2) 憲法第25条の法的意味
憲法第25条が国民に生存権を保障したことには、次の3つの法的な意味がある。まず、「プログラム規定説」は、立法府・行政府に対して国民の生活を保障する政治を国政の指針として示した。しかし、これは法的効果のない「注意規定」

32　渋谷秀樹・赤坂正浩（2010）、『憲法1 人権』、2010、49頁、有斐閣。

第1章 「ひとり戸籍の幼児」と「無戸籍児」の戸籍問題

にすぎない。

① プログラム規定説に立つ判決

　重度の結核で入院中の朝日さんは、兄から新たに月1500円の仕送りを受けることになった。そこで役所は、これまでの月600円の日用品費支給と医療費無料という生活保護を変更し、仕送り1500円から900円を医療費として支払わせ、残り600円を日用品費にあてさせることに決定した。朝日さんはこの決定を違法として訴訟をおこした。

　しかし、最高裁の判断は、役所の決定を認めた高裁判決を追認するものだった。憲法第25条は国の責務にとどまり、国民に具体的権利を付与したものではなかった。具体的な請求権の根拠となる生活保護法も、「健康で文化的な最低限度の生活」については広い行政裁量を認めており、本件決定の根拠となった厚生省告示による「生活扶助基準」は、この裁量の範囲を超えているとはいえない[33]。

② 抽象的権利説に立つ判決

　ほぼ全盲の視力障害者で、離婚後働きながら子どもを養育していた堀木さんが、障害福祉年金に加えて児童扶養手当の給付も申請したところ、「児童扶養手当法」に二重の給付を禁止する規定（併給禁止規定）により申請を却下されたので、この決定の取り消しを求めた。最高裁は広い立法裁量を認めて、併給禁止規定を合憲とした。著しく不合理なことが明らかな場合には、法律が憲法第25条違反になることを認めている[34]。

　抽象的権利説は、朝日訴訟の一審判決をきっかけにプログラム規定説への批判から「抽象的権利説」とよばれる解釈が一般的になった。25条は国民の権利を保障しているが、その権利は抽象的で具体化するには法律が必要である、ということである。憲法第25条だけでは訴訟はおこせないが、個別の法律に基づ

33　戸松・初宿、2004、331頁。
34　戸松・初宿、2004、332〜335頁。

1-3 「日本国憲法第25条」から乖離した「ひとり戸籍の幼児」

いて争いがいったん裁判の土俵にのぼれば、憲法第25条がきいてくる。このことから「裁判規範」といわれる。

③ 具体的権利説に立つ判決

　労働組合の団体であった日本労働組合総評議会が、所得税の課税最低限が高すぎて、低所得者の生存権が侵害されていると主張した訴訟である。最高裁は、所得税法の規定は、著しく合理性を欠き明らかに国会の裁量権を逸脱しているとはいえないとして訴えを退けている。

　抽象的権利説に対立したのが具体的権利説である。「健康で文化的な最低限度の生活」は、時代を限れば客観的に確定できる。この水準を確保する社会保障がない場合、法律がないという状態（立法不作為）が第25条違反だと裁判所に確認してもらえる。つまり、立法不作為の違憲確認判決が可能である。

　しかし、在宅投票制度廃止違憲国賠訴訟（最判昭和60・11・21）および在外国民選挙権訴訟（最大判平成17・9・14）で示された最高裁の例外要件が立ちふさがっている。

　憲法第25条がうたっている人間の尊厳にふさわし生存権とは、「自らの生き方を自ら決めるという自己決定権を国民誰もが行使できる権利である」ということである。

　「国家への自由」としての「生存権」は、「①すべて国民は、健康で文化的な最低限度の生活を営む権利を有する。②国はすべての生活部面について、社会福祉、社会保障および公衆衛生の向上及び増進につとめなければならない」（憲法第25条）とある。ここから、国家からの自由は「権利と義務」という形で規定されているのに対し、国家への自由では憲法第25条2項に見られるように、「権利と義務」という関係ではなく、「国は○○に努めなければならない」として「国の努力義務」になっていることに注目しておきたい[35]。国は国民に義務を押し付けておきながら、国は努力するという絵に描いた餅をただ見せているに過ぎな

35　五十嵐、2005、107頁。

い。110年以上もの時が過ぎ、「無戸籍児問題」は社会に知られ始めた。110年以上放置した「ツケ」は、三世代の「無戸籍」の人々を放浪させ続けてきたのである。「ひとり戸籍の幼児」の問題は、未だに社会に知られていない。

1-4 「戸籍のない子」

　多発する社会問題は、もの言えぬ子どもたちを巻き込み、暗闇に押しやっている。自分に関係のないことには誰もが無関心の風潮は「保護すべき子ども」を孤立させている。家族のあり方が多様化し、これまでには予想すらされなかった「戸籍による子どもの不利益」の拡大は留まるところを知らない。

　「性同一性障害の親を持つ子ども」、「事実婚の親を持つ子ども」、「同性カップルの親を持つ子ども」、「無戸籍の子ども」、「無国籍の子ども」、「代理出産の子ども」、「夫の死後の精子から生まれた子ども」、「非嫡出子」、そして「ひとり戸籍の幼児」等の「子どもの戸籍の問題」は、110年以上もの間、法整備を怠ってきた日本政府のツケとして、今、押し寄せてきている。

　平成18（2006）年12月18日「無戸籍児の問題提起」のキャンペーン記事を取り上げた毎日新聞社会部記者は、初め「それがどうした」と首を傾げた。しかし、調べていくうちに自分の無知と誤解に気がついたという。「無戸籍児」の当事者の声はいずれも小さく、弁護士や法律学者の間で問題視はされていたものの、行政や社会の視線は冷たかった。

　平成26（2014）年5月21日19時30分NHKでは「クローズアップ現代」で「無戸籍児問題」が放映されていた。生まれて32年間、戸籍無しで生きてきた女性の実話である。住む場所も、働き口もなく、住民票もない。母親は元夫のDVから逃れ、現夫と一緒になり、現夫との間に娘を身ごもっていた。そして、その娘は300日規定により「無戸籍児」となり生きるしか道はなかった。生まれてから32年間、名前もなく生きてきた。車の免許も戸籍がないので取れる訳がなく、自転車だけが頼りである。ホテルでのアルバイトも戸籍がないのがばれる前に辞め、転々と流され生きてきた。戸籍がないことで、全てを諦めた。夢

も。なりたかった社員も調理師の免許取得も戸籍を必要とする。アパートの契約・携帯電話・健康保険証・歯医者にもいけない等、挙げたら限がないくらい、戸籍の壁が立ちふさがる。

DVは深刻な問題である。DVにより耳が聞こえなくなり、命からがら逃げ出すケースも珍しくない。居場所を知られる恐怖は計り知れない。DVから逃げ出し、出生した子は、「無戸籍児」となる。以前は年間に500件くらいであったが、ここ数年前から「無戸籍児」は5万件以上になるといわれている[36]。

裁判で「無戸籍児」の戸籍を取る法的手続きはあるが、元夫と関係がないことの証明が必要である。ところが、元夫は妻への執着心から、まず印鑑を押すことはない。母親は仕方なく裁判を諦める。そして、子どもは「無戸籍児」になる。2代目・3代目の「無戸籍児」もいるという。110年以上前に作られた民法第772条は、法の網目から落とされた子どもに、今も絶望の人生を与えている。

「無戸籍児」を生み出した民法第772条

明治31（1898）年施行の民法第772条は、①妻が婚姻中に懐胎（妊娠）した子は、夫の子と推定する、②婚姻の成立の日から200日を経過した後又は婚姻の解消若しくは取り消しの日から300日以内に生まれた子は、婚姻中に懐胎（妊娠）したものと推定すると規定している。

上記の民法第772条（嫡出推定制度）はどんな規定であるかについて、平成26（2014）年5月28日の法務省の回答は次の通りである。すなわち、「民法第772条は、妻が婚姻中に懐胎した子は夫の子と推定し、婚姻成立の日から200日経過後又は婚姻解消の日から300日以内に生まれた子は、婚姻中に懐胎したものと推定する。この規定は、嫡出推定制度の一環であり、その趣旨は、子の福祉のため、父子関係を早期に確定し、子の身分関係を安定させること等」にあるとしている。

ここでの「嫡出推定制度」とは、子の福祉のために、法律上の父子関係を早

36　詳細は、www.nhk.or.jpgendai/articles/3500/1.html 参照。

第1章 「ひとり戸籍の幼児」と「無戸籍児」の戸籍問題

期に確定し、子の身分を安定させることが重要である。そこで、民法は、女性の懐胎期間を考慮して、婚姻期間と出生時期の関係から子の父を推定した上で、そのような推定が及んでいる子については、父であることを否定する方法を限定し、この方法によって父子関係が否定されない限り、血縁関係があるか否かを問うことなく、法律上は父子関係にあるものとして扱うこととしている（「嫡出否認の訴え」）[37]。

嫡出推定制度がなければ、いつまでも父子関係を否定する主張をすることができるようになり、子の福祉が害されたり、家庭の平和が崩壊したりするという事態が生じかねない。例えば、父の実子として生活してきたにもかかわらず、父が死亡した後になって、相続人であることを否定しようとする他の相続人から、父の子であることを否定する主張をされることにもなりかねない。

「民法第772条による無戸籍児」については、子が出生したときには、出生届をする必要があり、それによってその子が戸籍に記載される。この戸籍は、法律上の親子関係を公証するものであるから、出生届に父母を記載する際には、法律上の親子関係のある父母を記載する必要がある。離婚後300日以内に出生した子の場合、法律上の父は、民法第772条により原則として離婚した前夫であるから、前夫を父とする出生届を提出すれば、受理され、「無戸籍」になることはない。また、前夫が血縁上の父ではなく、血縁上の父を法律上の父としたいという場合には、そのための裁判手続を取り、審判書等の謄本を添付して出生の届出をすれば、裁判内容に従った出生届が受理される。

「民法第772条による無戸籍児」とは、出生の届出をしなければならないのにもかかわらず、戸籍上、子どもが前夫の子とされることを避けるため、出生の届出をせず、また、前夫の子ではない扱いをするための裁判手続も取らない。あるいはまだ裁判手続中であること等により、子どもの出生の届出がされないまま

37　夫が子の出生を知った時から1年以内に提起する裁判。つまり、嫡出推定制度は、嫡出否認の訴えを提起できる1年間の期間経過後は誰も父子関係を否定できないものとすることによって、親子関係を早期に確定して子の福祉を図り、家庭の平和を尊重しようとしている。

になっているという事態によって生じてしまう戸籍未記載の子のことである。

1-5　300日規定の問題点

　この「300日規定」に該当するケースは「特異な例」ではなく誰にでも起こり得る問題であり、300日規定はさまざまな問題がある。すなわち、①「前夫の子」となるのを拒んだことにより、戸籍のない子どもが存在する、②今の夫の子とするため前夫を巻き込んだ裁判が必要である、③ＤＮＡ鑑定など科学的証明があっても、規定が優先なのである、④裁判で現夫の子と戸籍登録できても前夫の名が残る、⑤離婚後に妊娠しても、早産などで300日以内に誕生するケースもある、⑥規定が全国に周知されていない、⑦特に出生の「届出」に問題が多いのである。

　「離婚した女性は6か月間再婚できない」とする民法第733条規定について、岡山県に住む女性が平成23（2011）年に提訴した。15人の裁判官全員が一致して「違憲」とした判決を受け、法務省は平成27（2015）年12月16日再婚禁止期間を100日に短縮して取り扱うことを決め、全国の自治体に通知した。平成28（2016）年の通常国会で民法を一部改正する法案を提出することになった。

　判決は、再婚後に生まれた子どもの父親を巡って争いになるになるのを防ぐという規定の目的には合理性があると判断した。ただ、法律上の父親を「推定」

図　1-5-1　民法第733条規定
　　誕生時期による子どもの父親推定（法務省の見解を基にした図）

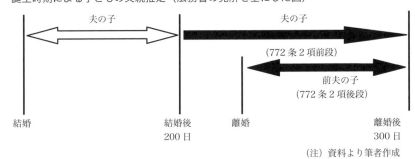

（注）資料より筆者作成

第1章　「ひとり戸籍の幼児」と「無戸籍児」の戸籍問題

する民法第772条は「離婚後300日以内に生まれた子は前夫の子」・「結婚後200日を過ぎて生まれた子は再婚後の夫の子」と定めている。仮に、離婚後すぐ再婚して200日たった後に子が生まれると父親の推定が重なるが、それを避けるには100日の再婚禁止期間で足りる。

　また判決は、これを超えて再婚禁止を強いるのは「過剰な制約である」とした。原告の女性が離婚した平成20（2008）年の時点で、医療や科学技術の発達から、すでに憲法第14条の「法の下の平等」、憲法第24条の「結婚における男女の平等」に反していたとした。

　平成8（1996）年には法務大臣の諮問機関「法制審議会」が100日に短縮する法改正案を示したほか、離婚や再婚の件数が増加し、再婚の制約を減らそうという社会的な要請が高まっていることなどの時代状況もある。

　他方、平成20（2008）年の時点で国会が法改正をしなかったことは違法とは言えず、国に賠償責任はないと結論づけた[38]。

無戸籍児を生む規定

　民法第772条の規定の再婚禁止期間は、無戸籍児を生む要因とされてきた。今回の判決は禁止期間そのものでなく、100日を超える部分だけを違憲としたことに失望の声も多かった。長女（6歳）が前夫の子でなく現夫の子であることの認知調停に時間がかかり、3歳まで無戸籍になってしまった女性は「父親を早く決めて親子関係を安定させるための法律なら、日数でなくDNA鑑定等の科学的根拠をもとにするか、現夫を父親とする方法がある。男女の不平等をなくすのなら、禁止期間をなくすべきではないのか」と語っている。

　また、岡山県に住む女性は、元夫の暴力が原因で平成18（2006）年に別居したが、離婚に元夫が応じてくれず、離婚が約1年半後にずれ込んでしまった。直前に現夫の子を妊娠したが、再婚禁止規定があったために、すぐには再婚できなかったのである。

38　平成27（2015）年12月17日、朝日新聞（朝刊）より抜粋。

さらに、「離婚後 300 日以内に生まれた子は前夫の子」と推定する民法 772 条が出産した子は元夫の子とみなすので、このことを恐れて出生届を出せず、約 3 か月間は無戸籍の状態になったのだった。彼女は次のように語った。「裁判をしようと思ったのは、法律は人を幸せにするためにあるはずで、人を不幸にするためにあるのではない」。

　国会は、6 か月の再婚禁止期間を 100 日に短縮するための議論をつくすべきである。女性は法律の形式的適用で 100 年以上の間、苦しんできた。苦しみの落とし子である無戸籍児にとっては、明治時代から 3 世代に続いている人生もある。この日本では 1 度レールからはずれたら、2 度と這い上がれない仕組みが待っている場合が多い。何故ならば、穂積八束の思想は、今日においても伝統ある美しい日本のお手本として為政者を導いているからである。

図　1-5-2　100 日再婚禁止期間
　　　　　　100 日再婚禁止期間→父親の推定が重ならない

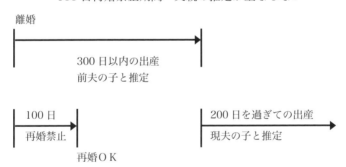

（注）資料より筆者作成

　他方、女性の再婚禁止期間が 100 日に短縮されることになった。平成 27(2015) 年 12 月 16 日の最高裁判決では、15 人の裁判官全員が「6 カ月間」とする民法の規定を「違憲」と判断した。「再婚禁止期間を 6 カ月」とされたことは、明治時代に規定がつくられた際、「妊娠の有無が誰の目にも分かるまでは再婚を待つべきである」と考えられたためであるとされる。

　さらに民法には、「離婚から 300 日以内に生まれた子は前夫の子」、「結婚後

第 1 章 「ひとり戸籍の幼児」と「無戸籍児」の戸籍問題

200 日を過ぎた後に生まれた子は現夫の子」と推定する規定がある。離婚後すぐに再婚して 200 日たった後に子が生まれると父親が重なってしまう。重複を避けるためには、再婚期間は「100 日」で足りるということである。

6 人の裁判官が賛同した「補足意見」では、「100 日以内」は違憲ではないものの、父親を巡って争いになる可能性がない場合には、再婚禁止期間は必要ない、と提案している。実際にはすでに、婚姻届を受け取る窓口で、女性が高齢の場合や離婚した夫と再婚する場合などには適用が除外されている。医師の証明書などで「離婚時に妊娠していない」ことが確実であれば、適用を除外しても良い、とも述べている。

他方、「100 日以内」も含めて規定全体を「違憲」とした裁判官は、幅広く適用の除外を認めていけば、再婚禁止期間を必要とする女性はごく例外的な場合に限られると指摘したのである。憲法では「結婚の自由」を保障しているのに女性の権利を不必要に制約する可能性があり、一律の再婚禁止は憲法違反であるとしている。山浦善樹裁判官は、法改正を怠った国の賠償責任まで認めている。「ＤＮＡ鑑定によって、簡易に低額の費用で正確な父子鑑定ができるから、再婚禁止期間の必要性は完全に失われている」と指摘している。

判決を受けて法務省は、女性の再婚禁止期間を 100 日に短縮して取り扱うことを決めた。「最高裁の違憲との判断は厳粛に受け止める必要がある」と岩城光英法務大臣は厳しい表情で語った。再婚禁止期間を定める民法の規定については、100 日に縮める改正案を来年の通常国会にも提出する方針である。岩城法相は「可能な限り速やかに法案を国会に提出していきたい」と語った。

周知のように、国連女性差別委員会は、夫婦同姓と再婚禁止期間の規定は女性に対して差別的であるとして、たびたび改善を勧告してきた。結婚する女性の 96% が姓を変えているのは実質的な差別で、多数意見の結論は残念である。ただ、政治が責任を免れるものではない。女性の活躍を掲げる政府は、活躍する女性の多くが望む夫婦別姓をなぜ法制化できないのか。国際社会に説明するべきである。再婚禁止期間についても勧告は廃止を求めており、100 日以内の存在意義を認めた判決には不満が残る（国連女性差別撤廃委員会林陽子委員長談よ

38

り）[39]。

女性差別と「貞操」観念

　戸籍を問題にする裁判は、家父長制との思想の闘いであると角田由紀子弁護士は語った。日本の社会の中で、家父長制の源にある天皇制は家父長制を目に見える形にするものとしてある。家父長制の思想は、目に見える形や目に見えない形をとって現れる。例えば、性暴力被害者の権利の回復の裁判に関わる中で、常に、家父長制の思想が現れるのである。性暴力はなぜ処罰されるのかということである。

　一般的には、「女性の性的自由を守る」ということなのであろうが、それは建前であって、本音のところでは女性に対して「貞操」という、まさに家父長制の思想そのものである「女性は貞操を守れ」と要求する考え方なのである。或いは、貞操観念が薄い女性であると裁判官が認定したら、その人が被害にあったという証言は信用しないというものの考え方もあるのである。家父長制というと戦前のことであり、終わったことと思われがちであるが、戸籍制度はまさに家父長制の思想を現実の制度として維持してきているのである。家父長制は今日も依然として差別そのものの問題がある。

　性暴力の裁判では、家父長制の思想に裏打ちされた家父長制を維持する重要な装置としての「貞操」という考え方が、裁判所の中には見え隠れしており、ある時にはそれが非常にはっきりした形で出てくるのである。例えば、平成6（1994）年の東京地裁強姦罪刑事裁判が典型的な事例である[40]。

　この裁判で加害者は無罪になっている。無罪になった理由として、被害者の女性の証言が信用できないからということである。性的な行為があったのは事実であるが、それは強姦ではなく、加害者の男の言葉では「和姦である」、その通りに裁判官は判断をしたのである。判決の中で東京地裁の裁判官は、被害者女性の証言を検討した結果、「この女性は貞操観念があるという人物像には似つ

39　平成27（2015）年12月17日、朝日新聞（朝刊）より引用。
40　強姦致傷被告事件、1994年12月16日、『判例時報』（1562号）、141頁。

第1章　「ひとり戸籍の幼児」と「無戸籍児」の戸籍問題

かわしくない」。よって、貞操観念の薄い女が強姦されたというような話は信用
出来ない。従って、彼女が被害にあったという話も出来ないから、これは強姦
ではなかった、という判断が示されたのである。このような判決文を書いた裁
判官は、「貞操観念がない」という言葉を使うことに何の抵抗も感じていないの
である。自然に女性差別の言葉が出てくる構造には問題がある。

1-6　民法第 772 条規定による「出生届け」の問題点

　出生届は事実を登録する報告的届出であるが、届出期間が定められている（出
生日を含む 14 日以内）[41]。しかし、名前やどこに住むかといったことは、届出によっ
て確定するもので、この部分は創設的といえる。

　届出義務者は、第 1 位順位が「父または母（以前、嫡出子は『父』だったが、差
別になるということで改められた）」、第 2 位が「法定代理人（母の後見人等）」、以下
「同居者」・「医師」・「助産師」・「その他の立会人」となっている。普通はこの順
位に従い、飛び越す場合はその理由が必要である。

　子が嫡出であるかそうでないかは制度の側が勝手に決めた区別であり、子自
身には何の関わり合いもない。従って、報告的でも創設的でもない事項であり、
これを届けさせる現行のシステムは届出人（非嫡出子の場合、普通は母）への配慮が、
あまりにも欠けているのではないか。

　出生届の最大の問題点は、「嫡出子」と「非嫡出子」の別を届けさせる「父母
との続き柄欄」である。生まれたばかりの子に天与の差別があるわけがないの
に、役所の都合で色分けを強要しているのではないか。嫡出子を「父」が届け
ていた理由として、嫡出子の推定は「婚姻後 200 日以後、離婚後 300 日以内の
生まれた子」であるが、婚姻後 200 日以内に生まれた子でも父からの「嫡出否
認の訴え」が出されない限り、戸籍上は嫡出扱いしている。これを「推定を受
けない嫡出子」と呼ぶ。この子に対する「父」届出は「嫡出承認」の意味があり、

41　正当な理由なく提出期限の 14 日以内に出生届をしなかった場合は、5 万円以下の過
　　料を受ける（戸籍法第 135 条）。

40

嫡出扱いにしても役所が非難されることがない。そういう隠れた必要性があったからではないかと考えられる。「父母が同居を始めた時」の欄はプライバシーの侵害であり、法律上の父（戸籍上）でなければ父欄への記入を許さないというのは何故なのか。

「出生届」が受理されない場合

　制度の枠組みとずれて、出生届が不受理になる場合。あるいは制度の枠組みに従って届が受理されると、子の扱いを巡るトラブルが発生し、場合によっては身の危険が生じるようなケースは事態の解決を待ち、届は受理されない方が良い場合もある。子の権利は出生という事実そのものによって発生するのであり、戸籍への登録である届出によって生まれるものではないのである。したがって、子が出生していれば、住民としての権利が生まれており、住民登録は出来るのである。

　平成2（1990）年、自治体を指導する自治省は、自治体に「戸籍の無い者の住民登録をするな」という違法通達を出した。これは自治体の自治権に対する侵害であり、自治省はこのような命令権はないはずである。

　平成20（2008）年、総務省は離婚後300日規定などにより「無戸籍となったこども達」に住民票への記載を認めるよう全国の市町村に通知した。しかし、この通知も全国の市町6,751に周知されておらず、対応はまばらである。民法第772条の法務省の通達では、該当者は1割に過ぎないと言われている。戸籍や住民票の分野になると、自治体は法務省や総務省の事務に一律で従っているに過ぎず、自治体レベルでの解決は難しいという[42]。

　平成18（2006）年2月、東京都足立区の区役所では無戸籍児への住民票記載がされた。同年以降、東京都北区の区役所も「無戸籍児」に住民票を出した自治体である。「法務省の通達では無戸籍児の救済は不十分である」という回答であった。理由として、①通達で救済されるケースはほんの一部である。②親の

42　平成20（2008）年6月12日、朝日新聞（朝刊）より抜粋。

第1章 「ひとり戸籍の幼児」と「無戸籍児」の戸籍問題

負担も大きく窓口対応で時間を要し、トラブルになる場合もある。③裁判をした場合もそのことが戸籍に記載されるため、記載を巡って親とトラブルになったケースがあった。これらのことから、北区では独自の基準で無戸籍児の住民票を作成していた。「無戸籍児の住民票記載件数は随分前からあるが、累計は取っていない」と画期的なことを初めているのに、表情が厳しかったと毎日新聞社会部記者は言う。他の区からの風当たりは良くない。現場で記載を決められない自治体職員の苦悩がある[43]。

　平成26（2014）年5月22日谷垣法務大臣は「無戸籍児」を全国に周知させ、実態を調べると語った。同年7月31日法務省は無戸籍児の実体把握と戸籍取得促進を、全国の法務局と市町村に通知を出した。同年10月24日には全国で279人の無戸籍の人を確認したと発表した。279人のうち243人が未成年、4歳以下が122人、5歳〜9歳が80人はいる[44]。

　また、平成26（2014）年11月14日の日本経済新聞（朝刊）によると、11月10日現在では全国で少なくとも427人（うち成人が60人）いることを法務省参議院総務委員会で明らかにした。戸籍制度は、個人そのものではなく、「家」の一員として個人の一生における身分を登録することを、強制しておきながら、保護すべき幼児は切り捨てている。

　しかし、明治31（1898）年施行の民法から120年近く経った今日、民法第772条2項による「無戸籍の子」の存在が社会に知られるようになってきた。そして、自治体が救済に動き始めている。何かしらの事情で戸籍の無い義務教育段階の子ども（無戸籍児）が全国で142人確認され、うち3分の1が経済的困窮で就学援助を受けていることが平成26年7月8日の文部科学省による調査で分かった。学力に問題があったり、虐待が疑われたりする子もいた。

　文部省は同日、児童相談所との連携強化やきめ細かな支援を求める通知を全国の教育委員会に出した。生活状況などを含む無戸籍児の実態調査は初めてである。同省は「行政が把握できていない無戸籍児が他にもいる可能性がある」

43　毎日新聞社会部、2008、67頁。
44　平成26（2014）年10月25日、朝日新聞（朝刊）より抜粋。

42

と指摘している。実際にはさらに多くの無戸籍児がいるとみられる。法務省が把握した無戸籍者は 567 人（2016 年 3 月 10 日時点）。このうち 6 〜 15 歳の義務教育年齢は 142 人で、小学生が 116 人、中学生は 26 人だった。うち 1 人は就学していなかった。

　文部省が各教育委員会を通じて生活実態や学力を調べたところ、経済的理由で就学が困難な子どもに学用品などを支給する就学援助を受けている子どもは 49 人で、就学している 141 人の 34.8％を占めている。このうち生活保護を受給している「要保護」は 17 人（12.1％）、市区町村が生活保護に近い困窮状態と認めた「準要保護」は 32 人（22.7％）。割合は全国の小中学生の平均（要保護 1.5％、準保護 14.1％）を大きく上回る。各教委の聞き取りで「生活上の課題がある」とされたのは 23 人。「九九ができず、体格も小さい」「漢字を書けない」など同年齢と比べて学力面で課題がある子どもや、「ネグレクト（育児放棄）の疑いがあり児童相談所などと連携して対応中」といった事例が報告された。

　現在も学校に通っていない 1 人を含めて 7 人は保護者が学校に通わせていない時期があった。うち 2 人は小学校に全く通っていなかった。無戸籍児は「離婚後 300 日以内に生まれた子どもは前夫の子どもと推定される」との民法の規定が原因と指摘される。戸籍上、前夫の子どもになることを避けようと母親が出生届を出さないケースがあるためである。教育委員会に申し出れば通学できる。ただ文部省は「親子が学校や行政機関に全く関わらなければ、把握は難しい」としている [45]。

　前夫の暴力を恐れて、33 年間出せなかった娘の出性届を役所に提出した神奈川県内の母親に対し、藤沢簡裁（町田俊一裁判官）が出生後 14 日以内に届け出をしなかったので、戸籍法違反で科料 5 万円を科す決定を出していたことが平成 27（2015）年 9 月 19 日判明した。この決定は、支援を待っている無戸籍の当事者に対して酷な判断であった。法務省の調査は 9 月 10 日において無戸籍の人は全国で 665 人いるとしたが、実際はそれ以上であることは、当然に考えられる。日本の社会はおとなしい子どもや、声を上げない人々に対して、お上にとっては、

45　平成 27（2015）年 7 月 9 日、日本経済新聞（朝刊）、「無戸籍児生活困難」より抜粋。

第1章 「ひとり戸籍の幼児」と「無戸籍児」の戸籍問題

なかなか好意的である。それを美徳とする傾向さえある。伝統はそんな先祖の「ことなかれ主義」によって、現在に至っているのではないか。

ある事例では、母親は昭和36（1961）年に前夫と結婚し、九州地方で暮らしていたが、激しい暴力から逃れるため、昭和45（1970）年に神奈川に移住した。昭和47（1972）年には別の男性との間に娘が生まれた。民法第772条は、「婚姻中に妊娠した子は、夫の子と推定する」と規定している。

「出生届」を出すと戸籍上は前夫の子になるため、娘の存在を前夫に知られることを恐れ「届出」が出せなかったという。去年の秋、戸籍が無いことに悩んだ娘が、実父との親子関係を「認知」裁判で認められ、平成27（2015）年6月には親子関係が確立している。前夫との離婚も平成26（2014）年には成立したため、審判の翌日に「出生届」を自治体の窓口に提出した。

ところが、自治体窓口から「届出期間超過」の通知を受け、次のような決定を簡易裁判所は出したのである。平成27（2015）年8月7日付で「母親と子の親子関係は出生時に確定している」そのため「正当な事由とならない」としている。母親が異議申し立てをしたが、簡易裁判所は退けた。民法第772条は、「出生届」以外にも「離婚後300日以内に生まれた子は前夫の子と推定する」と規定している。この規定により「無戸籍児」となる場合がある。無戸籍児が社会的な問題として騒がれているのにもかかわらず、藤沢簡易裁判所は「戸籍法違反」としている。

日本国籍のない子

無戸籍であっても、出生時に日本国籍の条件を満たしていれば、自動的に日本国籍を有する。しかし、「公職選挙法」附則第2項及び「地方自治法」第20条に依って「戸籍法の適用を受けない」と規定しているから選挙権及び被選挙権は、当分の間停止と規定されているので、参政権は行使できない。

国籍は、人がその社会で生きていく上で、不可欠のものである。外国旅行・留学・海外勤務などの際の出入国管理、国外での保護などの他、選挙権・被選挙権の行使、公権力を行使する管理職的な公務員としての登用、公証人の資格取得、

44

著作権法の保護など日本国民であることを要件にする場合も多い。

　今日、国際結婚も外国人との間の婚外子も増えているが、問題は外国人女性と日本人男性との間に生まれた姉妹がいる。同じ父母から日本で生まれ、日本で暮らしている。しかし、姉はフィリピン国籍、妹は日本国籍である。それは、子が出生した時に、父または母が日本人であれば、子は日本国籍を取得できるからである。母子関係は分娩の事実によって発生することから、日本人女性と外国人男性との間に生まれた婚外子は、出生の時点で日本人母がいることになり、日本国籍を取得できる。これに対して婚外子の父子関係は、父の認知によって成立することから、出生後に父が認知したのでは、出生の時点で日本人父がいないことになり、日本国籍を取得できないのである。

　ただし、父は母の胎内にある子でも、母の承諾を得て認知することが出来る（民法第 783 条 1 項）。この胎児認知をすれば、出生の時点で父がいることになるから、日本国籍を取得できる。前述の事例では、父母がこの仕組みを知らなかったため、姉は日本国籍を取得できず、妹の場合には、胎児認知をしたので日本国籍を取得できたのである。

　国籍法によれば、同じ婚外子でも、その後に父母が婚姻をすると、日本国籍を取得できる（国籍法第 3 条 1 項）。こうして父子か母子か、胎児認定をしたか、認知後に婚姻したかによって、国籍取得が左右される。今、このような処遇の不平等が裁判で争われている。平成 20（2008）年 6 月、最高裁大法廷はこれを違憲としている（国籍法違憲訴訟）。すべての子が婚姻関係にある男女から生まれるわけではない。婚姻関係で子をもうけても、事情があって婚姻できない場合もある。人々の家族関係も生活スタイルも多様である。何よりも、日本で暮らす子どもの利益を優先した解決が求められる[46]。

46　二宮、2010、6 頁。

1-7 「選択的夫婦別姓」

　結婚した男女は同じ姓にすることを定めた民法は、憲法に違反しないと最高裁判所は判断した。夫婦が同じ名字を名乗ることは社会に定着しており、合理性が認められるという理由である。選択的夫婦別姓について朝日新聞社の全国世論調査によると、「賛成」が52%、「反対」が34%であった。年代別では20〜50代のいずれの年代でも6割が「賛成」、60代で47%、70歳以上で34%であった。一方、「反対」は20〜30代の25%に対して、70歳以上になると48%と、年代が上がるにつれて反対の割合が上がった[47]。

　内閣府が2012年に実施した選択的夫婦別姓の世論調査でも、夫婦別姓への賛否は世代間で差があった。民法改正については「改めても良い」と答えたのが20代の47.1%に対して、70歳以上は20.1%であった。夫婦別姓の問題点として日本では家族の一体感がなくなると一部の人から話が出るが、人の繋がりはそのような表面的なものではなく、日々の積み重ねなのではないか。

　同じ名前にしたいということは、相手を自分に従属させたい意識が働くからである。なぜならば、事実婚家庭と婚姻家庭は全く問題なく共存しているという事実があるからである。日本では家とか名前に対する思い入れが強く、伝統芸の世界で名前を継ぐとか、襲名披露だとか、その家にお嫁に行くとか、伝統ある家に入ってその家の発展のために尽くすのである。このようなことが脈々と続いて、それが日本の文化の大切な一面であるという認識があるためである[48]。

　文化というのは皮膚みたいなもので、剥がそうとすると血が出るのでなかなか抜け出せないのである。合理とか理性で割り切れない側面がある。違う人間が同じ一つの名前を次々に受け継いで生きている、というのは実に日本の特殊な慣習なのである。そして、それは当然のこととして受け止められ、伝統芸の世界はそういうものと納得するのである。文化というものは一人一人の深層心

47　朝日新聞社、11月電話実施より。
48　角田、2004、63頁。

理にまで達しているのであるから、「家意識」というものを相手に闘うには、相当の覚悟が必要である。自分の名前を大切に思う気持ち、代々受け継がれたものを大切に思う気持ちは自然なことである。子どもがだんだん少なくなった今日、父親の名前だけが継承されていくとしたら、動物が絶滅していくように、名前も消滅していくだろう[49]。

夫婦同姓による問題

明治時代から110年以上続いている二つの規定「夫婦は同姓」・「女性は離婚して6カ月間は再婚禁止」とする民法について、平成27（2015）年12月17日の最高裁大法廷（裁判長寺田逸郎長官）は判決で、初の憲法判断を示した。いずれも国への賠償責任は退けたが、夫婦同姓については「合憲」と判断した。再婚禁止規定については100日を超える期間の部分を「違憲」とした。最高裁違憲判断は今回で戦後10例目である[50]。

夫婦同姓を定めた民法の規定については、東京都内の事実婚の夫婦5組が平成23（2011）年に提訴しており、国会が法改正を長年放置したために精神的苦痛を受けたとして、計600万円の損害賠償を求めていた。判決は、夫婦同姓の制度について「社会に定着しており、家族の姓を一つに定めることは合理性がある」と指摘し、どちらの姓を選ぶかは当事者に委ねられており、性差別には当たらないと判断した。

現実には妻が改姓することが、アイデンティティの喪失感を抱くなどの不利益が特に近年増していることを認める一方、旧姓の通称使用が広まることで「一定程度は緩和できる」と指摘している。夫婦同姓が、憲法の定める「個人の尊厳」や「男女の平等」に照らし、合理性を欠くとは認められないと結論づけたのである。ただ、この判決が「選択的夫婦別姓に合理性がない、と判断したのではない」とも述べ、「この種の制度のあり方は国会で論じ、判断すべきものである」と国会での議論を求めた。

49　角田、2004、64頁。
50　平成27（2015）年12月17日、朝日新聞（朝刊）より引用。

第 1 章　「ひとり戸籍の幼児」と「無戸籍児」の戸籍問題

　結婚や家族の法制度を定めるにあたって、国会の裁量が及ぶ範囲にも言及している。憲法で直接保障された権利とまでは言えない「人格的利益」[51] や「実質的な平等」[52] を実現していくあり方は、「その時々の社会的条件や国民生活の状況などとの関係からきめるべきである」などと提言している。15 人の裁判官のうち、10 人が多数意見で、5 人が「違憲」とする反対意見を述べた。3 人の女性裁判官は全員が「違憲」としている。

　「違憲」とする 5 人の裁判官は、女性の社会進出などの時代の変化を踏まえて、民法第 750 条「夫婦同姓」の問題点について指摘した。岡部喜代子裁判官は「制定当時は合理性があったが、女性の社会進出は近年著しく進んだ」と指摘した。また、「改姓で個人の特定が困難になる事態が起き、別姓制度の必要性が増している」とも述べている。

　この違憲には桜井龍子、鬼丸かおるの 2 人の女性裁判官も賛同している。桜井氏は旧労働省の出身で、官僚時代は旧姓を通称として使用していたが、最高裁判事に就任後、裁判所の決まりに従って戸籍名を使っている。

　「合憲」とする多数意見の 10 人の裁判官は「旧姓の通称使用で緩和できる」としたことに 3 人の女性裁判官は反論した。「(改姓が原因で)法律婚をためらう人がいる現在、別姓を全く認めないことに合理性はない」女性のみが自己喪失感などの負担を負っており、例外規定を認めない」ことは憲法が保障する「個人の尊重」や「男女の平等」に根ざしていない、と断じたのである。

　他方、弁護士出身の木内道祥裁判官は「同姓以外を許さないことに合理性があるか」という点から違憲を述べた。同姓のメリットとして、「夫婦や親子だと

51　通俗的見解は人格的利益説で、個人の人格的生存に不可欠な利益を保証するとされている。

52　憲法第 14 条が定める「平等」は形式的平等でなく、実質的平等とされている。形式的平等(機会平等主義)とは全ての国民に対し、経済活動の機会を平等に与えようとする機会平等を意味する。実質的平等(結果平等主義)とは、個々の事情に応じた配慮をし、全体として平等にすること。例としては生活保護や累進課税などがある。形式的平等の例として選挙権がある。問題点は、実質的平等を重視すると、努力しなくても得をするいわゆる「モラルハザード」が生じる場合がある。形式的平等を重視すると、社会に格差が広がり社会的弱者が生きていくことが難しくなる。実質的平等と形式的平等をうまく使い分けることが、国家政策上重要となる。

印象づける」、「夫婦や親子であるという実感に資する」などの点がある一方、「同姓でない結婚をした夫婦は破綻しやすい、あるいは夫婦間の子の成育がうまくいかなくなるという根拠はない」。そして、例外を許さないのは合理性がない、と結論づけたのである。同じく弁護士出身の山浦善樹裁判官はただ1人、「違憲とするだけでなく国の損害賠償責任も認めるべきだ」と踏み込んでいる。法相の諮問機関「法制審議会」は、平成8（1996）年、選択的夫婦別姓を盛り込んだ民法改正案を示し、国連の女性差別撤廃委員会も平成15（2003）年以降、繰り返し法改正を勧告してきた。こうした点を挙げ、「規定が憲法違反だったことは明らかであった」と国会の怠慢を指摘した。また、多数意見は「夫婦同姓は家族を構成する一員であることを対外的に示し、識別する機能がある」、「嫡出子が両親双方と同姓であることにも一定の意義がある」などと述べている。この意見に賛同した寺田逸郎長官は補足意見の中で「多様な意見を司法はどこまで受け止めるべきか」を論点にあげた。「選択肢が用意されていないことが不当、という主張について、裁判所が積極的に評価することは難しい。姓のあり方を考えることは社会生活への見方を問う、政策的な性格を強めたものにならざるを得ないからである。むしろ国民的議論、民主主義的なプロセスで幅広く検討していくことが、ふさわしい解決だと思える」[53]。

　夫婦別姓を求めた訴訟の判決を受け、「結婚によって夫の姓に当然のように、女性の姓が変えられる慣習に疑問を持っていた。事実婚を経て婚姻届を出したが違和感は消えなかった。提訴のきっかけは、平成22（2010）年に千葉景子法相（当時）が民法改正案を国会に提出しようとしたが、保守派の反対で断念したことであった。司法が最後の砦であるから、4人で原告団を結成した。そして、違憲判決は当たり前だと思っていた」と、原告団長は語った。また、弁護団長の榊原富士子弁護士は、「大法廷の裁判官15人のうち女性裁判官3人全員は、違憲と判断している。性差別を問う裁判では、最高裁の女性裁判官が3割にも満たないようなこの状況が、残念な結果を生み出したと思う」と記者会見で悔

53　Voice210号、2015年、11-12月、17〜18頁、なくそう戸籍と婚外子差別・交流会資料。

第1章 「ひとり戸籍の幼児」と「無戸籍児」の戸籍問題

しさを滲ませながら語った。「もともと国を相手にした裁判だから勝ち目は少ないと思っていたが、そんな中でも5人の裁判官が違憲と判断したことに希望を感じた」と、原告の一人が支援している学生たちに伝えていた[54]。

棚村政行（家族法）[55]によると、「判決は社会的混乱を回避するために最高裁が違憲判断を自制するという司法消極主義の立場をとっている。個人の人権を守る最後の砦としての役割を放棄したのに等しい。時代に逆行すると言わざるを得ない。家族観の変化を、十分に把握できていないのではないか。法制審議会の民法改正の提案を、20年近くも放置してきた国会の怠慢を、違法と判断しなかった点でも残念である」。

家制度、家父長制の思想のある種の人々は、選択的夫婦別姓は当然に大反対なのである。つまり、彼らは夫婦別姓が何を問題にしているかということを恐れているのである。夫婦同姓を強制することは、家制度、家父長制の思想を維持するために非常に有効な制度である。男性が上、女性は下という考え方で男性の女性に対する様々な形の抑圧、支配を正当化するのが家父長制度であり、それは戸籍制度に端的に表れている。性差別の思想的な支えである家制度、家父長制度に繋がる考え方、或いは、制度そのものを無くしていくということは、女性はもとより、男性も含めて世の中でどれだけの人が自由に幅を広げて生きていくか計り知れない[56]。

無戸籍児が生まれる背景には、女性差別を助長する戸籍制度がある。それは一部の特に男にとっては都合の良い制度なのである。それを、明治時代から110年以上の間、声をあげなかった女性たちにも問題がある。あまりにも、男性上位に洗脳されていたのではないか。男性依存の環境にドップリ浸かって、その恩恵に与った女性たちが、このまま永遠に幸福が続くとは、限らないのである。

54　平成27（2015）年12月17日、朝日新聞（朝刊）より引用。
55　早稲田大学法学学術院教授・弁護士。内容は、平成27（2015）年12月17日、朝日新聞（朝刊）より引用。
56　角田、2004、12～15頁。

第2章　戸籍の歴史における憲法論争とGHQ、行政

2-1　戸籍制度の形成

　日本で戸籍制度が定着したのは、何故か。また、人々は何故戸籍制度を変えようとしないのか。性別役割分業意識が根強い背景には、日本的な家意識があり、戸籍にはこれを温存する作用がある。明治以降、戸籍の果たした家族統制機能は、民法上の権利義務とは関連しない今日でも、戸籍の記載は家族の実体に対して重要な意味を持つ。戸籍が身分関係と氏を基準に決定するという基本的構造である限り、家意識や戸籍感情が温存される。家意識は、知らず知らずのうちに、浸透していく。我妻栄によると、制度というものは長く続くと、それ自体が生命を取得して存在し続け、社会が変わっても存在し続け、それが社会生活に影響を及ぼすと言う[57]。

（1）壬申戸籍の成立過程

　古代の戸籍制度は、唐の時代の都長安（現在の西安）で生まれた。「戸」は石塀で囲まれた最少単位の居住空間である。おなじ「戸」で暮らしていれば、家族であろうがなかろうが「戸」の仲間として「籍（登録）」された[58]。

　日本には、戸籍は奈良時代に古代中国から伝来し、西暦 670 年に天智天皇によって「庚午年籍」[59] が最初に完備された。後に刀狩りのために作られた「人畜

57　二宮、2006、49 頁。
58　佐藤、2002、18 頁。
59　日本最初の全国的な戸籍といわれているが現存してはいない。

第2章　戸籍の歴史における憲法論争とGHQ、行政

家数改」[60]、キリスト教徒弾圧のための人民宗教調査の「宗門開帳」、治安維持
のための人口調査「人別開帳」[61]などが、名称や目的を変えながら存在しつづけ
ていた。しかし、いずれの戸籍も限られた地域であり、一部の人民が編成され
ているものが多かった。

① 壬申戸籍

　全国民を対象にした戸籍制度は、明治4（1871）年に公布された「壬申戸籍」
である。戸籍法は、同年4月4日太政官布告170号で全国に公布され、明治5（1872）
年1月1日に施行されたが、翌年の干支が「みずのえさる」（壬申）だったこと
から「壬申戸籍」とよんでいる。壬申戸籍は全国的に戸数、人員を調べるとい
う人口調査であったが、富国強兵のもとに国民による軍隊を組織した。この時、
氏がない者の徴兵に悩んでいた陸軍省の要請で、政府は明治8（1875）年2月3
日に「平民苗字必称令」を出し、氏を国民に強制している[62]。

　地租改正により国家財政の安定的収入を得るために、徴兵と租税徴収という
国家的戦略があった。戸籍は人民調査目的の徴兵台帳であり、課税台帳でもあっ
たのである。現在でも市区町村の役場では、死亡届け出に基づく、主な相続人
を税務署に通知するが、この事務処理は法定受託事務（相続税法第58条）として、
戸籍が課税台帳的役割を果たしている。また、脱籍浮浪の徒の取り締まりと復
籍や居住、交通に関する制限と監視の統一化があった[63]。

② 寄留法

　調査方法は、戸口調査として江戸時代の宗門人別帳や今日の国勢調査のよう
に行われ、北海道と沖縄は除かれた。戸を単位とし、戸は屋敷ごとに調査され、
戸は血縁関係があり家族であることを基本とした。血縁、家族関係がなく戸籍
の末尾に記載されたのを附籍とよんだ。

60　江戸時代村ごとに家数人馬数等を調査した帳簿。
61　宗門人別改で宗門開帳と人別開帳が統合された。現在の戸籍原簿・租税台帳にあたる。
62　井戸田、1993、65頁。
63　山本、1958、13頁。

2-1 戸籍制度の形成

　また、大正3 (1914) 年に、90日以上の不在者は寄留とした「寄留法」[64]が
制定され本籍人は戸籍簿により、非本籍人は寄留簿により住民を把握した。こ
の寄留簿が後に住民基本台帳に代わっていく[65]。

③ 序列による差別

　戸を統率するために戸主が定められ、戸主が同一家屋内の家族の氏名、年齢、
続柄、職業等を戸長に申告した。戸は同一家屋に住んでいる人の集まりであり、
住民登録簿的戸籍であった。

　戸籍は、戸を一枚の用紙に戸主を筆頭にして「戸籍同戸列次の順」に記載し
た。すなわち尊卑・男女・長幼の順で記載された。この「戸籍同戸列次の順」が、
戸籍による家族の範囲や戸籍による身分の序列という概念を生み出すことに繋
がった。

(2) 身分制度から家制度への移行

　明治15 (1882) 年の戸籍規則に関する元老院会議では、フランス学派の箕作
麟祥が、「民法が制定され身分証書が施行されれば、戸籍法は無益なる」と主張
している。一方、行政官の渡辺清は、「戸籍に現れている家族のあり方が、治安
政策と社会保障の代替をなす」と切り返している。戸籍が国民に氏を与えて華族、
士族、平民を区別せず、戸籍簿に記載したことは、封建的な身分制度を廃止し、
国家を近代化するために必要ではあった。フランス民法をそのまま継受して戸
籍を身分証書に代えるという動きと、戸籍を前提にして民法を編纂しようとす
る動きがあった[66]。しかし、身分証書は施行されることなく戸籍は家制度と強力
に結びついていった。

64　大正3年に寄留法が実施され、本籍地以外に90日以上一定の場所に住所または居住
　　を有する場合は届け出をした。昭和26 (1951) 年住民登録法により廃止された。
65　伊藤、1994、99頁。
66　二宮、1996、148頁。

53

第2章　戸籍の歴史における憲法論争とGHQ、行政

① 徴兵制

　徴兵制は、国民の反感を買い、戸籍制度の不備を利用して徴兵を逃れる者も多く出た。明治6（1873）年には、「血税一揆」[67] のような徴兵反対が起きた。戸主・嗣子や分家戸主・絶家再興戸主[68] の徴兵令免役制度を使う合法的な徴兵忌避が盛んになった。これは、戸主届出制と戸籍の不備を逆手に利用された結果であった。

② 人民を支配できる戸籍制度

　国民が戸籍に記載されることは、国家に登録されることであり、戸籍によって国民が徴兵や徴税のように国家の恣意的目的に利用するのに、都合が良かった。ここに、日本で最初の全国統一的近代的戸籍制度である、人民の現況把握手段としての壬申戸籍が誕生したのである。「国と支配の安定を期する」より、人民を把握することは人民を支配することであり、その道具として戸籍が利用されたのである[69]。

③ 意図的に作られた階級

　明治19（1885）年戸籍（壬申戸籍改正）は、除籍制度と身分事項欄を設け二つの機能を有していた。まず、除籍簿と現戸籍が連結し、検索機能を持った。この検索機能は、本人はもとより除籍簿に記載されている家族までも遡って追跡でき、個人の身分事項も全て把握できた。また、徴兵制や課税目的で作成された行政資料に過ぎなかつた戸籍が身分事項欄の設定により身分登録的機能を持つようになった。「身分」とは士農工商の階級を表し、戸籍が序列記載等の「階級」を意図的に意識させようとして使用しているのではないか。戸籍は戸籍内にお

67　明治6（1873）年施行された徴兵令に反対した農民中心の一揆が起きた。徴兵令反対一揆とも呼ばれている。
68　廃家・絶家した家を縁故者が戸主となり再興すること。
69　利谷、1996、7頁。

ける個人の身分的地位つまり階級を位置づけ公証しているからである。

明治政府は戸主に出生、死亡、寄留などの戸籍届出について届出義務を課し、期間を設定し、違反者には過料を科した。現在、この規定は、戸籍法第120条に受け継がれ、3万円以下の過料となっている。

しかし、刑事罰の過料でなく行政罰になったことが戸籍届出を行政に必要不可欠なものとしている[70]。このことにより、届出は任意でなく個人の身分行為の情報は国家のものとなったのである。戸籍制度は、国家が主として警察や徴兵という国民を治める目的と、われわれの身分のつながりを一般にしめすという機能を持っていた。警察的な目的がなくなり身分の公証制度としての反面が伸びた[71]。除籍制度[72]の導入により検索機能を有して、個人の身分変動を記録する身分事項欄を設けたことにより、プライバシー戸籍が生まれている。

(3) 戸籍政策形成過程

明治初年から明治民法が施行された明治31（1898）年まで、家族生活を直接、一般的に規律する法（民法典）は存在しなかった。家族を広く規定したのは、習俗や慣習法であった。個別的な必要に応じて、太政官や各省の発した布告・布達・司令などが、家族を規制したのである。

同年に明治民法が施行されるまで、特に、家族のあり方に大きな影響を及ぼした法律は戸籍法であった[73]。戸籍制度は、地租改正と並んで、明治政府がいち早く着手した重要政策の一つであった。近代的な中央集権の天皇制国家を早期に実現するために、戸籍法の制定は急務であった。戸籍政策は明治政府の政治の根元をなすものであったからである。

70　福島、1887、706頁。
71　我妻、1972、10頁。
72　戸籍からその人の名を取り除くこと。一つの単位の戸籍に記載されている人が、除籍や死亡、転籍によって誰もいなくなった者を除籍した謄本は戸籍の抜け殻である。死亡や婚姻で転籍した人は×印、／印が書かれる。除籍簿の保存期間は150年となった。平成22（2010）年までは80年であったので、多くの戸籍は廃棄された。
73　井戸田、1993、4頁。

第2章 戸籍の歴史における憲法論争とGHQ、行政

①「家籍」

　戸主が婚姻や離婚について同意権を持つ「家」の制度は、個人の身分行為であるはずの戸籍制度によって「家制度」を作り上げられたのである。「家」は「戸籍」を示すようになり「家＝戸籍」という意識が混在するようになり、戸籍は「家」という抽象的な概念を出生届や婚姻届などの各種届出行為を通して、「戸籍」という目に見える現実によって国民に意識させ「家制度」を浸透させていった[74]。

　「家」制度があって「家」という実体を記録する手続きとして戸籍が編み出されたのでなく、行政法上の手続きとしてあった戸籍が、逆に「家制度」という実体を作り上げるという逆転した現象があったのである[75]。要するに、政府が「家制度」を確立して、国民に普及させるために戸籍を利用したのである。戸籍は戸を単位として個人の身分関係を公証していた「戸籍」から、家の籍としての家制度を支える組織である「家籍」へと変化していった。

② 明治政府のモデルとしての「家」

　明治民法は「家制度」に立脚して制定されたといわれている。当時の国家が理念とした家族像である「家」とは、「家」の永遠性が尊重された。過去から現在そして未来へと、父の血統によって、子孫へと「家」は継承されるべきで、婚姻はそれ自体が目的でなく子を得る手段であって、夫婦関係よりも親子関係が重視された。また、「家」の長である戸主には、この家を統轄するために、「家長権」（戸主権）が与えられた。「家」の内は上下の身分関係とそれに基づく支配と服従、恩と報恩（孝）の原理が支配した。男尊女卑・長幼の序列はその現れであった。このことは、一つの「家」に留まらず、本家分家関係、地域共同体まで拡大された。究極的には、天皇家・天皇を総本家・親とし、臣民は、分家・赤子[76]と観念された。そして、万世一系[77]の天皇家を宗家とする「家族国家観」[78]が

74　唄、1998、184頁。
75　利谷、1999、54頁。
76　「せきし」と読む。天子を恵み深い親に喩えて、その子の意。かつて日本国民は天皇陛下の赤子であった。天皇が神でないことを認めた戦後、国民は赤子でなくなった。

形成された。「家」制度は、家の中にとどまらず、国家の支配構造と深くかかわる根幹の存在とされた。

　国家が理念とする家族像に基づき編纂された明治民法における「法的家族像＝家」は、祖先より子孫に至る「家」の永続性が尊重された。祖先祭祀相続は「家」の永続性の象徴であり、戸主の地位・財産とともに、家督相続として、長男が単独で承継するのを原則とした。戸主および家族は、その者の属する「家」の名すなわち氏を称した。戸主には、戸主権が与えられ、男尊女卑・長幼の序列に基づく規定が多く存在した。戸主は家族に、親は子に、男は女に、父は母に、夫は妻に、兄は弟になど、それぞれが優越した。「家」にある（同氏であり同一戸籍である）ことが、親権・扶養・相続などの要件となっており、「家」のための親子関係、「家」のための婚姻関係、「家」のための家族関係と、「家」が重圧となっていた。「家」のなかに個人が埋没し、「家」が優先していたのである[79]。

③ 大正4年戸籍

　個人の意思が家族・親族・村落という共同体的なものから独立せず、婚姻や離婚などが戸主の同意を得なければ成立しないように、身分行為が戸主の監督に服している現況では個人の家族関係の公証よりも、家における身分的地位や出自を公証することが、社会的には重要であった。結婚式に「○○家と△△家」と案内が出されるように、今日においても依然として制度が婚姻などの身分行為を通して、人々の中に存在し生き続けている。

　大正3（1914）年、明治31年の身分登録簿はなくなり戸籍簿だけとなった。新しい戸籍法改正は、身分簿だけが個人の身分行為の登録は家制度の中で位置づけられ、「家」を中心にして個人の身分関係を公証するものとなった。大正4

77　永久に一つの系統が続くこと。ある人にとって、天皇家が「万世一系」であることは何物にも代え難い至上の価値があるという。
78　国家という政治の単位を家族に擬する考え方で、特に長子単独相続により超世代的に継承される。本家を血縁集団の中心とする「イエ」制度に擬して、明治以降の天皇制国家を捉えている。
79　井戸田、1993、15頁。

第2章　戸籍の歴史における憲法論争とGHQ、行政

(1915) 年1月1日から施行された大正4年戸籍法は、戦後まで存在する。

2-2　「帝国憲法解釈を巡る論争」

　明治3 (1870) 年9月、江藤新平によって民法典編纂の事業が始められた。事業は一進一退しながら、前年に明治政府はボアソナードーに民法起草を委嘱した。東京帝国大学法科大学出身者達による民法編纂延期要求の論説を発端にして、法学関係者に「旧民法」の実施をめぐる延期派と断行派の論争が始まった。これが、いわゆる「民法典論争」である。民法典論争は学説的な対立だけでなく、複雑な政治的対立があった。論争は当時の条約改正問題と絡み合って、帝国議会でも激しい論争があった。対立する延期派と断行派の法学関係者の論争は、ついには政界をも巻き込んだ。両派の対立は単純に保守主義対進歩主義というわけにはいかず、複雑な性格をもっていた。

　法学関係者の論争では、延期派である穂積八束の意見書は「民法出テ、忠孝亡フ」の一連の論説から国家思想に欠けると批判している。「皇室ノ臣民ニ於ケル家父ノ家族ニ於ケルノ権力」は「祖先ノ崇拝スルノ国教」であるとして、家長が祖先崇拝の祭主であるからして現世では「祖先ノ神霊ヲ代表」となり、「家長権ハ尊厳ニシテ侵スベカラズ」となるのである。それは「天皇ノ大権ハ神聖ニシテ侵スベカラズ」に行き着き、「この法典は家父長的家族制度を破壊する」と延期派は強固に主張している。この「法典実施延期意見」に対して、断行派の代表である梅謙次郎は全面的に批判した。穂積八束の「民法出テ、忠孝亡ブ」の主張に、梅は「徹頭徹尾誤謬ノ妄言タルニスギズ」と切り返している。これに対して穂積は「我ガ民法ハ其源ヲ羅馬法（ローマ法のこと。）ニ取ルガ故ニ耶蘇教国ノ個人主義ニ依レリ」といつもの持論を持ち出した。梅は「耶蘇教（キリスト教のこと。）ノ教文ニオイテハ、耶蘇教ガ忠孝ヲ亡ボスト云ウハ詭弁ナリ、殊ニ羅馬法ガ個人主義ニ依ラザルコトハ苟モ羅馬法ヲ学ビタルモノハ皆ナ知ラン」と強く批判している。

　延期派と断行派の代表である穂積と梅の論争は学問的論争に留まらず、当時

58

の複雑な政治へと深く関わっていった。「条約ヲ改正セント欲セバ必ズマズ法典ヲ実施セザルベカラズ」と梅は近代日本国家の条約改正を重要課題としながら、法典の実施を主張したのである。

民法典論争と同じ時期に帝国大学の法学協会では、梅と穂積の帝国憲法の解釈を巡って論争が行われた。「法令ヲ変更スルニ非サレハ執行スル能ハサル豫算案ニ対シ政府ハ同意スルノ職権ヲ有スルヤ」に対して積極主権者の代表である梅謙次郎は、「豫算ハ一種ノ法律ノ性質を持ツ」ので不足すれば予算費から支出しなければならない。政府は同意する職権があるが、予算の性質はあくまでも有効とする立場をとった。

消極論者代表の穂積八束は「超然タル主権ノ法令ノ下ニ政府及国会ガ其職権ヲ有スヘキコト」は憲法の大原則と見なし、「豫算ハ政府ト議会カ協議シテ議決スルモノニシテ其行政ニ干渉スル職権以内ニ置クベキ」と主張している。

この討論は消極論の賛成多数で可決した。民法典論争の延期派代表穂積八束と断行派代表梅謙次郎の間に、帝国憲法の解釈を巡って深い原理的対立が存在していた。延期派の穂積側の勝利は、帝国大学学徒たちは＜君主＝国家＞の法令を拒否出来ない立場にあったことによる。

2-3　穂積の憲法論

明治 15（1882）年の憲法論争に寄せた穂積八束の論稿は、政府高官の目を惹いた。伊藤博文・井上毅である。穂積は彼らの庇護のもとに急速に出世していった。明治 16（1883）年東大を卒業すると同時に政治学研究を推進し、明治 17（1884）年 8 月には官費を給されてドイツに留学し、欧州制度沿革史と公法学を学び 5 年間滞在して、明治 22（1889）年帰国、直ちに法科大学教授に任じられている。明治 15（1882）年までの穂積の政治思想は、保守的ではあったが、その保守主義は完全に 19 世紀後半の西洋の憲法思想・政治思想の枠内にあり、国家や人種の境界を超えた政治学の立場を堅持していた。そこでは未だ日本固有のものへの、湧き上がる感情を抑えきれないような関心のあとも見られず、政

第2章　戸籍の歴史における憲法論争とGHQ、行政

治と宗教の結合、天皇崇拝などもみられず、その頃にはまだ、存在していなかったのである[80]。

　穂積はドイツ留学において、日本社会と西洋社会は本質的に違うと確信していた。「日本は君主国なり」という穂積の信念の帰結として、民主制に対する敵意、社会主義に対する嫌悪の情が生まれたことは確かである。ダーウィンの「生存競争」・「適者生存」という弱肉強食の世界に影響を受け、今まであるものの存続を適応力の証明とし、未来の発展の可能性を否定して「現状聖化の理論」に落ち着いた。穂積は万人平等思想を嘲笑し、社会主義とは「破壊」であるとして、社会主義を攻撃している。穂積は、法学を科学とする法実証主義の主張を排撃し、法を道徳の幼弱な妹の地位におき、法の一般的妥当性の範囲を狭く限定した。倫理と政治を連結し、法観念そのものを快く受け入れないような思想的伝統に依拠した穂積によって可能にしたのである。ここに法があるのか。「法ハ主権者ノ命令ナリ」、これこそ穂積の思想遍歴の中心的動機をなす命題なのである。穂積八束は、純朴で権威に従順な人々より成る心地良い過去を描き、日本は独自な国、独自の善き国であると強調し、日本の伝統は未だ死せず、天皇は現人神[81]なりと説いたのである[82]。

　穂積の持論である「祖先崇拝論」は天皇主権＝国体（絶対普遍）へと発展し、「政党内閣は憲法違反だ」とまで言わせている。また、その思想は教科書にまで及んだのである。しかし、保守的・権力的憲法論は学界から孤立していった。そして、明治天皇の大葬に参加し風邪を拗らせて死に至った。110年以上前に作られた憲法・民法にある穂積八束の思想は、日本民族の伝統の中で揺らぐことなく、今日もなお、我々国民を導いている。一方、穂積持論である「現状聖化の理論」は、弱者側に永遠に人として平等に生きることを閉ざしているのである。

　穂積の憲法論とは、国家権力は即ち国家の権力であり国家の全領域を網羅し

80　長尾、1971、30頁。
81　「この世に人間の姿で現れた神」「生きている人間でありながら同時に神である」の2つの意味がある。
82　長尾、1971、183頁。

ているということなのである。天皇は一切の国権を総攬するという明治憲法第4
条の規定に依拠し、天皇をすべての国家権力の担い手として国家の主権者とし
て位置づけている。また、臣民は国家権力の客体であると同時に天皇権力の客
体となり、帝国議会は国家権力の一機関によって天皇権力の一機関となる[83]。

　穂積憲法論では、国家は即ち国家権力でありながら、他方において国家権力
のすべては君主＝天皇によって握られ、国家と君主は国家権力を媒介として同
一化される。これが国家即ち天皇ということなのである。「家」制度と天皇制は、
日本国の国体の両輪といわれている。上は天皇制であり、下（民間）は「家」制
度が日本の国体であるが、それは戦前から綿々と続いてきた。戦後もそれは引
き継がれ、憲法改正、民法改正でも、民間の国体である「家」制度は廃止され
ることなく現在に至っている。戦後も「家」制度はなくなってはいないし、な
くそうともしなかったのである。近代的家族論の主張も、民法典論争で旧民法
断行論が破れ、旧民法の施行延期が決定したことによって、社会の大勢とは成
り得ないままに終わった。明治25年の第三議会では、民法典はその修正を行う
ために明治29（1896）年12月31日までその施行を延期するという延期法案が
可決され、三年にわたる法典論争に終止符がうたれた。そして、明治31（1898）
年7月16日から施行された明治民法は、家父長的家族制度を中心に据えたもの
となったのである[84]。

　穂積八束は、明治憲法というより明治憲法体制の最高の護教家であり、近代
日本の生んだ最も注目すべき伝統主義者[85]の一人であるにも関わらず、永い間、
彼の名は一部の法学や政治学の専門家を除いて、一般に知られていなかった。
また、穂積の学説や思想は、論議の焦点となってきた憲法改正問題、特に天皇
制問題とつながる深い問題性があり、彼が思想家として近代日本において現実
に果たした機能は極めて大きかったにも関わらず、少なくとも「日本の思想家」

83　姜、2010、3頁。
84　海野、1996、524頁。
85　古い慣習や組織を尊重し、その更新を嫌う人間の心理的態度、またはその社会的傾向
　　の者である。

第2章　戸籍の歴史における憲法論争とGHQ、行政

としてあまり知られていない。穂積の伝統主義は、革新派にとっては自己を鍛えてくれる教師であり、正々堂々と向い合うべき相手であったにも関わらず、それをしなかった。ここに、戦後の革新派の思想的な脆弱さの原因が見られる。穂積は伊藤博文や井上毅に将来を嘱望され、ドイツ留学の成果を期待されていた。帰国後、彼はのちに憲法や行政法だけでなく、民法や家族制度、国民道徳などの分野にわたって、さまざまに展開していくのである。

　近代的な「法理」的および「立憲」的な装いの基に、国体論的な伝統主義が、穂積によって「憲法ノ大体ニ関スル心得」が出され、それが明治政府の期待に対する十分な応えとなったばかりでなく、以後、憲法と国体についての政府公認（あるいは政府基礎づけ）の正統的見解への軌道を敷くことになったのである。穂積がドイツ仕込みの学識に基づいて、「国家全能主義」[86]を説いたのも、時代の趨勢から言えば、価値評価はともかく、それなりに現実的な基盤を持っていた。「法が神聖で犯してならないのは、国家が神聖で犯してならないからであって、法は立法者である国家以上に神聖な訳ではない。従って、法を作って主権を制限するなどとは、法理上考えられない。

　国家主義は「議院ノ政、法治ノ制」を認めはするが、自由主義のようにこれを崇拝はしない。国政に参与するための議院制は必要であるが、議院という社会の代表体は社会の一部分の私益のために働きやすく、無責任の政論のために国家の不利益を招くことが多く、国家全体の真の代表たりえない。「最貴厳重ナル真正国家団結ヲ表スルモノハ常ニ堅固ナル皇室ニアリテ、皇室ハ実ニ社会ノ圧倒ニ対シ愚ト貧トヲ護ル天与デアル」と穂積は力説したのである。

　また、穂積は伝統的な「家族制度」の維持・擁護の主張者でもあった。「家」を日本国の社会構成の基礎とすべきである。わが国は「祖先教ノ国」で、権力も法も家に生まれた。わが国では、祖先はその肉体は存在しなくなっても、そ

86　立憲君主は「社会劣族」が「社会優族」のために制圧するのを傍観しているわけにはいかない。立憲君主は「社会優族」と「社会劣族」の双方から超然とし、その全機能を発揮しなければならない。これによって、はじめて「社会劣族」は、「社会優族」の圧制から逃れ社会福利の分配に預かることができる。

の霊は家にとどまってそれをまもり、家長はこの世における祖先の霊の代表者である。家族員は祖先の霊を祭り、その体現者である家長に服さねばならない。「祖先教」に基づく「家族制度」は、「わが国体」の基礎である。「国民道徳」は、「祖先教」と「家族制度」によってのみ維持しなくてはならない。

そして、「祖先教ハ公法ノ源ナリ」という。穂積八束が否定したのは、彼のいう「近代ノ法」だけでなく、市民法としての「民法」そのものであった。にもかかわらず、祖先教の精神を失う時は、法律によって家族の権利義務を規定し、「国権直接ニ個人ニ及ンデ其挙動ヲ監督セザルヲ得ズ」と彼は危惧したのである。

もし、そのような事態が起きるとすれば、「法とは国（君主＝主催者）がつくるものなのである」という穂積の考え方に基づいて法が作られ、運営されるのであって、なんら、「民法」のためではない。国家全能主義で国権主義的な憲法学者の穂積八束が民法問題に介入したことこそが、「国権」が「個人」生活に介入してくる予定だったのではないか[87]。もっとも非法理的なものが、もっとも法理的な姿をとって、最高度に法理的であると自称する。それは、穂積が民法の領域で見せた露骨な「反市民性」を、憲法の領域で実現したのである。

明治期に既にアナクロニズムとして排斥された穂積憲法学の国体論は、戦後に一層誇張された形で再生し、通俗化した。中学や高校の教科書に於ける旧憲法の叙述は、「第2章の自由権の制限は法律事項であり、大権による侵害が不可能だ」という穂積憲法学の政体論を消去し去り、議会は「絶対主義のいちじくの葉」[88]で、権利保障は皆無という叙述となって、現代に至っている。

穂積憲法学の戦後の遺産は中国にもみられる。『憲法詞典』[89]によれば、「階級専制」・「地主階級専制」・「資産階級専制」・「無産階級専制」の四種がある。政体の項目をみると、政体とは「国家政権の組織形態」で、資本主義国家におい

87　中村、1975、230 ～ 236 頁。
88　明治藩閥政府が絶対主義のいちじくの葉としての明治憲法をプロシアに倣って作りあげた時、既に今日の破綻は築かれた。「官員様」の支配とその内部的腐敗、文武官僚の暗闘、軍部の策動による内閣の倒壊は昭和時代に忽然と現れた現象ではなかった。丸山真男 @anamaru_bot
89　吉林人民出版社、1988。

第2章　戸籍の歴史における憲法論争とGHQ、行政

ても「君主立憲制」とか「民主共和制」などの政体があり、後者は更に「総統
＜大統領制＞」と「議会内閣制」に分かれる。「無産階級独裁制」にも、パリ・
コンミューン、ソヴィエト制、人民代表大会制などがある[90]。

　国体・政体二元論は、明治末期に日本に留学した梁啓超等によって中国に導
入された。毛沢東は、『新民主主義論』（1940年）の中で、清末以来「国体」は様々
に論じられてきたが、決着はつかなかった。それは、「国民」という概念が階級
性を隠蔽しているからである。実は、「国体」とは「社会各階級の国家内での地位」
をいい、「政体」とは「政権構成の形式問題」であるとして、人民代表大会等を
例に出している。こうして、穂積八束の案出した基本カテゴリーは、中国共産
党の語彙の中に入ったのである。

　「プロレタリアの名による独裁政治は、改革開放政策のような政体変更によっ
ては微動だにしない」というような形でこの二元論が生きているとすれば、「議
会制の導入にも拘らず天皇支配は微動だにしない」という穂積八束の議論と瓜
二つである。そして、国体の政体に対する優位を象徴するのが、天安門事件な
のである[91]。

2-4　GHQと憲法改正と戸籍制度

（1）家制度が残った戦後の戸籍制度形成

　昭和17（1942）年6月、第2次世界大戦の開戦からまだ半年であった。日本
が勝利の美酒に酔っている時期に、アメリカのOSS（現在のCIAの前身である
戦略情報局）では、日本の政治・経済・文化を詳細に分析して、「天皇を平和のシ
ンボルとして利用する計画」を立てていた。『世界』（2004年12月号）に発表さ
れた「日本計画」の文書によると「天皇は西洋における国旗のような名誉ある
シンボルであり、政治的・軍事的行動の正当化に利用されうる。天皇シンボルを、

90　中村、1975、317頁。
91　長尾、2001、415 ～ 416頁。

2-4　ＧＨＱと憲法改正と戸籍制度

軍当局への批判の正当化に用いることは可能だし、和平への復帰の状況を強め
ることに用いることも出来る」とあった。

　昭和 20（1945）年、占領軍はＯＳＳが発する基本的指針に沿って、天皇制を
残して日本国憲法第 1 条にそなえ、ポツダム宣言と憲法第 9 条で戦争放棄・戦
力放棄の非軍事化、新しい国家体制をつくり上げた。当時の日本では、天皇制
を存続できるかどうかが、戦争指導部の最大の関心事であった。同年 2 月のヤ
ルタ会談では、敗戦は決定的であった。

　しかし、日本の戦争指導部は、天皇制存続・国体維持のために、敗戦の決定
を 8 月 15 日まで延ばし続けたのである。この間に、東京・大阪大空襲があり、
沖縄戦では米軍が遂に上陸した。7 月 26 日にポツダム宣言が発表されても、日
本が受託の意志を明確にしない間に、8 月 6 日広島に、8 月 9 日には長崎に原爆
が投下された。そして、8 月 8 日ソ連が参戦したのである。日本は天皇制存続・
国体維持の為だけに、ポツダム宣言後から 20 日間も遅れて敗戦を決断した。お
かげで、アメリカは新兵器である原爆を広島・長崎で実験できたし、ソ連は北
海道侵攻まではできなかったが、北方四島には簡単に軍隊を派遣できたのであ
る[92]。

　ＧＨＱ（連合国軍最高司令官総司令部）は日本の近代化を徹底させるため、アメ
リカの人権グループによりリードされていた。憲法草案は、憲法第 3 章「人権
条項」による「個人の尊厳」・「両性の平等」・「婚外子の平等」・「労働女性の権利」
について、規定を設けていた。ベアテ・シロタ・ゴードンは、日本の女性の解
放を進めようとしていた。「人権の保障」以外の問題は考えも及ばなかった。日
本の「家制度」の存続、「婚外子の差別」が彼らにわかるわけがなかったのである。
そのため、民法・戸籍法の改正は大きな抵抗にあった。しかし、「家制度」の基
本である「戸主」の規定、「戸主権」「家督制度」は廃止された。民法の中に戸
籍制度を維持するための「氏」として規定が残され、兄弟姉妹の平等を謳う「均
分相続」の規定に反する「祭祀継承制度」（氏の同じ者が単独で祭祀継承する制度）

92　加藤、2007、182 頁。

は盛り込まれた。

「憲法第24条から婚姻は両性の合意のみに基づいてのみ成立する」であるのにもかかわらず、民法第739条が「婚姻は、戸籍法の定めるところによりこれを届け出ることによって、その効力を生ずる」としている。人々の結婚を戸籍制度に無理強いしているのではないか。これにより婚姻関係を基盤にした親族・婚族の規定は導入されたのである。ＧＨＱは戸籍が外国人を排除した家族を単位にしているのは問題だとして、外国人も平等の個人登録にするように要求している。「戸籍を命とする一部の人」は「戸籍をいじらせない」と日本政府とともに強く抵抗したのである。

ＧＨＱと日本政府による憲法制定経過

「戸籍は国籍証明なので、寄留簿（現在の住民登録）では平等に登録したいが、個人登録にしたくとも紙が不足している。また、アルファベットに比べ日本の文字は検索が困難である」などの主張で抵抗し続け、ＧＨＱを「そんなに困難なことなら、戸籍制度を存続させる必要はない」と怒らせてしまっている。ＧＨＱ (連合国軍最高司令官総司令部) は戸籍の「筆頭者」についても問題ありとしていた。筆頭者＝ head → first appear と書き換え、事務方はその場を凌いだ（ここに、序列・階級の問題が起きる）。

日本政府の戸籍担当者が待っていたのは、時間切れであった。民法改正は急務であり、戸籍法改正も実施が迫っていた。昭和23 (1948) 年1月1日、改正民法と新戸籍法は施行されたのである。

これより先立って、昭和20 (1945) 年8月14日、日本は「ポツダム宣言」を受諾した。「ポツダム宣言」には「無条件降伏」、「武装解除」、「戦犯の処罰」等と共に次のような民主化政策が掲げられていた。まず、日本の民主主義的傾向の復活・強化である。そして、日本経済の非軍事化・民主化そして国民の自由な意思による、平和的傾向を有する、責任ある樹立である。このような民主化政策は、「天皇制国家主義」、「下位法[93]による臣民の自由・権利の制限・抑圧可能」、「不十分な帝国議会の構成」など大日本帝国時代の特性を持つ『明治憲法』

を温存していたので実現不可能であった。当時、日本政府は動いていない。明治憲法下での自由の抑圧の象徴でもある「治安維持法」[94]、「特高警察」[95] などの廃止もなかったので「思想犯・政治犯」の人々の釈放はなかった。

そこで、ＧＨＱ（連合国軍最高司令官総司令部）は、同年10月4日に「政治的・宗教的・市民的自由の制限の撤廃に関する覚書」の指令を出し、「治安維持法」、「特高警察」などは廃止されたのである。敗戦処理政権としての東久邇宮内閣はここで崩壊している。次の幣原内閣でも明治憲法の改正作業は行われたが、基本方針として明治憲法を温存して、若干の手直しをすることであった。

ＧＨＱからの苦言に対して彼らは、「明治憲法から逸脱した「統師権独立」[96] を悪用した軍部や、「治安維持法」という悪法にこそ問題がある」と主張している。明治憲法下で行われた悪法の数々について「合憲」とした、明治憲法は温存するというのである。民間では憲法学者・政治学者・大学教授で作成した「憲法草案要綱」は「ＧＨＱ草案」の基とされ、現在の日本国憲法に近いといわれている。ＧＨＱは明治憲法の問題点や民間の憲法草案を検討し、「（国民の人権を保護する）権利章典」、「三権分立」、「議院内閣制」、「裁判所による違憲審査権」、「地方自治」などの原則を挙げたのである。

しかし、日本政府の改憲案は「天皇制堅持」という強固なものであり、改革要求を無視するものであった。各国からは「天皇制廃止」の激しい批判が増大しつつあった。マッカーサーとしては「何かの形で天皇制は存続させたい」という考えでいたので、自ら草案を作成したのである。「象徴天皇制」、「戦争の放棄」、「華族制（封建制）廃止」、はマッカーサーが示した三原則である。1946年2月1日の毎日新聞に掲載された「松本委員会試案」の内容が日本の民主化のためには不十分で国民世論を代表していないと判断されたからであった。

93　一般的に上位法で大きな理念を定め、下位法でそれを技術的に具現化する。
94　戦前は言論の自由を制限し、反体制派を弾圧した。
95　当時の天皇制政府に反対する思想や言論、行動を取り締まることを専門にした秘密警察のこと。
96　大日本帝国憲法によって陸海軍は統師権の独立を保障されていた。天皇以外は軍隊を動かせないことを意味した。実際には天皇の望んでいることを推測して動いた。

第2章　戸籍の歴史における憲法論争とGHQ、行政

＊人権規定に関する「第1次案」にある「名誉毀損的言論の禁止」という制限
　に関して、当時から「言論の自由を制限する」・「政府の政策に対する批判が
　＜名誉毀損＞として封じ込まれる恐れがある」と指摘されて、削除されたの
　である。
＊現在、自民党改憲案では「名誉権制限の復権」が盛り込まれる予定である。

　第二次世界大戦の敗戦により、戸籍法改正の成立過程では、司法省とGHQ
（連合国軍最高司令官総司令部）との間で、意見が食い違っていた。GHQは「家制
度」を廃止し、「家」の名残を全て払拭し、後に誤解を招かないようにすべきだ
と主張し、個人戸籍の作成を提案した。しかし、司法省は、「個人にすると、今
紙不足で紙がない。それに人不足で間に合わない。手数がかかり過ぎる。しかし、
経済力が回復したら、必ず個人戸籍にする。まして、家制度の温存などは考え
ていない。」と、やっとGHQとの了解をとりつけている[97]。
　民法改正案研究会では、個人の身分上の変動で家族全員が記載されている戸
籍面が変動することは、家族制度の廃止を有名無実にするとしている。また、
川島武宜は、この時代にフランスの身分登録制度を紹介し、「戸籍」という概念
は「家」単位を表す用語であるから名称の改正とフランスの一人一用紙の身分
登録制度を提案している[98]。その時フランスで提案されていた新制度は「市民名
簿」と呼ばれている。

（2）アメリカの民主化政策

　和田によると、アメリカはすでに川島が戦前から家制度廃止論者であったこ
とをよく知っていた[99]。つまり、アメリカ側は日本の家制度のこと、民法のこと、
学界の状況など総て調べていた。すでにアメリカは、日本に来る前から日本の

97　二宮、2006、43頁。
98　川島、1947、6頁。
99　和田、2009、203〜218頁。

政治・社会体制、法制度のこともよく調べ、勉強し、日本語・法制度について
も詳しく知っていた。そうした研究を元に、民主化政策の重要な一環として「家
制度廃止」は、ＧＨＱの方針として決まっていた。

　昭和30年代に入って憲法や民法の改正論議で「あれはＧＨＱによる押しつけ
の法改正であった。占領が終わった今、日本人の手で本当に日本に合った憲法・
民法を作り直そう」と、論争が盛んにおこなわれた。当時、占領中の民主化政
策において、ＧＨＱが懸念していたのは正にこの点であった。

　日本サイドが、「押しつけられた」と意識を持ってしまうと、占領終了後必ず
反動がくる。これを避け、実質的な民主化を長期的に亙って定着させるために
はどうすべきか、ＧＨＱは相当悩んでいたのである。

　民法改正の中心的起草委員であった我妻栄、中川善之助は、「家制度」の一部
は残す考えであった。「氏を中心とした新しい家族制度を考えていきたい。扶養
義務についても、氏を同じくする者の間に生ずると規定したい」と我妻が語っ
た。すると、ＧＨＱの民法改正の担当であったオプラーが「民法典の家を氏に
置き換えて家制度を温存するとは何事だ」と烈火のごとく怒り、結局廃案になっ
ている[100]。

　ＧＨＱは、日本の学者が、だれがどういう考えでいるか、分かっていた。「あ
の日本サイドのメンバーの法制審議会に改正案を審議させれば、家制度は残る
だろう」と先をよんでいたのである。ＧＨＱの方針としては、真の民主化を実
現するためには、男女平等を抜きにしては考えられなかった。マッカーサー司
令部から「婦人がYESと言わなければ、民法改正案として承認しない」と、命
令が出ていたくらいである。

　ＧＨＱは、法務部サイドから出る草案の「押しつけ」からくる後々の反動を
気にしていた。そこで、改正案について、オプラーは自分の意見を無理に通す
ことはせず、裏で糸を引いていた。民法改正についても、日本側が合意した改
正案が不十分と見れば、ＧＨＱは強制力を発動してその内容を変えさせること

100　アルフレッド・Ｃ・オプラー、1893年ドイツで生まれたアメリカの法律家である。
　　著作に、『日本占領と法制改革』（1980）がある。

第2章　戸籍の歴史における憲法論争とGHQ、行政

もできた。しかし、占領終了後の反動を考え、なるべくなら日本側が自発的に、GHQに受け入れられるような案を作って来るように、腐心しつつ改正案を作ろうとしたのである。

　日本の司法省は、「家制度」を残したい保守議員の圧力によって、あまり、「家制度全廃」をはっきり打ち出したくなかったし、起草委員の学者も、司法省の意図を察して、良いところは残し、悪いところだけは改正するという形にしようと考えていた。しかし、GHQは最初からアメリカで十分に研究した上で、家制度の全廃を決めていたのである。これに反する家制度を残すのであれば、存続の理論的根拠を示さなければならなかった。起草委員とGHQの橋渡し役であった川島は、彼自身が家制度廃止論者であったので、起草委員サイドの反感を買いながら、法改正を進めなければならなかったのである[101]。

　民法改正の一連の流れの中で、戸籍法も当初から改正要綱・改正案の対象に含まれていた。川島も1946年7月以前から、家・相続・戸籍に関する民法・戸籍法改正要綱案作成に加わっている。「家制度を全廃するのだから戸籍も総て廃止し、個人のカード式の身分登録にすれば良い」と主張したが、家制度は民法から排除するとはいうものの、その実体である「戸主」を残して戸籍法に移すというのが、改正第一次案となった[102]。

　戸籍をどういう形で残すか。特に「戸籍筆頭者」という実際の形で残ったものをどうするか、であったが、ここで、ついに川島は、「降りた」のである。法律上は、すでに戸主の権限はないのであるが、「法律条文外でもいいから、実質上戸主というものだけでもいいから、残してくれ」という強い意見に、ついに折れたのである。戸籍という形で、戸があって戸の主があるというだけで名前だけでも残したい。しかし、「戸主」とはいえないので、そこで「戸籍筆頭者」として残す案である。

　戸籍制度というものは、ただ戸籍にだけ、仮に「家」のようなものが書いてあっても、何も本質的効果がなければ、いいかもしれない。ただそれだけのものな

101　川島、1947、6頁。
102　廣井、1993、75頁。

70

らば、そういう戸籍制度でやってもいい。つまり、「筆頭者」、昔の戸主であるが、これに何の権力もないならばではあるが。しかし、それを根拠にして、また「家制度」が復活するかもしれない。その可能性がないとはいえないが、一応何の法律的権力も効果もないのだからと、川島は「降りた」理由を語っている[103]。

(3) 「昭和23年戸籍」

新しい戸籍法は昭和23(1948)年1月1日から施行された「昭和23年戸籍」は、婚姻を中心にした夫婦と子を戸籍編成基準にして、「親子同氏同一戸籍の原則」(戸籍法第6条)、「一戸籍一夫婦の原則」(夫婦同氏の原則、民法第750条)、「三代戸籍禁止の原則」(戸籍法第17条)などを核にして移行していった。ここに、「ひとり戸籍の幼児」が生まれる可能性がある。すなわち、この改正には、保守的政治家や有力な法学者の反対があり激しい議論が交わされた。戸主と家族からなる明治民法の「家」を否定して夫婦と子からなる核家族を民法の家族像にする主張と、妻より親を尊重するべきであるという主張である。後になって、改正委員であった中川善之助は、夫婦が同一の氏を称することは疑問だとしている[104]。

家制度の戸籍改正作業は昭和33(1958)年4月から全国的に開始され、昭和41(1966)年3月に終了したが、家制度の戸籍は10年の間完全に残され、さらに8年の間存在しつづけた。この長期間にわたる戸籍改正作業は、人びとに深く根付けられた家制度の急激な変化を回避するための、緩和措置であったのである。家制度の崩壊は戸籍制度の崩壊となり、それが、家族の崩壊へと連鎖されるのを抑制するためであった。

しかし、夫婦と子を基本単位にした戸籍だが、「戸主」が「筆頭者」になり、筆頭者を中心にして序列記載し、同一戸籍内は同一の氏を称する等にみられるように、家制度はわからないように存在し続けている。現在の戸籍制度は、隠された家制度の基に成立している。国民を中心にした個人を尊重するわけでもなく、プライバシーに配慮して編製されているものでもなく、近代的な戸籍制

103　和田、2009、210頁。
104　中川、1989、95頁。

第 2 章　戸籍の歴史における憲法論争と G H Q、行政

度とは、言えないのである。

　制度が人びとの意識を規定し、生活に根付いてしまうことを考えると、制度
を作ったり、作り直すときには、便利性だけでなく、原理原則の問題を重視す
ることが必要である。戸籍制度が改正されたとはいうものの、戸籍記載が身分
関係と氏を基準に決定されるという基本的な構造に変わりがない以上、家意識
や戸籍感情は温存され続ける。これから作る制度は、個人の尊重という憲法の
原則・理念に則ったものでなくてはならない。

　ノーベル経済学賞を受賞したダグラス・ノースは、何故、歴史上非効率な制
度が存続してきたのかをテーマとし、「制度」や「イデオロギー」といった概念を使っ
て分析しているが、「制度とは人々の相互作用に構造を与え、ひとたび制度が創
造されると、さまざまな形で行為する」と指摘する[105]。言い換えれば、人手不
足だからとか、紙が足りないからとか、とりあえず作られた「改正戸籍制度」は、
制度として深く人々の生活に根付いて、ときとして人々の社会生活に様々な不
利益を巻き起こしている。ひとたび制度が作られると「とりあえず」というわ
けにはいかないのである。

2-5　行政側から見た戸籍制度

　法務省の田代有嗣によると、戸籍制度は「世界に冠たる制度」、「ジャパンア
ズナンバーワン」、「法律にノーベル賞があったら、戸籍登記こそこれに当たる」
と、戸籍制度のことを自画自賛し豪語している[106]。

　しかし、その背景は、国家の恣意的な魂胆が隠れているのではないか。国家
に都合の良い戸籍制度を作り、その戸籍制度で国民を縛り、その戸籍を利用し
個人情報を収集し、国家に都合の良い情報として役立てているのではないか。
国家と戸籍は強く結びついている。戸籍法が手続法であるがために、「法が立ち
いれない」はずの家庭にも堂々と掟破りで立ち入ってくる。個人の身分関係の

105　ダグラス、1994、1 頁。
106　「戸籍とは何か、なぜ外国には戸籍がないのか」、『戸籍』734 号、2002、23 頁。

登録にすぎない戸籍が、国家によって都合の良いように利用され、まさに、戸籍は個人の身分登録簿の領域を越えようとしている。戸籍制度は家族法との関係に軋轢を生じながら、制度上の不備のために多くの問題を抱えている。下記に田代有嗣の論文を掲載させて頂いた。戸籍制度をお釈迦様に喩え、国民を孫悟空に例えて、論文を展開している。

　田代は裁判官が少ない理由を戸籍制度のおかげと論じているが、国民は戸籍制度によってコントロールされ従順に生きるしか手立てがないからではないか。戸籍制度の中で日本国民は押し付けられた伝統を守り、為政者にとって都合のよい穏やかな民族として、これまでもこれからも戸籍制度の掌の内で有り難く生かしてもらうのである。田代の論文は戸籍制度に国民を導く自信に満ち溢れている（以下、引用）。

裁判官の数

　戸籍登記が全国民に関する「普遍的」事実（現状）を明証すれば、そうでない場合に比べ、法的紛争が少なくなるのは明らかです。これまで日本の裁判官の数は、外国のそれに比べて物すごく少ないことがいわれてきましたが、その原因はここにあると思われます。近時は社会情勢も異なってきたため、その増員の必要が強く叫ばれますが、そのことに関する最近の新聞記事（注）に各国の法曹人口の数を掲げたものがあります。それによると、後述の表1のとおりですが、裁判官の数も自らそれに比較すると考えられます。{中略}

　私（田代）が本稿で述べたことは、国際化時代における日本の戸籍（登記）の意義と役割ということであります。私は日頃から広く文化といわれるものでも、科学（学問）や文学（芸術）などと法律との違いを感じています。

　科学や芸術などの分野では、その国民の一部にその道のすぐれた人がある程度ないし数多くいればその国は、科学、芸術においてすぐれた国であるということができます。しかし、法律は国民全体を対象とするものですから、国民全体のレベルが問題となります。

　その意味で、戸籍登記を有する日本は国民全体のレベルにおいて諸外国よりもすぐれていると思います。もし、法律にノーベル賞があったら、戸籍こそこれに当たるものであります。ただ面白いことに、ノーベル賞は「個人」の優秀性を問題とします。そこで、科学

第 2 章　戸籍の歴史における憲法論争と G H Q、行政

や文学などにすぐれた「個人」が選ばれます。法律は「国民全体」のものですから、すぐれた法律は国民全体のものであり、それは「個人」を賞揚するノーベル賞の対象にはなりません。しかしまた、そこにこそ法律の意味があります。

　戦後、日本は経済大国といわれました。それは、経済も「国民全体」の勤勉努力が必要な分野だからです。ただ近時ノーベル賞は経済学者についても与えられるようになりましたが、これは今日の経済が数学などを駆使するからでしょうか。ノーベル賞のあり方も興味あるところです。

　ともあれ、国民「全体」の問題となると、日本はすぐれているところがあります。その象徴が戸籍登記であり、それは日本国民「全部」が築き上げてきたものだ、と私は思うのです。それは大きな日本文化であります。私は孫悟空の話を思い出します。悟空はお釈迦様を嫌がり、その元を逃げ出します。大分遠くへ来て、もうこれで安心だと逃げおおせたと思って一息ついたら、何のことはない、ふとまわりを見ると自分がまだお釈迦様の大きな掌の上に乗っかっているのに気がついたというのです。これに似てわれわれ日本人は意識するとしないにかかわらず、戸籍登記という大きな掌の上で生活しているのです。ただ「灯台下暗し」ということがあります。われわれは身近なものについては案外深く考えないまま過ごしていることが少なくありません。そこで私は本稿において、「戸籍（登記）とは何か」を考えてみた次第です。（おわり）

　これが、世界で「ただ一つだけ戸籍を持つ日本の戸籍」に関する官僚の自画自賛の戸籍制度である。彼らは、何故、外国には日本独特の身分証明の戸籍がないのか、知ろうともしない。彼ら官僚は身分が保証されていたから、知る必要もないのである。戦前の官僚制度は以下のように身分が保証されていた。すなわち、①天皇の官吏として観念され、絶対君主制に於ける官僚制の性格が強く、また吏・非官吏の区別や官吏の中で身分的な階層区分 [107] が設けられていた、②試験制度が比較的早い時期から設けられていたが、試験によってエリートを選

107　調査世帯の毎月の生計支出額、勤め先の収入額のそれぞれについて、調査世帯別に低い方から高い方に順番に並べ、これを係数処理した世帯数で 7 等分にしたもので、低い方（第 1 階層）から高い方（第 7 階層）に分類している。

別するという「入口選別方式」でエリート集団が形成され、政党や民間からできる限り隔絶された、③こうして形成された官僚制は、官尊民卑[108]という言葉に象徴されるように、高い社会的地位と特権的な身分保障が与えられていた[109]。

図　2-5-1　法曹人口と諸外国の比較

区分	法曹人口（人）	法曹1人当たりの国民数（人）
米国	941,000	290
ドイツ	111,000	740
英国	83,000	710
フランス	36,000	1640
日本	20,000	6300

(注) 日本経済新聞、平13・8・15「法曹人口を大幅拡充、試験選抜から養成重視に転換」

　戦後、ＧＨＱ（連合国軍最高司令官総司令部）が戦争責任の対象としたのは、主として政治家であった。官僚機構は実質的に権限を有していたが、政治に利用された存在と見做され、むしろ政治から守られるべきものとして、組織ごと温存された。「公務員制度」と名を変え、結果的に戦前の官僚制度は戦後へと引き継がれた。

官僚制の問題点

　いわゆる官僚制の逆機能についてである。官僚制とは、本来は合理的な管理・支配の制度としてマックス・ウェーバーによって生み出されたものである。近代社会の最大の特徴を合理化として捉え、近代の歴史の展開を＜呪術（迷信）からの解放＞として認識していた。

　ウェーバーの官僚制モデルとは、ほとんどが官僚制組織に関する次のような理念型のことである。すなわち、①官僚制による支配は「合法的支配」の最も

108　福沢諭吉が述べた政治学用語で、官尊民卑とは人類平等の理念に反すると批判している。一般に官僚を尊いものとし、民衆はそれに従う卑しいものとする考え方である。
109　今村、2009、125頁。

第2章　戸籍の歴史における憲法論争とGHQ、行政

純粋な型であって、一定の規則により明確に規定された権限に基づくものでなければならない（権限の原則）、②それぞれ分担を画定された各職務が一元的な階統制の体系に整序されていること（階統制の原則）、③職務活動と私生活の領域とが峻別され（公私の区別の原則）従って、職務を遂行するのに必要な行政手段から私的財産が完全に分離していること（行政手段からの分離の原則）が必要となる、④そうした職務活動は、通常、特定の訓練を経て取得した専門的資格に基づいて専業的に行われねばならず（専門性の原則）、しかも、⑤職務活動に伴うさまざまな決定や命令が出来得る限り文書によってなされることが要求される（文書主義の原則）がそれである。

　官僚制と呼ばれる組織を構成する個々の職員、それが官僚であり、彼らは理念的には、①原理的に「自由な選抜」（契約）により、②専門的資格に基づいて任命され、従って人格的には自由でありながら、③厳格な職務規律に服し、④課せられた職務を忠実に履行する義務を負うものであり、⑤所与の職位の階級制的秩序の中で、⑥行政手段から分離され、或いは、官職を専有することなしに、⑦限定された権限を行使する。

　そして、このような職務の履行とひきかえに、⑧一定の「社会的評価を与えられ、職位に応じた貨幣報酬と年金による老後の保障を受け、⑨多くの場合、官職が唯一の重要な職業であることを前提として、⑩階統制秩序[110]における地位の昇進が期待される。

　このような特性を有する官僚制を通じて遂行される行政は、「怒りも興奮もなく」という特殊な行動原理が、「官僚制の徳性」として称賛されるのである[111]。

戸籍制度と官僚

　戸籍が出来たのは明治4（1871）年の壬申戸籍からであるが、人の生涯の身分関係を継続して追跡する現在の形式になったのは「明治19年式」の戸籍からで

110　ヒエラルヒーともいわれ上位・下位の関係に整序されたピラミッド型の組織、秩序、個人関係の連鎖をいう。
111　今村、2009、41～42頁。

ある。目的は徴税・徴兵・警察のためであり、国民のための戸籍制度としての戸籍制度にはほど遠いものであった。

　結婚や養子縁組などにより、人と人が民法上の関係を持つ身分行為は「戸籍を届けなければ効力がない」として徴兵逃れを防ごうと、軍部の要求が実を結んだのである。世界にも例がない支配装置は個人の自由とは相容れないので、御用学者[112]である穂積陳重や最も保守的な民法学者でさえ、「明治19年式戸籍」は50年持つかどうかというものであった[113]。

　日本人でも明治・大正の時代を送った人々は戸籍の権威など信じてはいなかったし、戦後生まれの世代に至っては、無関心か、疑いをもっているか、だけである。しかしである。戦前・戦後の教育勅語にすっかり染まった世代は、「戸籍制度」の権威を受け入れてしまった。「戸籍がなければ、お国の組織も人の生活も成り立たない」と頑なに信じて疑うことを知らないこれらの人たちは「せいぜい、50年もつかもたないか」といわれた、この差別制度にギッチリ嵌ってしまったのである。まして、当時の支配階級の子孫にとって、この制度はこれほど自分にとって都合の良い制度はないのである。ご先祖様が子孫の為に支配する側として生き残るための道筋をつけて下さったのである。彼らにとっての戸籍制度は、自分にとってありがたい制度なのである。そして、今日も、彼らが日本国の実権を握っている。

「戸籍実務から見た民法及び戸籍法の再検討」[114]

　改正民法は、新憲法の宣言した「個人の尊厳」と「男女の本質的平等」の理想を実現するために、従来私共日本国民の間に、淳風美俗として理解され、自負し礼讃していた家族制度を根底から覆し、否定してしまつた。

　しかも、この改正は、日本が過ぐる大戦に一敗地に塗れ、連合軍の占領下に

112　江戸幕府に雇われて歴史の編纂など学術研究を行っていた者のことで、今日の日本では「権力者におもねる学者」といった意味で使われる。
113　佐藤、1995、12頁。
114　静岡地方法務局戸籍課長、成毛鉄二、昭和29年度法務研究員。

第2章　戸籍の歴史における憲法論争とGHQ、行政

おいて、好むと好まざることに拘らず、求めずして与えられた憲法を基調とするもので、いはば、憲法の要請によって、急速に成案を得なければならなかった関係で、充分審議検討する時間的余裕がなかったため、国民感情ないし国情を無視した痛みがあり、これと著しく懸隔している点がある。したがって、これまでの旧民法派の封建的な古い思想と新民法派の民主的な新しい思想の両者の間に、絶えず衝突が起こり、私達の家庭生活ないし家族生活に幾多の混乱と紛争を捲き起こし、数多くの喜劇・悲劇が繰り変えして起こり、現在もなお引き続いておこりつつある。

　それというのも、改正民法が、衆議院で議決された際に「本法は可急的速やかに将来において更に改正する必要があること認める」という附帯決議がなされていて、所詮「暫定民法」として理解され、いずれ平和条約でも発効した暁には改正がおこなわれるものであるということが予測されたからであろう。そこで、平和条約が発効して、日本が再び独立国として国際社会に復帰した後においては、新憲法、新民法はわが国の国情に添わない点があるので、検討を加え改正すべきであるという意見が擡頭し、学界・政治家・評論家の一部においては既に論議されていたところである。

　成毛鉄二は今までの行政の在り方について、「国民感情や国情を無視した痛みがある」と論じている。上記の論文は、血の通わないとも言われている行政の実務家の珍しい論文である。

ある東京都職員戸籍係の戸籍制度に関する悩み

　時代の波は既存の全てのものに疑いを持つことを教えたのである。戸籍とは何か。誰もが「縁の遠い形式」だけのものと思いながら、それに囚われ、見張られているものなのである。戸籍制度だけのために何百億以上の年間予算を費やし何千人もの戸籍職員を投じて余りある効果が期待できるもの。その戸籍制度の末端業務において、彼は神経を減らし、胃を悪くした。自分のしていることは一体何なのか。戸籍への疑問は増すばかりであった。戸籍の仕組みを知る者なら、象徴的にではあるが、目にする一連の戸籍から、人の生活実態を覗き

2-5 行政側から見た戸籍制度

見ることができる。人の人生が数枚の紙片となって自分の手の中に握られている、ということは戸籍職員の支配欲をくすぐり、偉くなった錯覚を与えるのである。

離婚不受理届が役所には何百人もの男女から出されている。その多くは著名人や資産家、街の有力者らとその配偶者からの届出であることを、戸籍係なら誰でも知っている。婚姻制度は愛とか幸福とかの内面の豊かさとは何の関係もない、ただ財産分配の規則なのである。金が絡むから破綻をしていても離婚はできない。役所はこの場合、夫婦間の財産のガードマンの役割なのである。制度は実態より大事にされる。役所は、金持ちだけに奉仕するのであって、戸籍の巧みな権力装置[115]に戸籍係はこき使われ、辛さに苛まれるのである。

人間より、制度としての結婚が優先され、結婚は財産分配規則に従う。そして、民法や戸籍法の細目からハミ出た部分は容赦なく切り捨て、子どもも、これらの規則に従って分断し、処理するのである。現行の戸籍や住民票が「未婚の母」を差別していることを知っている人は少ない。「嫡出でない子」は、自分の親との関係を長男とか次男とか呼ぶことができない。戸籍では「男」住民票では「子」と記載される。家父長制の下では嫡男単独相続制[116]から、子の相続順位を決めておくと都合が良く、相続権のない私生子は順位をつけるまでもない馬の骨だからである。この差別が戸籍の徴ともども、新憲法の網の目を潜り抜け、今日に至っている。日本人の伝統に固執する体質を利用するのが伝統的支配者なのである。このことは権力の有効な支配手段とされ、世界中の支配者を羨ましがらせているのである。

婚外子が私生子として差別されることが、人々を結婚へ走らせる有効な手段であることを、支配者は良く知っている。私生子差別がなくなることによって婚姻制度が崩壊することを、彼らは一番恐れているのである。母子手帳は大改正されたが、「私生子差別」、「未婚の母差別」の記載欄は今もそのままである。

115　かつて、柳澤厚生大臣が女性のことを「子供を産む機械」に喩え、国家などの組織を「権力を行使する機械」にたとえた。
116　個々の自由を弾圧するものだという意味を持つ。

第2章　戸籍の歴史における憲法論争とGHQ、行政

それは、生涯管理と結び付けられ母子保健の中核として浮上し始めた。母子手帳は益々利用頻度を高め、その分、彼女らは差別に晒される。記載様式という細かいことにも立ち入り、戸籍係の職員は差別の片棒を担いでいる。この程度のことですら、変えることが出来ない戸籍係の非力の悲しみがある[117]。

　彼は、日本人を差別管理している戸籍制度の犯罪性に突き当たり、結局いたたまれずに、区役所の戸籍係を退職した。

2-6　官僚制の創出と戸籍制度

　明治22（1889）年、伊藤博文は、維新以来の明治国家の歴史的特質を理想型的に図式化して次のように語った。

　「二十余年前の天地を創察すれば、主権者と臣民の間には数多の界域ありて、即ち諸候旗下其他の士卒の如きは其中間の障壁となり、全国一般。人民は必ずや部門の主宰に属せざるを得ざりしと雖も一たび封建の制度を廃したる結果は、上は一天万乗[118]の君主、下は君主の臣民あるのみにして、偶ぐう其中間に孤立して上下を隔離したる障壁の如きは悉く之を排除せしむるに至れり。而て此時に当り其中間に存するものは唯だ国家の官吏あるのみ。然れども国家の官吏は主権動作の機関たるに過ぎずして、決して君臣の間に在て上下を遮断するの界域にあらず」。絶対主義による近代国家の建設は、人民と国家の直接交通機関として官僚機構を創出し、そこに縦の「上下貫通」をもたらし、さらに日常社会の横の国家的境界は、国民社会の形成を準備するのである。国家の官僚機構は、この二つの機能を使い日常社会への定着の場を必要とした。維新国家に於いては、「民籍」或いは「戸籍」として結晶したのである。国家は純然たる権力国家であり、官僚機構は物理的強制手段の行使機構そのものである。それは、社会的定着を通じて前近代的日常生活形態との妥協によって支配体制を形成し、そ

117　佐藤、1995、151 〜 169頁。
118　「いってんばんじょう」乗とは軍のこと。中国では天子は天下を治め、兵車一万を出すことができる国土を有することから天下を治める君主、天子をいう。天皇の意。

れによって秩序を維持するのである。物理的強制力は、日常的社会秩序の外に
あって体制の形成を妨げる「脱籍無産」[119] の徒に対してにのみ、向けられる国
家権力の部分に過ぎないのである。強力な中央の軍隊がなくて維新国家が成立
することが出来た原因の一つはここにあったのである[120]。

　創生期の明治国家の統治体制は、官僚制の創出と、「民籍」＝「戸籍」の確定
による機構支配の基盤形成及び、「戸籍」の次元を通じて、伝統的日常生活社会
の中に秩序の正当的根拠を求め、二重過程として進行していった。近代国家の
根幹としての集中的機構の形成は、始めて本格化し、これに伴い「百官受領ヲ
廃シテ位階ヲ改」られ、離された行政手段の「位階」が支配機構を階層付ける
のである。身分一般が否定されたわけでなく、華・士・卒の三階に整理されて
残され、各藩職制上に於いても三代以上相恩の家臣は「相応ノ御扶助可被下」
等とされたが、封建家臣関係の「因習的・身分的」が完全に一掃されたのでは
なかった。

　明治2（1869）年になると、戸籍の編製が暫く維新政府の中心政策となった。
脱籍浮浪の取り締まり及び帰籍とともに、「人民繁育、産業保護之基」とされる
戸籍編制が並んで進行した。それに伴って尊攘浪人のみを意味していた「脱籍
浮浪」が、動乱状況で発生した「脱籍無産（一般の放浪者）」をも意味するように
なり、その保護に重点が置かれるようになったのである。戸籍編制は、統治体
制の正当化のテコになったばかりでなく、むしろそれと結合して政治社会水平
化の最も重要な牽引力となる。水平化は本来、権力の力学的降下を伴うが、戸
籍の機能は水平化の力学性を解消し、非権力に平準化して現象させるのである。
水平化の場としての戸籍の機能は、歴史的には版籍奉還から明瞭となる。同年
12月の戸籍編製御布告案は、王家を除くすべての人員を「臣下」に平準化しよ
うとした。「戸籍ハ貴賤ノ差異ト官位ノ有無トヲ論ゼズ普ク天下ノ人民体裁ヲ
一二シ家長ヲ以テ戸主トシ」と規定することにより、「天下の人民」を同形化して、

119　明治3（1870）年「脱籍無産ノ復籍規則」が定められ脱籍に不穏な動きを取り締まっ
　　た。
120　藤田、2012、72頁。

第2章　戸籍の歴史における憲法論争とGHQ、行政

それを国家機構の支配下に定置するのである。

　一般的人格価値としての実態的個人の観念はここでは成立しない。それは「市民」の普遍的成立を待たねばならないのである。絶対主義による人間の水平化が国家の領域に限定されて社会的乃至人格価値的平等を生まない所以はそこにある。だからこそ戸籍上の外面的・形体的水平化にも拘わらず、伝統的社会の実質的残存に規定されて、近代日本を通じて身分観念は排除されず、社会的特権も又強固に存続し、水平化は内面的には「家」を単位とする水平化に止まって却って個人の析出を妨害するのである。

　この明治2（1869）年の戸籍の論理は、版籍奉還のそれと全く照応して（戸籍の比重が表れて）、水平化を完成せず、周知のように「族籍」編成をとって、華・士・平民の三籍を設けていた。やがてそれは、廃藩置県の後の壬申戸籍に於いて「地ニ就イテ之ヲ収メ」る住所編成と改められた。同時に全人民に対する家長を以て戸主となす「家」単位の同形化・水平化も完成し、機構支配の客観的条件を形成した。「戸籍」はここに至って同時に自覚的に「民籍」とされ、従来の階層的な身分は「民籍」[121]の平面に水準化されるのである。

　属地（居住）主義戸籍の確立により始めて、近代国家の「領土」概念が「人民」概念と結び付いて成立するのであり、そこに縦の水平的「臣民」とともに横の「国民」の観念が始めて登場するのである。戸籍法の布告では、「全国人民ノ保護」の制度的基礎として戸籍を規定し、そこで「其籍ヲ逃レ其数ニ漏ルルモノハ其保護ヲ受ケサル理ニテ自ラ国民ノ外タルニ近シ」とされた。「領土」と「国民」の観念を担う戸籍法自体も、封建的割拠を破る「全国総体ノ戸籍法」として宣言されたのであった。資本主義的国民経済も支配の機構化もここに国家原理上の基盤を得たのである。

　しかし、壬申戸籍に見られるこのような急進は、当時の社会形態としての具体的形態からは、大きく距離をもっていた。戸籍の意味を単なる「戸口の把握に求める見解が浅い理論に止まったのである。明治2（1869）年戸籍が「譜代の

121　人民の籍または国籍のこと。

隷従」[122] を廃して主従関係を「雇入」、すなわち私的契約関係に転換させたにもかかわらず、私的契約関係がそのまま公的支配関係と同一化させられたのである。このことは、社会形態の中における契約観念の未成熟と、具体的支配における伝統性を的確に表している。伝統的秩序の強化、それが明治維新の主意を奉ずることなのである。支配体制の形成にともなって、権力が社会的生活秩序にまで下降してくる過程を追跡した時、ここで発見したものは、「伝統的秩序原理」と「権力国家」の完全な癒着であった[123]。

2-7 住民基本台帳と自治体

日本には戸籍と実際に住んでいる住所を登録する住民登録制度があり、住民基本台帳法によって定められている。戸籍は法務大臣が監督する国の制度であり、住民登録は市区町村長、すなわち地方自治体の制度である。戦時中の配給を迅速に実施する方法として自治体が工夫し育てた制度である。戦後、この制度を基に戸籍から自立した制度として地方自治の基礎台帳に発展する筈であった。

しかし、国の管理下に置きたい政府は、この制度に介入し、戸籍との連動を強め、その結果生まれたのが戸籍附票という制度である。住民票には、各人に「本籍」「筆頭者」欄があり、戸籍がわかるようになっている。しかし、戸籍には住所欄がなく、戸籍では住民登録がどこにあるのか分からない。そこで、戸籍には必ず、各人の住民登録地を記した附票を添えた。これが戸籍附票である。戸籍附票により戸籍の記載内容が変更したら、住所地に連絡が行き住民票が訂正され、住民登録が変更になれば、その事実は本籍地に通知され、戸籍附票は修正される。この戸籍・戸籍附票・住民票は連動する。

東京都足立区では、平成19（2007）年2月、無戸籍児を無戸籍のまま職権で

122　永代・世襲的に労役を提供する形によって奉公した下人、奉公人を指す。
123　藤田、2012、72 〜 90頁。

第 2 章　戸籍の歴史における憲法論争と GHQ、行政

住民票に記載している。住民票は小学校の入学通知や選挙権など住民の基本的な権利を保障するのに不可欠のものである。また、住民票がないと原則的には国民健康保険に加入出来なかったり、児童手当や無料での健康診断、BCG やポリオなどの予防接種を受けることができない。総務省は無戸籍児に住民票を作成することについては、事実上黙認している。総務省に問い合わせると、「自治体による職権をどの範囲まで解釈するかは、個々の自治体によって異なる」ということである[124]。

「住民基本台帳法施行令」第 12 条は、戸籍に関する届出などの書類を受理した時に住民票に記載しなければならない、と定めている。多くの自治体は「戸籍に登録できなければ住民票にも記載できない」とする見解を取り続けている。しかし、一方で、同施行令第 12 条では「市長村長は法の規定による届出に基づき住民票の記載をすべき場合において、届出がないと知ったときは、事実を確認して、職権で住民票の記載をしなければならない」と規定し、「自治体による住民票の職権記載[125]」を認めている。

新藤宗幸によると、「生活保護費の支給決定などは、自治体の裁量で対応する余地があるが、戸籍や住民票の分野になると、自治体は法務省や総務省の事務に一律で従っているに過ぎず、自治体レベルでの解釈は難しい」と指摘する[126]。

他方、武藤博己によると、「行政学は政治現象を中心としてみる学問であるが、政治だけに焦点を当てているのではなく、市民社会全体を視野に入れ争点を明確にして、解釈のための一定の方向性を打ち出して実現していく役割なのである」と、一歩踏み込んだ自治体での解釈を促している。

平成 11（1999）年に住民基本台帳法が改正され、氏名、住所、生年月日、性別、住民票コード、変更履歴を行政機関に接続する住民基本台帳ネットワークシステムが導入され、平成 14（2002）年 8 月 5 日より施行された。改正住民基本

124　毎日新聞社会部、2008、133 ～ 134 頁。
125　住民票に記載事項が起こるための三つの場合として、①届け出、②通知、③市区町長の職務権限がある。
126　毎日新聞社会部、2008、133 頁。

台帳法が国会に上程される経過で、自治省は様々な期間や組織、運動団体に対して、改正住民基本台帳法案の成立に向けて協力が得られるように働きかけをしている。

そして、「住民基本台帳ネットワークは、将来戸籍制度を代替する機能を果たす。」と説明したという。国民総背番号制に反対し、改正法を批判する佐藤文明は「本来、住民票に番号をつけるのではなく、戸籍に番号があったと聞いている。」と発言している。将来、改正住民基本台帳法や戸籍法等を更に改正していくことで、戸籍制度に大きな変更がなされるのではないか、という問題が残された。総務省の住基ネットの導入のメリットはほとんどなく、実用性、有益性の信頼が欠けている。平松毅は、「利便性があるわけでもなく、行政の効率化が進展するわけでもなく、ただ、個人情報の多目的利用が容易になるだけである。これはプライバシーを組織的に侵害する措置でしかない」と批判している。

一方では、全国で 59 件の訴訟が起こされている（総務省調べ）[127]。また、長谷部恭男の意見書による「公的領域ではプライバシー権は存在しない」ことから、総務省は情報利用の本人の同意は、住民基本台帳法で定めればあったことになり、本人が利用目的、利用対象をみればよいと主張している[128]。

しかし、住民票コードを利用し目的以外に使用したとしても、そのチェック機能は確立していない[129]。

平成 12（2000）年 4 月 1 日から地方分権一括法が施行され国と地方公共団体が対等の関係になり機関委任事務は廃止され、戸籍事務は市町村の法定委託事務として位置づけられた（戸籍法第 1 条 2 項）。国の仕事を市町村が肩代わりして戸籍届出を受理し、戸籍を編製し、戸籍謄本を発行している。

しかし、単に国の仕事をしているのでなく、法務大臣は戸籍事務処理基準を

127　平成 17（2005）年の金沢地裁は、損害賠償請求は棄却したが、差止請求は住基ネットから本人確認情報を削除することを認めた。「行政において、プライバシーの権利よりも便益の価値が高いからと、これを住民に押し付けることはできない」と、憲法第 13 条「公共の福祉」に違反するとしている。しかし、平成 16（2004）年の大阪地裁、平成 17（2005）年の名古屋地裁は、「プライバシーの権利の侵害に対して保護のための措置が講じられている」と、住民の主張を退けた。

128　樋口、2007、79 頁。

129　平松、2003、37 頁。

定めることができ、法務局、地方法務局は市区町村長に対して報告を求め、助言、勧告、指示する事務処理基準を改正し、戸籍ネットワークシステムを作り上げ、この戸籍ネットに接続しない、あるいは参加しない市区町村に対して勧告することができるのである。国は半強制的に戸籍ネットを稼働させることが可能であり、今後の国の動向を危惧する見方もある。

2-8　韓国における親族制度の形成と変化

　韓国では既に戸籍制度を廃止している。2008年1月1日戸籍制度は廃止され、個人を基準に編製した家族関係登録制度に移行した。日本では差別の温床と言われ続けられながら、依然として110年以上前から今日まで戸籍制度は微動だにしない。何故、韓国は戸籍制度を廃止したのか、廃止に至った過程を辿る。

　昭和8(1933)年、新羅の村籍と考えられる古文書が日本の正倉院で発見された。いわゆる「新羅民政文書」(李氏朝鮮時代以前の統一新羅時代から存在した記録された戸口数のこと)によって、ほぼ同時代の唐と新羅と日本には相当整備された戸籍制度が成立していたことが明らかになった。中国では周時代に戸籍制度の原型が確立され、漢、唐以後は租(田租)、庸(身役)、調(戸貢)制度として発展していった。戸籍制度は戸口調査に関する行政的文書から始まったと想定される。戸口調査の基本的な目的は、何よりも戸(家族単位の家)と口(家に拠る家族構成員)を対象として国家権力が人民に徭賦を賦課、徴収するための基礎資料とした。

　韓国では古代から国家がその権力を維持するために、土地を対象として租を、人を対象として役を、戸を対象にして貢をそれぞれ賦課、徴収する制度として発展してきている。戸籍は徭賦の基本であり、戸口が正確に把握されて、初めて徭賦の課徴が公平になるのである。

　韓国においては、多くの制度と同じように中国から導入、採択されたが、韓国の歴史的社会的状況と関連して、独自の発展課程をたどり、戸籍制度は韓国親族制度に発展していった。戸籍制度には、封建的身分を確認、明示する機能と関連して親族制度に反映する重要な一面があった。親族関係が親族集団とし

て制度化され、制度化された親族集団の範囲が、その親族制度の性格を決定する第一の要因となるのである。

さらに、限られた範囲内の親族関係を秩序的に組織化するために、それを親等の遠近に従って序列化する。この親等の序列化が、親族制度の性格を決定するもう一つの主要な要因となる[130]。この時代に作られた韓国の親族制度を、今も、世界で一国だけ日本は家制度として継承し続けているのである。

韓国の住民登録制度の特徴と問題点

韓国の住民登録は、その制度の導入趣旨の面で見れば居住者登録制度であるが、身分確認と身分証明を目的とする住民登録証、全国民一連番号で個人識別力を持った住民登録番号制度と結合して、国民の身分登録制度である戸籍制度を凌駕する国民管理体制の中心として機能する。すなわち、個人識別番号制度、身分登録制度、国家登録証、居住者登録制度が統合されて、国民の公的活動及び私的活動が連鎖的に把握されて管理される体制である。

韓国の現実は、行政機関に提出する各種申込書・申告書等あらゆる書類に住民登録番号を必ず記載するようになっており、全ての証明書に住民登録番号が明示される。住民登録番号が持つ確実性のために、公共部門だけでなく、学校・企業体など私的部門でも各種書類の提出、身元証明、サービスの申請などに住民登録番号の記載が必須化されている。つまり、韓国国民は自分自身の日常情報を知らない間に公・私の各種データベースに提供していることになる。住民登録制度は確かに国家運営の効率性を向上させることができる。しかし、国民の日常生活が第三者の監視下に置かれる危険性がある。

住民登録に関する事実調査と職権措置については、申告義務者が住民登録法に規定された期間内に申告しない時及び不実の申告をした場合に、申告された内容が事実と相違すると認めるだけの相当な理由がある時、当該地方自治体の長はその事実を調査することができる。この時、事実調査等を通して申告義務

130　崔、1996、8頁。

第2章　戸籍の歴史における憲法論争とGHQ、行政

者が申告すべき事項を申告した場合に、申告された内容が事実と相違すること
を確認した時には、一定の期間を定めて申告義務者に事実通り申告することを
催促または公告すべきであり、この時万が一、申告義務者が定められた期間内
に申告を行わなかった場合には、当該機関の長は職権で住民登録を行うか、あ
るいは登録事項を訂正又は抹消することができる[131]。

　韓国には「上の水が透き通ってこそ、下の水が透き通る」という諺があるが、
ソウル市では様々な行政の腐敗防止策を展開しており、その一例がOPENシス
テムである。ソウル特別市では申請人が自らの申請の事務処理過程を、インター
ネットで簡単に見ることができる。情報公開制度を公開することによって、不
当不正行為の発生を未然に防ぐことを目的としている。

　韓国では2005年、憲法裁判所の憲法不合致決定及び民法改正により戸主制が
廃止された。そして、2008年には戸籍制度が廃止され、個人の尊厳と両性平等
の憲法理念を具体化することができるようになった。

　戸主制廃止により、戸籍法代替法である「家族関係の登録等に関する法律」
が2008年から施行され、家族制度は画期的に変わった。主な内容は、①父性主
義原則の修正、②姓変更、③親養子制度等新たな制度が支障なく施行されるこ
とにもなる。

　今まで自治団体の事務であった戸籍事務は国家事務化され、大法院（最高裁判
所）が管掌機関となり、国家が登録事務費用を負担することで、自治団体の財政
赤字を解消することができるようになった。

個人別家族関係登録制度の新設

① 個人別家族関係登録簿の編製→戸主を中心として「家」単位に戸籍を編製し
　ていた方式を国民個人別で登録基準地に沿って家族関係登録簿を編製する。
② 本籍概念の廃止と登録基準地の導入→「家」を根拠地に戸籍の編成基準であ
　る本籍概念の廃止。各種申告を処理する管轄を定める基準として「登録基準地」

131　金、2001、128頁。

概念を導入。

③ 多様な目的別証明書の発給→現行戸籍謄本は、発給を受ける本人の人的事項だけでなく、戸主を中心とした同一戸籍内の家族全員の人的事項が記載され、不必要な個人情報の露出が問題とされていたが、2008年1月1日からは、電子処理で管理される。家族関係登録簿から証明目的に沿った本人以外の個人情報公開を最小化する。

④ 証明書交付請求者及び交付事由の制限→個人情報の徹底した保護と公示機能の保障の適切な調和を図る。

韓国の憲法

　韓国の憲法は、1948年7月17日に制定され、その後は民主化の発展過程に於いて政治的な大変動とともに改正され、民主化を成し遂げた1987年に全面改正（第九次改正）され、翌、1988年9月に新しい法的再審理制度として「憲法裁判所」が設立された。その目的は、憲法上の問題に対する判決のための特別憲法判決の手続きを確立することによって、憲法と国民の基本的権利を保護するためとされる。

　現行の憲法は民主主義に向けた韓国の重要な前進を良く表しており、内容においては、開発独裁時代のような強力な大統領の権限が縮小されたことをはじめ、立法府の権限を強化し、基本権を保護するために様々な工夫が行われた。中でも、独立機構として新たに設けられた「憲法裁判所」は、民主的かつ自由な社会を築く上で重要な役割を果たしているといえる。

　憲法は、前文及び130の条項、附則よって構成されており、総綱（第1章）、国民の権利と義務（第2章）、国会（第3章）、政府（第4章）、法院（裁判所、第5章）、憲法裁判所（第6章）、選挙管理（第7章）、地方自治（第8章）、経済（第9章）、憲法改正（第10章）によって体系化されている[132]。

　韓国の司法部は、最高裁判所である「大法院（憲法裁判所）」と各級の法院（裁

132　申、2006、3頁。

判所）で構成されている。憲法裁判所は、法律の違憲如何の判をする他、国家機関間の権限争いに関する審判、個人によって提起された憲法訴願に関する審判、弾劾に対する最終決定、政党解散に対する審判を行う。憲法裁判所は、9人の裁判官で構成されており、裁判官の任期は6年で、重任することができる。

2004年6月現在、憲法裁判所は1万179件の裁判を行い、その中には合憲決定を含む614件の他に、9,562件は既に決定が下された。このような高い数字は、憲法裁判所がどれほどの重要な役割を担っているかを示しているといえる[133]。

韓国の憲法裁判所は1987年「6月革命」の民衆の力によってつくられた。民衆の、民衆による、民衆のための憲法裁判所は、韓国の人々が自分の力で民主主義を勝ち取った民主化の証なのである。日本人は、美しく伝統的で従順な「臣民」として、これからも「人権」に無頓着であっていいのだろうか。

韓国が戸籍制度廃止に踏み切ったことにより、これからの時代は「家」から「人」中心の社会へと移行する。男女平等の観点からも、個人情報保護の強化からも、戸籍制度は廃止された。「差別の温床」と言われ続けた戸籍制度は、韓国ではついに廃止されたのである。韓国の児童福祉施策によると、貧困、虐待、未婚の母の出産、父母の離婚により国の保護が必要な児童が発生した場合は、その家庭について保障する児童政策を推進中である[134]。この児童政策こそ「ひとり戸籍の幼児」を救済する鍵となりそうである。

133　申、2006、12〜13頁。
134　韓国における子どもの貧困政策の法的検討については、
　　　www.i-repository.net/il/user-contents/02/keidaironshu-066-004-45-70.pdf を参照。

2-8 韓国における親族制度の形成と変化

表 2-8-1 戸籍制度関連の変遷

時期	目的	主な内容
大化の改新 (645～670) 年	朝廷の支配体制の強化	大化の改新、各地の豪族が作成した戸籍に代わって「庚午年籍 (戸籍)」として6年毎に更新された。
永禄11 (1568) 年～慶長5 (1600) 年	農民の反乱を止める	太閤検地・刀狩＝農民の反乱を抑えるため。豊臣秀吉による太閤検地が行われた。
慶長8年～明治元年	国民人口調査	人別張・宗門帳・過去帳が人民の登録簿であった。
明治4 (1871) 年	一元的戸籍	明治4年戸籍法 (太政官布告170号) が公布される (施行は明治5年2月)。(注) 従来の従属別の多元的な戸籍に代わり、居住地による一元的な戸籍となる。
明治5 (1872) 年	部落差別を制度化	(明治5年式戸籍) 戸籍の編製単位は「戸」、身分とともに住所の登録を行った。「新平民」や「元エタ」等の同和関係の旧身分 (エタ、非人) や病歴、犯罪歴等が記載された。
明治6 (1873) 年	戦争準備	徴兵令布告・地租改正条例布告
明治8 (1875) 年	名字の強制	戸籍を成立させるため平民に名字 (姓) を強制した。
明治11 (1878) 年	夫婦同姓成立	ボアソナドーの民法草案「婦は夫の姓を用いるべし」
明治19 (1886) 年	戸主に権限を持たせる	明治19年式戸籍 (軍部の要求で戸籍法が改正) 家の単位は戸主を中心にして親族は一つの単位とする。戸籍取扱手続 (内務省訓令第22号) が施行される。(注)「明治19年式書式」と呼ばれる戸籍の様式が定められる。
明治31 (1898) 年	民法第772条嫡出推定制度	出生の届出が出来ない事情から「無戸籍児」問題が起きた。いわゆる「300日規定の問題」である。民法第4編・第5編 (法律9号) 及び明治31年戸籍法 (法律22号) が公布・施行された。(注) 戸籍簿のほかに身分登記簿が設けられ、いずれも公開とされた。
大正3 (1914) 年	身分登録簿廃止	大正3年戸籍法 (法律26号) が公布される。
大正4 (1915) 年	現在の戸籍と同じ形	大正4年式戸籍は現在の戸籍と全く同じ形 (大正4年1月1日～昭和22年12月31日) 昭和22年12月31日以降、ただちに新様式に改正に間に合わず改正戸籍は昭和33年4月1日以降になる。
昭和22 (1947) 年	現戸籍法公布	民法第4編・第5編が全部改正 (法律222号) された (施行は大正4年1月)。現行戸籍法 ((法律224号) が公布された (施行は昭和23年1月)。

91

第2章　戸籍の歴史における憲法論争とGHQ、行政

昭和23 (1948) 年	「家制度」の廃止	昭和23年式戸籍（昭和23年1月1日〜現在）この戸籍に改正される前は「改製原戸籍」 昭和22年の民法改正で「家制度」が廃止された。婚姻を中心にした夫婦と子を戸籍編製基準に、「親子同氏同一戸籍の原則（戸籍法第6条）」、「一戸籍一夫婦の原則＝夫婦同氏の原則（民法第750条）」、「三代戸籍禁止の原則（戸籍法第17条）」等を核にして移行した。二世代で、子どもだけがその同一戸籍に残されることは想定外であったが、ここに「ひとり戸籍の幼児」が誕生した。改正作業は昭和41年終了したが、家制度の戸籍は10年間残され、さらに8年の間存在し続けた。「戸主」が「筆頭者」になり、筆頭者を中心に序列記載し同一戸籍内は同一の氏を称する等、家制度はわからないように存在し続けている。現在の戸籍制度は隠された家制度の下に成立している。 戸籍法の一部改正（法律66号）が公布・施行された。（注）戸籍簿・除籍簿の閲覧制度が廃止される。除籍については、法令に規定する一定の場合のみ謄抄本等の交付請求が認められる。
平成6 (1994) 年	コンピュータによる戸籍の管理	戸籍法の一部改正（法律67号）が公布・施行された。（注）戸籍事務を電子情報処理組織によって取り扱う制度が新設された。
平成15 (2003) 年	届出本人確認実施	「戸籍の届出における本人確認の実施について」（平成15年3月18日付け民一第748号民事局長通達）が発出される。
平成16 (2004) 年	オンラインでの戸籍手続を可能にする	法改正による婚外子に対する「男・女」の続柄差別記載が、プライバシー権の侵害であると判示され、11月1日以降の出生については「長男・長女」式に記載することになったが、それ以前については当事者が申し出ても更生を拒否されるなど、差別記載を温存する「改正」と批判されている。
平成25 (2013) 年	婚外子差別違憲	9月4日最高裁大法廷では、民法900条4号但し書きによる婚外子の相続分差別規定は憲法第14条1項「法の下の平等」に違反し、違憲・無効とする判断を示した。
平成27 (2015) 年	「無戸籍児」問題及び同性婚関係	3月10日法務省が「無戸籍児」は全国で142人と調査報告。 3月31日東京都渋谷区議会本会議において同性カップルを準じる関係と認め、「パートナーシップ証明書」を発行した。

(注) 資料より筆者作成

第3章　玉虫色の親権と「婚外子の戸籍」の問題

　身分制度で人をがんじがらめに拘束していた封建社会をやっと脱出した近代社会では、人は「独立、平等、自由である」とされた。しかし、現実は、乳幼児、病気、障害、加齢により判断能力が欠けるようになった人、あるいは失業した人々などが多く存在している。近代社会では、このような人々の救助の役割を家族に求めた。そのため、家族関係が誰であるか、どのように助けて援助するかを規定する必要があった。家族法は、私的保護の強制と分配にある。親権については家父長制が色濃く残った。

3-1　親権とは何か

　民法が定める「保護」とは、①身の回りの世話、未成年の子の場合は、親権者（親権者がいない場合は後見人）が監護・教育の義務を負う（民法第820条）、大人の場合は病人の世話、いわゆる認知症の世話などについては、民法には何の規定もない、②財産の管理と法律行為の代理、未成年者でも財産を有することがあり、親権者が財産を管理したり、契約など法律行為を代理する権限を持つ（民法第824条）、③扶養、生活費を負担すること。未成年、青年の区別なく、民法で定められた扶養義務者（家族関係にある人）に扶養能力がある限り、扶養の義務を免れることはできない（民法第877条）などである。

　親権は、未成年者に対し親権者が①②③を総合的に担う仕組である。一方、大人に対しては、①には規定がなく、②は事前の契約や審判の有無に左右される。③は、それぞれが分離されて運用される。

第3章　玉虫色の親権と「婚外子の戸籍」の問題

　親権とは、未成年の子は父母の親権に服する（民法第818条）ことである。歴史的に父が子を権力的に支配して、子はそれに服従することから「親権」と表現されたが、今日では子の利益、子の福祉を守ることの重要さが認識されるにつれて、親権は子の利益を守る親の義務を強調するようになってきている。民法でも「親権を行う者は、子の監護及び教育をする権利を有し、義務を負う（民法第820条）」と規定している。

　「子のための親権」を法理念としながら、民法は今日に至っても封建的な親本位のままである。両性平等を反映して父親の単独親権から父母の共同親権に改められたが、婚姻継続中に限られた（民法第818条3項）。離婚の場合は父母の一方の単独親権とされる（民法第819条1・2項）。親権とは「子を持ったら親として育てたい」というのが人の念願であり権利でもある。

　依然として家父長権の流れの中にある親権であるが、「子の幸福」という現代法のもとでは、親権の本質は親の義務とするべきである。親権の権利性の弊害は離婚後の単独親権にある。親権を親の義務とすると、離婚後も共同親権でなければならないのではないか。

　平成20（2008）年6月23日の「離婚後の共同親権・共同養育を実現する法整備を求める請願」（Left Behind Parents Japan）では、①民法第819条の単独親権制度を改正し、離婚後も両親が平等に子どもの養育に参加し、離婚後も親子が頻繁に継続的な接触を持つことが、子どもの生命・権利を守り、子どもの最善の利益であるという考えに基づき、共同親権・共同養育制度法制化を早急に進めて下さい、②ハーグ条約「国際的な子の奪取の民事面に関する条約」（子どもの奪取禁止条約）に早期に加盟し、親権剥奪を含めた厳しい罰則を科すことで、国内外の子どもの連れ去りを禁止する。また、現在も面会できない親子の救済のため、欧米諸国並みの面会交流を実現する特別立法を早急に施行して下さい、③葛藤のある父母と子どもに、必要な教育プログラムを課し、また、ＤＶを理由に子どもの面会を拒否する場合は欧米と同様にその真偽を検証し、安易な引き離しをせず、事実であれば監視付きの面会をさせて下さい、との内容であった[135]。

請願の理由において、日本では、毎年25万組の夫婦が離婚し、その内の60%に未成年の子どもがいる[136]。そしてその65%は非親権となった片方の親と面会が出来なくなる。日本国が批准している「子どもの権利条約第9条」は「締結国は、児童の最善の利益に反する場合を除くほか、父母の一方または双方から分離されている児童が定期的に父母のいずれとも人的な関係および直接の接触を維持する権利を尊重する」と規定しているが、子どもの連れ去り別居、引き離しが頻発している現況では、条約の履行は不十分である。別居により子どもを連れ去られた後に、親であるにもかかわらず実の子どもに会えないという信じがたい現実を突き付けられ、ある者は自殺し、ある者は子の連れ去り返しにより誘拐犯として逮捕されるなど、法制度の不備と裁判所の不適切な運用による犠牲者は後を絶たない。このような悲劇は諸外国では起こり得ない。

　これらの不幸な事件が続くのには社会的要因がある。その一つが「離婚後は子どもの親を一人」とする民法の単独親権制度と、非親権者と子どもが交流するための法制度が未整備であることである。離婚に関する民法の規定が、離婚率の上昇した現代日本社会に対応が出来なくなっている。現在、政府が検討中の「国際的な子の奪取の民事面に関する条約」を批准するにあたっては、現行制度の問題点を認識し、平行して国内の法制度整備を進める必要がある。

　単独親権制度であるが故に、子どもを先に確保した親に親権を与えるという裁判所の恣意的運用が、子の連れ去り別居を誘発する。連れ去られた子ども達は、別居するもう一方の親と引き離されることで愛情遮断という心理的虐待を受け、深刻な片親疎外の病気に罹るのである。一人親家庭の貧困率はOECD30ヵ国で最低で、貧困が子どもの虐待や子ども自身の暴力に影響を及ぼすという負の連鎖が繰り返される[137]。

　婚姻関係の破綻は夫婦間の問題であり、親子の関係は一生続くものなのである。残念ながら日本国に於ける法制度は、離婚により非同居親から親権を奪い

135　共同親権の会・離婚後の子どもを守る会資料より。
136　厚生統計協会、2001。
137　www.asahi.com（トピックス）参照、（2016/06/21 閲覧）。

第3章　玉虫色の親権と「婚外子の戸籍」の問題

親子の生き別れを強制している。別居や離婚後も双方の親や祖父母が子どもと交流し、子の成長に関与できる法制度であれば、昨今起っている子どもの虐待等の悲劇の多くを防ぐことも出来た筈である。

　このような観点と、親の生き方による影響を最小限にし、子どもを幸せにするという視点から、離婚後も両親が協力して子どもを育てていく「共同親権・共同養育」への法改正を求めるものである。これ以上子どもが犠牲となる不幸な事件が起きないように強く要望する。この請願書[138]には、心から子どもの幸福を願う親の思いが込められている。民法第887条は「直系血族及び兄弟姉妹は、互いに扶養する義務がある」と規定しているが、ここにいう「直系血族」とは、子の老親に対する扶養義務のことであり、子（15歳未満の未成熟子）に対する扶養義務を定めたものではない。未成熟子（自力では生きていけない子）に対する親の扶養義務は生活保護義務である。

　この扶養義務はたとえ一枚のパンしかないとしても、親子が平等に分け合って食べるという、運命共同体的な強い扶養義務を指す。問題は父母の離婚後である。一般的には、父親が母親と同居している子に毎月養育費を送る形になる。父母の協議が不調の場合には家裁の調停・審判によるが、協議内容は社会的に明確にされない。子どもの生存にかかわる養育費について、現行法では直接の履行方法がなく、いわば放任主義である。

　イギリスでは、親であることから生じる日常的な実態を反映し、親の立場にある者の多様な責任を強調するために、「監護権」（custody）から「親権」（parental responsibility）へ、ドイツでは、子が自立した個人に成長するために子を保護し援助する義務を伴うことを的確に表現するために、「親の権力」（elterliche gewalt）から「親の配慮」（eleterliche sorge）に変更されている。意識改革という見地からも、親権の名称は、今日的内容にふさわしいようなものに変更すべきである。同様に「監護」についても親の監督者としての意味づけが強すぎるので、配慮あるいは世話など権力的な意味のない表現の方が望ましい[139]。

138　「共同親権の会」http//kyoudousinkenhubo.cocolog_nifty.com/(2016/06/08閲覧)
139　二宮、2006、215頁。

3-2 民法改正（2012年）

　また、親権者は、監護教育のために必要な範囲内で、子の居所を指定しそこに居住させることができる（民法第821条）。また親権者は、監護教育のために必要な範囲内で、自ら子を懲戒し、また家庭裁判所の許可を得て懲戒場へ入れることが出来る（民法第822条。但し、本条に該当する懲戒場は、現在は存在しない。少年院や教護院への収容は、親権者の申請によっては出来ない）。しかし、いずれも子の監護教育のために必要な場合には、民法第820条の監護教育権の行使範囲に含まれるので、あえて規定する必要はない。また居所指定権は、明治民法時代には親権者によって濫用されがちであったこと、懲戒権が基本的に承認されている限り、子が親の権利の客体・対象であるという基本構造は変わらないことなどから、いずれも削除を検討すべき時期にきている[140]。

3-2　民法改正（2012年）

　保護者による虐待により児童が死傷する事件が多発する等、児童虐待が社会問題化してきたことから、親権を最長2年間停止する制度を柱として「民法の一部を改正する法律」が平成23（2011）年6月に公布され、一部の規定を除いて平成24（2012）年4月に施行された。

　民法第834条第2項の「親権停止」については、これまでは、親権を制限するには期限を定めないで親から親権を奪う「親権喪失制度」だけであった。しかし、この制度は比較的程度の軽い事案に必要な親権の制限をすることができない、あるいは医療ネグレクト事案等の一定期間だけ親権を制限すれば足りる事案にも過剰な制限になるおそれがあるという問題があり、親子関係への影響があるので申し立てが躊躇されると指摘されていた。

　今回の制度では、親族や検察官以外であっても、子ども本人や未成年後見人も家庭裁判所に親権の停止を申し立てが出来、2年以内の期間に限って親権を行うことができないようにする「親権停止制度」が創設された。

140　二宮、2006、220頁。

第 3 章　玉虫色の親権と「婚外子の戸籍」の問題

　親権停止の要件は、「父又は母による親権の行使が困難又は不適当であること
により子の利益を害するとき」とされ、親権喪失のような「著しく」という程
度までは要求されない。

　請求権者は、民法に規定されている子、その親族、未成年後見人、未成年後
見監督人又は検察官のほか、児童相談所長にも請求権が認められた（改正児童福
祉法第 33 条の 7）。また、子どもを保護し財産を管理する後見人も、一人しか認
めないのではなく、複数人あるいは法人も務められるようになった。

　また、民法第 834 条の親権喪失については、喪失原因は「父又は母による虐
待又は悪意の遺棄がある時、その他父又は母による親権の行使が著しく困難又
は不適当であることにより子の利益を著しく害する時」とされ、「虐待又は悪意
の遺棄」という典型的な場合を挙げることで、親権が喪失される場合がより明
確になった。

　請求権者は、改正前の規定で定められていた子の親族及び検察官のほか、子、
未成年後見人及び未成年後見監督人が加えられた。但し書きに於いて、2 年以内
に喪失原因が消滅する見込みがある場合は、親権の喪失ができない旨規定され
ている。このような場合に親権を喪失させてしまうのは、過剰な制限になるか
らである。

　他方、民法第 820 条監護及び教育の権利義務に関しては、「親権を行う者は、
子の利益のために子の監護及び教育をする権利を有し、義務を負う」親権が子
の利益のために行わなければならないことは、改正前の民法に於いても当然の
理念と考えられていたが、これを明確にするため「子の利益のために」と文言
が付加された。

　その上、民法第 822 条の懲戒においては、「親権を行う者は、第 820 条の規
定による監護及び教育に必要な範囲内でその子を懲戒することができる。」改正
前の規定の文言では、親権を行う者は必要な範囲内でその子を懲戒することが
できるとされていたが、文言上で「必要な範囲」に何ら限定が設けられていなかっ
た。そこで、懲戒権を口実に虐待を正当化しようとする虐待親の存在を考慮して、
懲戒権の行使について文言上で「子の利益のため」でなくてはならないと、明

98

文化した。

　フランスにおける民法典では親権について、両親の立場がどうであっても親権行使には影響を与えない。親権は父と母が共同で行使することが原則となっている（フランス民法第372条）。結婚していない親も共同で親権を行使する。さらに、両親の離別は、親権行使に影響を与えない（フランス民法第372条・373条）。離婚後の親権は、原則的に両親のそれぞれが持つ。子どもの居所は両親のそれぞれが交互に、あるいはどちらか一方に定めることが出来る（フランス民法第372条〜379条）。親権を行使しない親は、子どもの教育と扶養を監督する権利と義務は持ち、子どもと会う権利は、重大な理由がある場合を除いてこの親に拒否されてはならない（フランス民法第371〜373条）[141]。

　日本では、結婚していない限りは共同親権の行使が出来ないので、子育てから排除される親の存在が社会的に大きな問題になっている。フランスでは、離別した両親が交互に監護することが原則となっているので、子どもは二つの家を行き来することが出来る。

　フランスでは親権の行使は、両親以外の第三者に委譲されることもある（第377条）。2002年の法改正により、裁判所の許可を得て、第三者や機関に親権の行使を委譲することが出来るようになった。このような改革も、現代家族の特徴に配慮したものである。その法的形態がどのようなものであっても、カップルが離別に至り、それぞれが新しいパートナーと再びカップルを形成することが珍しくない。

　先行するカップル関係に於いて子どもがあった場合には、親の新しい相手が、実際の生活では子どもに対して、もう一人の親の役割を果たすことになる。この「親のような人」は、法律的には親ではなく単に事実上親の役割を果たす存在でしかなかった。親権行使の委譲は、カップルの形成と別離と新たな形成によって生じる。このような新しい家族を支援しようとする制度である。それは、親権に関して親カップルの関係が永続することを前提にしない仕組みになって

141　斉藤笑美子、「フランス法の中の婚外子」（Voice、2015/8/22、学習会より抜粋）。

第3章　玉虫色の親権と「婚外子の戸籍」の問題

いる。

　また、親の義務については、親カップルの永続的な関係を前提としないとすると、養育費負担義務の履行を確保する必要がある。これは、真性シングルマザーにとっては死活問題である。養育費が支払われない場合、どのように取り立てるか。

　まず、養育費支払い義務のある債務者の雇用者、取引銀行などの第三者から直接払ってもらう方法がある。1回でも養育費の支払いが滞ると、この手続きを開始出来る。債権者は、執行吏という裁判所付属の専門家に依頼をして、この執行吏が第三者に支払いを要求する。債務者がどこにいるかわからなければ、税務署などの公的部門は情報を執行吏に提供する義務を負う。これとは別に、裁判所に申し立てて、債務者の賃金、銀行口座を差し押えるという方法もある。

　このような自力救済が失敗すると、国が税金と同じやり方で債権者の代わりに取り立てる。公的取り立てである。手続きは無料だが、金額の10％が債務者に請求される。これらに応じないと最終的には刑罰が科される可能性がある。それは外国にいる債務者にも及ぶのである。債務者は住所の変更について、子どもと暮らしている親である債権者に知らせる義務があり、これを怠ると、やはり罰金や禁固といった刑罰が科せられる可能性もある。

　一旦、父親になった者には、子どもやその母親と一緒に暮らしていなくても、養育費の支払い義務が国家権力の発動という裏付けを伴って課せられていることになる（このシステムが完璧に機能しているかどうかは、また別の問題である）。このことは婚外子でも、親が離婚したり同居を解消した子どもでも同じである[142]。

3-3　家父長制とは何か

　家父長制は、男性による女性の支配を指す概念であった。戦後は家父長制からの離脱を目標に掲げ、アメリカ流の「民主化」を目指し、米ソの冷戦崩壊後

142　斉藤、2012、93〜95頁。

の日本では、家父長制については、すっかり意味を持たなくなっていたかのように思われた。それでは家父長制とはいったい何なのであろうか。

重要なのは「定義」ではないことである。問題は定義でなく、家父長制という現象を、どのようにみいだし、どのように解き明かすかである。家父長制がどのように構成されているかを、実際に見据えることである。家父長制は問題の所在を表している。家父長制とは、さまざまな矛盾を抱え亀裂を生じさせながらも、体系的な支配のシステムなのである。しかし、その転覆は可能であり、家父長制と名付けられる現象を徹底して解き明かしていくことが、これからの課題として残されている[143]。

明治政府内部では、国民を把握しこれを規制するために戸籍と身分証明とのいずれかの手段をとるかについて、二様の考え方があった。まず、法の形をとったのは、戸籍による国民把握制度であった。

明治4（1871）年4月に出された戸籍法は、戸を基礎単位にした戸籍を国民把握手段とすることを明らかにした。戸とは、共同生活を営む血縁・家族集団をさし、戸主と家族から構成されるものとされた。戸籍の記載は、戸主を先頭に尊属、直系、男系を上位に、卑属、傍系、女系を下位にする序列で記載され、届出義務者は戸主であった。つまり、戸主に続いて祖父母、妻、子という記載順位がとられ、妻は父母の下位に置かれたのである。その意味で、この戸籍法は、夫婦を中心にした家族制度ではなく、男性である家長が家族員を統率し、外に向かっては家族を代表する制度を体現していた。戸籍法は四民平等の標語の下で戸籍の身分的編成を廃止し、すべて国民として無差別に扱う方針を立てたものの、戸や戸主の観念の下に家父長的原理をそのままに残したのである。

近世の社会では、夫と妻の正当な夫婦関係とともに、夫と不特定数の妾との配偶を副次的夫婦と認める一夫多妻制がとられていた。父祖の家録を男子相続者が継承し、主君の許可を得て家の相続が決定する武士の家では、男子相続者を産んで家系を絶やさぬために、妾が妊娠予備軍として公認されたのである。

143　千田、2011、164 ～ 165 頁。

第3章　玉虫色の親権と「婚外子の戸籍」の問題

　明治3（1870）年12月に公布された「新律綱領」（刑法典）は、その巻首に五等親図（親族の範囲と等級を定めた表）を掲げたが、これによると妻と妾はともに夫の二等親に位置づけられ、嫡出子は一等親、庶子は二等親に位置づけられていた。妻も妾もともに配偶者として夫と親族関係を持つとされ、妾の子も公生子と認められたのである。また姦通についても、妾も妻と同様に罰する方針がとられた。法律上の妾の公認は、周知のように福沢諭吉、森有礼らの啓蒙思想家の強い批判を引き起こした。また、明治以降日本での布教を開始したキリスト教も、一夫一婦制の厳守を人倫の基礎と説いた。

　明治13（1880）年7月公布、同15年1月施行の刑法では、妾という言葉を一切追放し、妻と妾に代わって、配偶者と婦という言葉が採用されたのである。

　また、原則として父兄弟親戚の付き添いがあれば、妻自らが離婚請求を訴え出ることが認められたのである。これは婚姻法上の大きな改革であった。

　夫婦相互の貞操義務については、明治15（1882）年施行の刑法を含めて、妻の姦通は罰せられたが、夫のそれは罰せられなかった。新律綱領では、姦通現行犯の妻とその相手の姦夫をともに殺害しても罪に問われることがなく、また、妻を殺傷した夫の罪は一般の殺傷罪より軽く、夫を殺傷した妻の罪は一般より重いという、妻を劣位に置く取扱いがなされていた。

　穂積八束は家の唯一の権威者である戸主が、代表者として親族共同生活を統率し、戸主の地位を代々長男が継いでいくというのが、日本の家族制度であるという。そして、この美風を維持することによってのみ、皇室を中心とする家族国家の倫理が守られると主張した。民法を巡る論議は、単に家族制度の問題にとどまらず、日本国家の構成原理の問題にまで発展していった。家族国家とは、国家を家の延長として国民に理解させようとする国家観である。日本社会の家父長的性格を拡大再生産しながら、民心を家長としての天皇の下に集めようとする作戦であった。明治憲法の共同体国家の側面は、この家族国家観で支えられていたのである。

　「梅謙次郎の主張している民法は、ヨーロッパの個人主義と夫婦中心主義を真似たもので、わが国の美風である家族制度を破壊する」という穂積八束の主張

に、民法論争が本格化するにつれて統一されていった。これに対して、梅は「日本が今後、近代資本主義国として、発展していくためには、家長が家全員の自由な活動を抑えたり、長男単独相続制を施いたりして次男・三男の活動の経済的基礎を奪ってはならない。日本の家族は親子、夫婦中心の小家族制に向かって、進まねばならない」と考えていた。そこから、「家制度」に妥協した修正を受けて、当初の草案から後退した旧民法も、やがて社会から遅れた存在になるだろうという憂慮する主張も現れ出したのである。

　この梅の考え方をさらに徹底した形で主張したのが、植木枝盛の「いかなる民法を制定すべきや」であった。植木はここで、「家を基礎単位として成り立っている国は、依頼心のみ強く自治の精神や独立の気性を欠く。戸主の制を廃し、人々を独立の人となすことが愛国心、公共心に繋がる」と主張した。そして、民法編纂では、男女同権主義、分割相続制、子どもの人格を尊重する親子関係の実現を原則とすべきであると述べている[144]。

　　刑法一部改正

　昭和20（1945）年11月、国民主権の原理を宣言する新憲法が公布された。昭和22(1947)年1月には刑法一部改正があり、「皇室ニ対スル罪」は全章削除になっている。この時、尊属に関する規定の存廃も問題となったが、国会の質疑があっただけで、深く議論されることはなかった。

　かつて存在した刑法第200条は、親族共同生活において夫婦関係よりも親子関係を優先させ、親子関係においては相互平等関係より権威服従の関係と尊卑の身分的秩序を重視した親権優位の旧家族制度的思想による差別規定であり、今日ではすでに、その合理的根拠を失っている。

　刑法第199条は「人を殺した者は、死刑又は無期若しくは五年以上の懲役に処する」と定めている。平成7（1995）年の刑法改正により、文語体から口語体に改められたものの内容的には何も変わってはいない。

144　海野、1996、522 ～ 523 頁。

第 3 章　玉虫色の親権と「婚外子の戸籍」の問題

　日本の刑法には「尊属殺人罪」という規定があり、「自己又ハ配偶者ノ直系尊属ヲ殺シタル者ハ死刑又ハ無期懲役ニ処ス」と旧刑法 200 条では定めていた。この「直系尊属」とは、自分からみた場合に、両親・祖父母・曾祖父母といった上の世代の同親系縁者のことを指し、自分の配偶者の両親等も含まれる。

　「親殺し」は、日本では年間 20 件起きている。これらの事件を扱った弁護人によると、「親殺しは、親による虐待からきている」と言う。親による虐待は、概ね四つのケースに分類することができる。すなわち、①殴る、蹴る等の身体的虐待、②育児放棄による虐待、③過剰な期待をかける等の心理的虐待、④親の性欲の捌け口とする性的虐待がある [145]。

　永い間、子どもは親の虐待に耐えかねて、ある出来事をきっかけにして殺意が実行されるのである。子どもを、所有物として扱う親には問題がある。親が子どもを自己の所有物と思わせた家父長制の在り方に原因がある。

　精神分析家であるフロイトの「ヒステリー病因論」（1896 年）によると、彼のヒステリー患者の全員が例外なく子ども時代に年上の兄姉や親から性的暴行を受けていたことが、治療の過程で判明した。この患者達が幼児期に性的虐待を受けていなかったら、ヒステリーという病気になることもなかったであろうと述べていた。ところが、この発表の 1 年後の 1897 年、フロイトは自らの手で「この歴史的発見」を打ち消した。その代わりとして、仮説「衝動理論」にすり替えたのである。要は、児童虐待は存在しなかったということなのである。あまりにも大きな社会の反響があることを恐れての、フロイトの判断であった。

　その時代、児童虐待は当たり前の出来事であった。「家父長制」は父親だけが絶対的権威を持ち、妻や子どもを自己の所有物として扱うという社会一般の家族形態が当然に引き起こすものであった。様々な犯罪の原因ともなる病気の背後に子どもを虐待する親の存在があることを指摘するフロイトの理論は、社会一般の家族制度を崩壊させる危険な思想としてフロイト自身が抹殺される恐れがあったと言われている。フロイト（39 歳）は 1896 年にヒステリーの原因は幼

145　平成 27（2015）年 6 月 22 日、朝日新聞（夕刊）より引用。

少期に受けた性的虐待の結果であるという病因論を発表している。その後、自我・エス・超自我からなる構造論と神経症論を確立させた[146]。それから、精神分析学・心理学では「衝動理論」は定説になり、児童虐待が様々な精神病理や犯罪の背後にあることは覆い隠され、家父長制は今日も続いているのである。

3-4　尊属殺重罰規定が消えた背景

　昭和43（1968）年10月5日、栃木県矢板市佐久山町の「実父殺し事件」の尊属殺人罪を背景に、重罰を科していた尊属殺人罪は平成7（1995）年の刑法改正により姿を消した。

尊属殺重罰規定違憲判決の概要

第1審判決　尊属殺人事件　宇都宮地方裁判所　昭和43年（わ）第278号
　　　　　　　昭和44年5月29日　第1刑事部　判決

被告人　甲山乙子（仮名）　昭和14年1月31日生　旅館女中

主文　被告人に対し刑を免除する。

理由

（1）　被告人の生い立ちおよび本件犯行に及ぶまでの経緯

　被告人は昭和14年1月31日、父幸雄（大正4年5月3日生）母サカ（同年2月28日生）の二女として肩書き本籍地において出生し、昭和28年頃までには長男康治　外5名の弟妹らとともに同地において父母の膝下で養育された。

　被告人の父幸雄は肩書本籍地において、農業を営む政一の長男として生育したが、農業を好まず、昭和12（1937）年1月26日に、サカと婚姻したのち居町旧佐久山町役場に吏員として勤務し、サカを伴い同女の兄伊藤市郎を頼って、北海道千島方面に出稼ぎしたりしたが、その後相携えて本籍地に帰来した。

　戦時中同人は2回にわたり召集を受けて陸軍の兵役に服し、終戦直前召集解

146　www006.upp.so-net.jp/books/book003.htm（2016/06/08閲覧）。

第3章　玉虫色の親権と「婚外子の戸籍」の問題

除になり帰郷して、一時農業などに従事していたが、昭和28年頃稼業を弟源三に譲り、自らは妻子とともに宇都宮市に出て、同市河原町において食料品の小売業を営むに至った。

　ところが、宇都宮市に移って間もない3月頃、父親である幸雄は、当時やっと14歳になったばかりの我が子である被告人がひとり就寝している隣室に忍び入った。そして非道にも被告人の父親である幸雄は、被告人を無理に姦淫したのである。娘である被告人が恐怖と羞恥心で声を出すことも出来ず、母親サカにすら訴えることを躊躇しているのをいいことに、嬉々として父親幸雄は犯しつづけたのである。

　それから約1年過ぎた頃、耐え切れなくなった被告人が、母親サカに父親幸雄の強姦を打ち明けた。母親サカは夫であるに幸雄に対し、その強姦及び近親相姦の行為を強く引き止めようとしたが、夫幸雄は聞き入れず、これを阻止しようとする母親サカが娘である被告人を連れて他の地方へ逃げると、父親幸雄は執拗に被告人の行方を探し求めて連れ戻した。そして娘である被告人に相変わらず近親相姦の行為を強要した。妻であり被告人の母親でもあるサカに対して「おまえなんか、どこの男とでも、どっかで住め、勝手にしろ、俺は乙子とは離れないぞ」などと放言し、暴行まで加えた。思い余ったサカは他の子供たちを連れて家出したり、鉄道自殺を思いたつこともあった。幸雄の醜行を知った幸雄の実父政一をはじめ周囲の親族らは、幸雄に対し忠告を繰り返したにもかかわらず、妻サカへの暴力は激しさを増していった。

　昭和31（1956）年被告人である娘は、父親幸雄から逃れるため知り合いと行方をくらましたり、親戚に行ったまま帰宅しない等務めたが、いずれも父親幸雄に連れ戻されている。そして、妻サカの許を去り夫幸雄は、娘被告人とその妹を連れて矢板市内に転居し植木職を営んで生計を立てるに至った。同地同年11月24日被告人である娘は、父親幸雄の子恵子を出産した。

　被告人は恵子のために父親幸雄から逃れることを断念した。父親幸雄に服従し、父親に犯される汚辱の身の恥ずかしさから、近隣親族らとの交際を避け、親族もまた幸雄の醜行を、忌み嫌って近づかなくなった。

このことをいいことに父親幸雄は、娘である被告人を今度は妾のように扱い、夫婦のようにも生活をしている間に、昭和34（1959）年3月22日父親幸雄の子民子、同35年11月7日父親幸雄の子和枝、同37年7月8日父親幸雄の子由子（同38年3月24日死亡）、同39年2月2日父親幸雄の子本子（同年6月27日死亡）を相次いで妊娠、出産しているが、これ以外にも5度の中絶をしている。昭和42年8月、大田原市の産婦人科で、「こんなに中絶していると体が持たないから、手術して妊娠しないようにしたほうがいい」と言われた。父親幸雄も賛成し、8月25日、矢板市で不妊手術をうけているが、供述によると、この手術で被告人は不感症になり父親幸雄との性行為が苦痛でしかなかったという。

昭和39（1964）年になると、被告人の妹も住み込みで働きだして被告人の許を離れ、被告人と父親幸雄との間に産まれた（死亡した二人を除き）三人の子も被告人の手を煩わせることも少なくなったため、被告人は同年8月頃から矢板市本町所在印刷所に働くようになった。勤務先の同僚の受けはよく、同僚と楽しく雑談をしたり、優しくされたりしているうちに、父子相姦による忌まわしい青春を送った境遇に気が付き、父親によって青春を奪われた境遇に暗澹とした。

被告人が印刷所で働きはじめて4年を経過した昭和43（1968）年8月下旬頃、同僚の丙山好照が被告人との結婚を申し込んだ。被告人も丙山の人柄に愛情を覚え、はじめて暗澹たる生活に光明を見出し、父子相姦による子をなしたわが身をためらいながら、丙山の愛情を頼みにした。被告人は父親との忌むべき境遇から脱却するために、父親との無理強いされた相姦関係を、丙山に打ち明けて諒解してもらっている。

同年9月25日午後8時過ぎ頃、被告人が父親幸雄に対し「私を嫁にもらってくれる人があったら、やってくれるかい」と婉曲に切り出したところ、「お前が幸せになれるのなら行ってもよい」と答えた。はじめは被告人の結婚を承諾するかのような口ぶりであったが、被告人がすでに意中の結婚相手がいることを聞くと、態度を一変し怒り出した。「若い男ができたというので、出てゆくのな

第3章　玉虫色の親権と「婚外子の戸籍」の問題

ら出て行け、お前らが幸せになれないようにしてやる。一生苦しめてやる」、「ぶっころしてやる」などと怒鳴りだした。

　翌26日早朝父親幸雄が、再び前夜同様怒り出し暴力を振いかねない態度に、被告人の祖父である幸雄の父政一に相談するため、寝間着のまま逃げ出して近隣の家で衣服を着替えていたところ、父親幸雄に発見され暴力を用いて自宅に連れ戻された。以後、被告人を外出させず、出勤もさせず、父親幸雄も仕事を休み、昼夜の区別なく飲酒して被告人を監視し脅迫的言辞で怯えさせ、夜は疲労で苦しむ被告人に仮借なく性交を強要し、休ませなかった。

　このような状態が続いていたが、いつものように父親幸雄が娘である被告人の体を求めてきた。そして、思い出したように「俺は赤ん坊の時、親に捨てられ、苦労してお前（娘である被告人）を育てたんだ。それなのに、父親である俺を十何年も弄んで、このバイタ女め！出て行くんだら出ていけ。3人のお前の子どもは始末してやるぞ！」被告人は父親幸雄の怒号に「小さい時のことは、私の責任ではないでしょう」と言い返した。すると、親に口答えしたが悪いと襲いかかってきたのである。父親幸雄は執拗に娘である被告人を支配下に留め、獣欲の犠牲とし、娘の幸福を踏みにじって顧みない態度を思い出して憤激した。これまでの父親との忌まわしい関係を断ち切り、自由になるには殺すしかないと、とっさに考えた。

　同年10月5日午後9時30分過ぎ頃、当時の居宅であった矢板市中150番地の44所財市営住宅13号六畳の間で、被告人である娘は父親幸雄を押し倒し、傍にあった股引の紐をつかんで、首にかけ絞めた。

　「殺すんだら殺せ！」父親幸雄は、何故か抵抗しなかった。

　「悔しいか」娘が言った。

　「悔しかねえ。お前が悔しいからしたんだんべ。お前に殺されるのは本望だ」

　「悔しかねえ。悔しかねえ」娘は答えた。

　そして、父親幸雄は絶命した。被告人はやっと父親の束縛から解放された。被告人は犯行当時心神耗弱の状態に在ったものである。

（宇都宮地方裁判所昭和43年（わ）第278号第1審判決より抜粋）

本判決は、法令を違憲と判断することに極端に謙抑的な最高裁が、法令違憲判決に分類されうるかを巡って議論のある第三者所有没収事件判決（最大判昭和37・11・28刑集16巻11号1593頁―本書11―118事件）を別にすれば、最初に示したその種の判決として記憶される。ただ、法定刑の加重の程度が極端に過ぎることを違憲理由とするにとどまるものである以上、尊属傷害致死等の重罰規定は当然には違憲とならず、現に、最高裁は、本判決の翌年、刑法205条2項についてはそれを合憲と判示している[147]。

また、本判決の立法府に対するインパクトは、刑法第200条の立法目的を憲法上容認されるものとして国会の裁量を広く認めたものであることから、当然ながら十分に強力なものとはなり得なかった。多数意見は、同条の法定刑では執行猶予付き判決が得られないことを問題にしているが、それなら、執行猶予を可能とする範囲を拡大する法改正をすることで違憲問題をクリアする便法もあり、立法府は同条の刑法典からの削除に一向に本腰をいれることなく、最高検察庁の通達により尊属殺事案も199条で処理するという行政実務に委ねられる状況が続いた。ようやく、本判決から20年以上を経た平成7（1995）年の刑法改正によって、第200条をはじめとする尊属犯罪重罰の各条項が削除され、立法的に解決されたのである。

こうして、本判決は、法令違憲の判決とはいえ、最高裁に期待されている憲法保障機能からすれば、その役割をよく果たしたもとは言えず、むしろ、法体系中の旧家族制的イデオロギーの名残を容認する効果を生じさせたものと評される[148]。

乙子（仮名）その後

昭和48（1973）年4月4日、最高裁は「尊属殺人は違憲である」として原審を破棄し、懲役2年6か月、執行猶予3年の判決が言い渡された。乙子は釈放され、

147　最判、昭和49・9・26、『刑集』（28巻6号）、329頁。
148　小林、2007、63頁。

第3章　玉虫色の親権と「婚外子の戸籍」の問題

その時には34歳になっていた。「被告人の女性としての人生は、父親の人倫を踏みにじった行為からはじまっている。父に犯され、子を産み、人権は完全に踏みにじられた」のである。「悪夢、忘れました」と、彼女の話が新聞報道に載った。乙子の子である3人の娘は施設に預けられていた。彼女は週に一度娘たちと遊ぶことを楽しみにしながら、栃木県の旅館で女中として働いた[149]。

その後、検察の方は尊属殺人に該当する場合であっても、殺人罪で起訴するようになっていた。しかし、尊属殺人罪の廃止には政権与党の自民党から難色を示され、使われない条文が長い間、刑法に残る状態になっていた。そして、その他の尊属関係の罪、例えば尊属傷害致死罪などは、合憲とする見解を最高裁判所は崩さなかった。尊属殺人罪も法定刑を下げれば合憲になったのではないか、とも言われている。

平成7（1995）年になって、刑法の口語化にあわせ尊属殺人罪をはじめとする尊属加重規定は全面的に削除されたのである。この時に国会で、法務省刑事局長は次のように答弁をしている[150]。「昭和48年の判決から22年間にわたる裁判の実務の結果の考察により、重かるべきは重く、軽かるべきは軽くという、まさに事案に即した量刑が一般の殺人罪の規定の法定刑の枠内で行われている」。尊属殺人罪がなくても、殺人罪の法定刑の枠の中でも適正妥当な量刑が行われてきているということが、行政の立場からも認められたのである。

フランスでは女性が生殖の支配者？

避妊ピルを合法化した昭和42（1967）年の薬事法改正は、男女の関係のみならず親子関係をも根本的に変えることになった。女性が生殖をコントロールすることにより、生殖は、少なくとも女性にとっては熟慮された意志の結果になる。つまり、子どもは「予定されるもの」、「望まれるもの」になるのである。ピルの登場によって、子作りは協議の上での行動になり、しかも最終的には女性の

149　yabusaka.moo.jp/yaita.html（2015/12/02閲覧）。
150　詳細については、https//www.sonoda-uac.jp/tosyo/ronbnsyu/.../123-139.PDF参照。

110

決定に依存する行動となる。避妊ピルによる女性自身の身体のコントロールが確実になったと同時に、妊娠した女性は「母になる、ならないの決定権」をほぼ絶対的に持っている。

昭和32（1957）年以降、人工妊娠中絶が14週までは合法である。カウンセラーとの面談が定められてはいるが、成人女性についての義務はない。しかも、人工妊娠中絶手術には保険が適用される。さらに、平成16（2004）年からは、経口薬を使った医療中絶が自宅で可能になったのである。

男性はこれらの女性の決定に対して、事実上は別として法的には一切コントロールを及ぼすことが出来ない。逆に、自分が望まなくても、男性には父子関係が強制的に設定され得るのであり、そこから生じる義務を免れることは出来ない。現実はそれほど単純ではないにしろ、法的には生殖に関して女性が「主権者」である。

しかし、男性に代わることによって、女性が生殖の支配者になり、男性が消えるわけではない。男性の参加は、より熟考されたものになり、彼らも妊娠初期から出産まで様々な形でかかわろうとしている[151]。

3-5　戸籍が作る婚外子差別

明治31（1898）年の明治民法は、家督相続の家督相続人の順位について定めている。まず、①親等の近さ、次に②男子、③嫡出子、④年長者優先の原則。親等の等しい卑属が複数ある場合は、①嫡出男子、②庶男子、③嫡出女子、④庶女子、⑤私生男子、⑥私生女子となる。婚外子も家督相続人になれる機会はあるが、その前提として被相続人の家族でなければならず、そのためには、戸主の同意を得てその家に入る必要があった。父の家に入るには、父の認知と戸主の同意が必要であった。母の家に入るには父の家に入ることができない場合に於いて、戸主の同意が必要となる。これらの婚外子相続分差別の理由は、家

151　斉藤、2012、96〜97頁。

第3章　玉虫色の親権と「婚外子の戸籍」の問題

制度維持と戸主による家族のコントロール強化のためであった[152]。

明治23(1890)年の民法財産取得編第313条の遺産相続について、嫡出子、庶子、私生子の区別せずとする「家族ノ財産ハ其家族ト家ヲ同フスル卑属デ親之ヲ相続シ、卑属親ナキトキハ配偶者之ヲ相続シ、配偶者ナキトキハ戸主之ヲ相続ス」という草案で纏まっていた。しかし、梅謙二郎と穂積八束の民法典大論争による、穂積の「民法出デテ忠孝亡ブ」で延期派の勝利により施行延期となり、新しく民法編纂をし直すことになったのである。明治31(1898)年に施行された民法は、百年以上の時を経て今もなお「婚外子差別」として存在する。

最高裁大法廷は平成25 (2013) 年9月4日、婚外子の相続格差を定めた民法の規定を違憲と断じた。ただ、国会議員の反対で、法改正は何度も頓挫した経緯があり「すんなりいくとは限らない」という見方が法務省や専門家達の間にある。「一夫一婦制」「法律婚主義」[153] を民法は担保しているので、民法第772条の推定が及ばず、前夫の子としない。民法第900条第4号法定相続分の規定による差別は、憲法第14条1項に反するという違憲判断である[154]。

菊田昇医師によると「戸籍が汚れる」という理由で、女の人が自分の戸籍に婚外子を産んだことが全部残るのを恐れて中絶をしてしまう。しかも、中絶の比率は婚内子の100倍以上であるという。このことは、少子減少の原因の一つでもある。人為的に婚外子が産まれないように社会の壁を作っている戸籍制度には問題がある。

日本女性が結婚しないで子どもを産むことが、フランスに比べて著しく少ない背景には、日本社会に出産＝婚姻という意識・規範が根強く残っているからであり、それを下支えする法制度があるからである。日本においても家族を巡る現実は変化し、女性のライフスタイルも家族の形態も多様化している。このような現実を踏まえたとき、家族に関する法制度はどうあるべきか。

152　二宮、2013、21頁。
153　一定の法律上の手続きを経て正式な結婚とする日本の制度。事実婚と比べて優遇されているが、場合によっては適切なのか議論されている。
154　osumilaw.com/souzoku013/（2013/11/20 閲覧）。

図 3-5-1 婚外子（非嫡出子）割合の推移

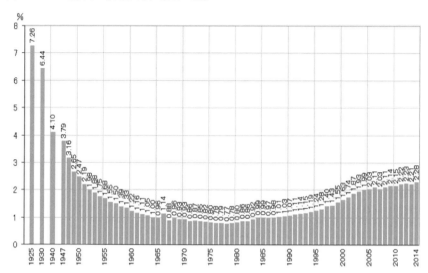

（注）全出生数に占める嫡出でない子の割合の推移
（資料）人口動態統計（厚生労働省の指標臨時増刊少子化に関連する統計集ほか）

　昭和47（1972）年3月、大阪地裁堺支部の「竹内判決」は「我が子を返せ（人身保護請求）」[155]という声を退けた判決である。未婚の母から子どもを取り上げたことを正当化した判決であった。「いわゆる私生児は不幸になることが予想される。にもかかわらず、子を産んだということは、子に対する真の愛情の存在について疑問である」ということなのである。婚外子に対するこの判決は、未婚の母から子どもを取り上げたことを正当化したものであった。婚外子に対する差別は民法相続分等、法が差別を支えており、法務省の人権擁護局に相談に行っても、「そんなの差別でもない」と追い返されている。70年代に入ってから女性も経済的自立と共に精神的自立への道を探り始め、「婚外子」差別の不当な法のありかたに疑問を持ち始めたのである。結婚とは、子どもの帰属（特定の組織体などに所属し、従うこと）を決めるための制度である。男に所属した女が産む

155　不当に奪われた人身の自由を回復することを目的に制定された法律。

第3章　玉虫色の親権と「婚外子の戸籍」の問題

子どもだけが、「正しい生まれ」とされ、男に所属しない女と子どもは、婚外子として差別される。生まれ方によって、子どもの処遇や権利に違いがあるのはおかしい、と子どもの権利条約[156]は主張している[157]。

　明治維新前の戸籍は居住関係の登録として始まったので、外国人の排除を目的としたものではなかった。当時の日本にはすでに多くの異民族が暮らしており、「日本人」という定義そのものが存在していなかったし、国籍法も国籍という概念も存在していなかったのである。

　戸籍は、長崎の出島やその他、開港地の外国人居留地といった「特殊住所地」に暮らす「外国人」を除き、すべての「日本居住者」を登録対象者としていたからである。その中には九州その他の地方で固有の民族性を保持して暮らしていた朝鮮民族や漢民族も含まれていた。戸籍では彼らを「日本居住者」として登録し、明治32 (1899) 年に国籍法が誕生する以前は「日本人たる分限（資格のこと）を持つ者」と呼ばれていた。その後、戸籍が日本国籍者の台帳に変質したため彼らも「日本人」になった。戸籍には「大和民族の日本人」だけが登録されていたのではなかったのである。

　その後も戸籍は、初期の登録者の系譜、つまり彼らの子孫を「日本国籍者」として記録し続けた。であるからして、当時から現在に至るまで、戸籍にその系譜が登録されているとしても「大和民族」であるとは限らない。したがって「日本人」が必ずしも「日本民族」であるとは言えないのである。

　明治政府は5年毎の一斉調査をする力がなく、届出制に舵を切ったために、届出を促す強制力が必要になった。そこで、太政官布告の前文で「戸籍に就かなければ外国人扱いにして、日本人として保護しない」と届出の強制をしたのである。この強制力は、外国人差別というより日本人を差別し、日本人でありながら、戸籍のない者や戸籍が持てない者を「二級国民」、あるいは「非国民」と蔑む風潮を作った。そのうち、戸籍は外国人を差別しながら平等化しないこ

156　18才未満を「児童」として定義し、世界中のすべての子どもたちが持っている「権利」について定めた条文。
157　上野、2004、3頁。

とによって、日本人に届出の有難さを植え付けたのである。

「江戸時代には、日本において私生児という概念も、差別する習慣もなかった」と明治政府による全国の習慣の調査の中に記載している[158]。この後に、法による「私生児」に対する排除・差別が作り出された。法がその差異を確定し、戸籍がそれを登録・公示し、軍・警察が監視し、学校がそれを教えた。その結果「私生児」という社会的に嫌悪の対象とされる差別語が生まれたのである。このような概念が形成される大きな要因となったのが、特に軍の存在であった。軍人は正しい婚姻の励行者として国民の範と位置づけられた。これらのことは、戸籍を徴兵台帳として利用しようとする軍の意向に沿ったものであった。

「家」を形成・発展させ、正しい結婚を求める社会の流れに反する「私生児」は、当然に差別される。そこで、人々は差別がおきないように、自ら届出婚を望むようになったのである。こうして、社会的営みに過ぎなかった結婚は国家的な公事と認識され、婚姻届をしていなかった親も、子が生まれると婚姻届を出し、子を嫡出子として登録するようになったのである。それによって、戸主による「家」支配をし、戸主の力で徴兵を確実にすることであった。そして、「家」の名誉のために、皇軍に我が子の命を差し出したのである[159]。

3-6 「非嫡出子」

「非嫡出子」とは民法第900条4号但し書きから法定相続分差別として、相続分は嫡出子の二分の一と差別されている。この二分の一の相続に対して、法律婚と非嫡出子の保護にあるので合理的根拠があるとして、憲法第14条の法の下の平等に違反しないとした。このことはモデルとして示される家族像に適合し登録した者は、保護される実態や中身があるものと推定され全面的に保護されるということである。登録されない者は一部保護だけとなる。平成25 (2013)

158　姉家督という相続形態がとられた社会的条件のひとつである農家労働力の早期の調達の必要性から編纂された。『全国民事慣例類集』、1880年。
159　佐藤、2002、92 〜 102頁。

第3章 玉虫色の親権と「婚外子の戸籍」の問題

年に最高裁大法廷は、婚外子の相続分差別規定は憲法第14条1項「法の下の平等」に違反し、違憲・無効とする初判断を示した。ただ、過去に決着済みの相続には、今回の判断は適用されないとした。「民法の相続規定」で婚外子の相続格差を認めた民法第900条4号の但し書き、この規定は110年以上前の明治民法で制定され、戦後の民法でもそのまま引き継がれた。平成7（1995）年の大法廷決定では「法律婚の尊重と、婚外子の保護の目的があり、著しく不合理とは言えない」として合憲としていた。今回の決定は「立法府の裁量権を考慮しても、相続格差に合理的な理由がなければ違憲となる」との判断基準を示した[160]。

　ちなみに、法律を違憲とした過去の最高裁の判断（2015年現在）は、次の8例である。すなわち、①刑法、「尊属殺人規定」（1973年）、②薬事法、「距離制限規定」（1975年）、③公職選挙法、「衆院定数配分規定」（1976年）、④公職選挙法、「衆院定数配分規定」（1985年）、⑤森林法、「分割制限規定」（1987年）、⑥郵便法、「国賠免責規定」（2002年）、⑦公職選挙法、「在外邦人選挙権制限規定」（2005年）、⑧国籍法、「婚外子国籍取得制限規定」（2008年）がある。

　婚外子差別の違憲判断は示されたが、直ちに法律の条文が無効となるわけではない。最高裁の判断はあくまでも裁判の当事者に対するものであり、それ以外の人には直接適用されない。しかし、法律などが憲法に適合しているかどうかについては、最終的な審査権限を持っている最高裁の判断を立法府は尊重しなければならない。従って、違憲状態を解消するには法改正が必要になる。

　最高裁が違憲とした判断は上記の8例がある。例えば、薬局を新設するには既存の薬局と一定の距離を置く必要があるとした薬事法の規定がある。この規定は「職業選択の自由」に反するとして昭和51（1975）年に違憲判決が出て、同年法改正で削除されている。

　自分の父母らを殺した場合に適用されていた「尊属殺」の規定については、法定刑が死刑と無期懲役に限られていて、通常の殺人罪より重いのは「法の下の平等」に反するとして、昭和48（1973）年に違憲判決が出た。刑法のこの規

160　平成25（2013）年9月5日、読売新聞（朝刊）より引用。

定は 22 年後の平成 7（1995）年の法改正で削除されている。当時の与党の間で
は「父母らに対する尊敬の念が薄くなる」と、規定の削除に慎重であった。また、
検察が尊属殺では起訴しなくなり、不都合が生じなかったこともあり、この規
定は長い間そのままの状態にあった。違憲判決の 8 例のうちの 3 例は公職選挙
法が占めている。国会議員のための法改正は迅速に行われるのである。

婚外子に対する差別法制度
・出生届で、「婚外子・嫡出子」にチェックさせられる。
・戸籍の続柄で、婚外子と一目でわかる差別記載がされている。
・戸籍の父母との続柄欄で、法律上の親子関係の有無に関わらず、婚外子は母の
　みとの続柄とされ、父母との続柄が記載されない。これは、戸籍法に違反し
　ている。
　　　＊戸籍法第 13 条では、「実父母との続柄」と規定されている。
・父の認知がない場合、戸籍の父欄は空白に（一目で父の認知がないと明らかになる）。
　　　＊一目でわかるような戸籍の記載方法や編成方式に起因する。
・婚外子の母が、その子の父以外の男性と婚姻し、その男性が婚外子と養子縁組
　する場合、その子の母は、実子であるにもかかわらず、その子との養子縁組
　を強制される（民法第 795 条）。
　　　＊何故、実子と養子縁組しなければならないのか。
・父の氏に変更できない（父に法律上の妻があり、同じ戸籍に入ることに当の妻が反対
　した場合）。
　　　＊戸籍が家族登録の形態を取っていることが原因であり、個人の登録制度
　　　にすれば、父の妻の許可は不要となる。
・家族登録簿としての戸籍編成による差別（母子家庭、非婚家族と一目でわかる）。
　　　＊戸籍の編製方式そのものが差別を生み出す。
・母は出生届を「母」として届けられるが、父は「同居人」としてしか届けられない。
　しかも、同居していなければ、届出することもできない。
・子の氏は母の氏。父の氏に変えるには家族の許可が必要。

第 3 章　玉虫色の親権と「婚外子の戸籍」の問題

・子の親権は父母の共同親権ではなく、母のみの親権である。

・「嫡出でない」との差別用語が民法・戸籍法で使用されている。

・嫡出概念が民法で維持されている。

・税制で婚姻中に夫と死別した場合や婚姻後離別した場合には一定の条件のもと
　で寡婦控除が適用され、税額が少なくなるが、非婚母（父）子には寡婦（夫）
　控除の適用がないため、支払う税額も多くなり、それにより保育料などの額
　も多くなるなど経済的負担が増え、困窮化する[161]。

　平成 25（2013）年 9 月の最高裁違憲判決を受け、同年 12 月に民法の婚外子
差別が廃止された。しかし、婚外子差別の源であった相続差別が廃止されても、出
生届や戸籍の続柄差別記載などの差別法制度は依然として、今も維持されている。

　子は長い歴史過程の中で、いつも一方的な差別と抑圧を受けてきた。自ら何
一つ選び取ることは出来ず、この先住者の社会に生まれてきた。しかし子が子
であるだけではこの社会の成員権は手に出来ない。この成員権とは先住者の社
会が指定し、押し付ける身分のことである。新生児に与えられる最初の身分は
日本国民としての国籍であり、親子関係の社会的規定（親権と親族制度の諸権利義
務が発生する）及び、性別（性差別の制度が存在し、生物学的性差が出生と同時に決定
する）、そして嫡出、非嫡出の別がある。

　これらの全てが、日本国では戸籍を通じた身分差別として現れる。民法が基
本的な差別規定をし、戸籍がこれを公示して、差別社会の便宜に役立てるので
ある。身分については、社会総体にかけられる差別ではなく、新生児（自立する
までの子）に向けられて、嫡出子か非嫡出子かということなのである。M・ウェー
バーによれば、歴史上にこの差別が登場したのは、家父長制下にある婚姻制度
の中で、相続財産を妾の子にとられまいとする妻方の有力家族の要求で、正妻
権を持参金によって買い取ることから始まったのである。正妻権は子が相続す
るまでの質札で、狙いは嫡子の祖父として実権を握ることにある。婚姻制度は、
家父長制に貫かれた差別制度なのである[162]。

161　田中、2013、7 頁。
162　佐藤、1995、165 頁。

旧民法は支配者の願望をそのまま反映し、「家制度」は妾の存在を認めた上で、これと対をなす正妻権保障用の婚姻制度を整備した。「私生児」という呼称は、戦後民法や戸籍から姿を消したが、「私生子」や「非嫡出子」を差別する意識は、正妻権保障用の婚姻制度が普及するに従い、逆に強まっていった。長男・次男……といった呼び方が差別というのは理解されやすいのにも係わらず、依然として戦後もそれは、残っている。

法務省民事局第2課長阿川清道氏によると「家督相続制度を廃止した戦後のもとでは長、二、三、という数え方のいかんは法律上問題となるものではない。それは男女の別及び嫡出子か非嫡出子かの別について露骨な表現を避けて、これを簡潔に明らかにする点においてのみ意義がある」。言い換えれば、「兄弟間には差別はないのであって、非嫡出子を差別することが目的なのであるから気にするな」ということなのである。「私生子」とは、「公に認められない子」であり、「非嫡出子」とは男に主体性を売り渡した女から生まれた子ではない子ということになる。「嫡」という文字は、何かに属することであり、誰かに主体性を預けることを意味している。日本は昭和17（1942）年、「私生子」を差別語として追放しておきながら、代わりに「嫡」という差別語を持ち込んだのである[163]。

法務省交渉報告　「なくそう婚外子の会代表田中須美子質問」（2015年1月27日）
平成26（2014）年3月24日の法務省との交渉によると、「続き柄で長幼の序列は必要なのか」の質問に、「法律上は必要ない」と認めた。そこで、「法律上必要ないのであれば、序列式の記載は廃止すれば良いのではないか」と質問すると、法務省は「必要不可欠でないものでも戸籍に載せている。法律に規定されているものしか絶対に載せてはいけないということではない」と回答している[164]。

平成27（2015）年1月27日の法務省との再交渉による質問から、①「昨年、戸籍続き柄の長幼は法律上必要ないとの回答であったが、事務処理上は必要か」

163　佐藤、1995、148～166頁。
164　田中、2015、8頁。

第3章 玉虫色の親権と「婚外子の戸籍」の問題

の質問に、法務省の今回は見解を変えて、以下のように回答した。すなわち、「法律上必要かについては、民法には規定はないが、戸籍法独自の規定である。戸籍法第13条で求められていて、施行規則のひな形に規定されている。規則も法令である。戸籍法違反かどうかは裁判で判断されることだ」また、「事務処理上必要かどうかは明らかではない」ということである、②「婚外子には父母との続き柄は記載されないのは戸籍法違反ではないか」という質問については、「戸籍法第13条における続き柄は「実父母との続き柄」と規定されているが、通達では婚外子については母との関係のみにより「長女、次女」と記載するとしている。「下記例1、例2の場合のように、婚外子には父との続き柄は記載されないが、これは戸籍法違反ではないのか」と質問した。

　（例1）非婚シングルで一人目の娘を出産したら、続き柄は「長女」として記載される。その後、事実婚で娘を出産（父は胎児認知をしている）、続き柄は「次女」として記載される。
　この「次女」は、母にとっては二番目の女の子であるが、父母にとっては初めての子であるから、戸籍法では「長女」となるはずである。しかし、婚外子は、法律上父が確定しているか否かにかかわらず、実父母との続き柄ではなく、母だけとの続き柄とされて、戸籍の続き柄は「次女」となる。しかし、結婚していると、離婚・再婚を繰り返すこともあり、その度に娘が生まれた場合、「長女」と記載される。再婚した夫婦にとっては初めての娘だから、「長女」と記載されるのは戸籍法上間違ってはいない。ところが、胎児認知や認知をして法律上の親子関係があっても、婚外子には戸籍が規定する「実父母との続き柄」は記載されないのである。

　（例2）結婚して娘を出産し、続き柄は長女と記載される。その後、ペーパー離婚をして、今度は事実婚で二人目の娘を出産した。父が胎児認知をしても、認知をしても、続き柄は「長女」と記載される。
　結婚している夫婦が離婚し、また同じ夫婦が再婚した場合、再婚後に生まれ

120

た娘は「長女」でなく「次女」であるはずである。非婚の場合には、母だけの
基準であるから「長女」とされるが、戸籍法の規定では「父母との続き柄」として、
本来は「次女」でなければならないのではないか。結婚している夫婦の子どもは、
戸籍法の規定どおり実父母との続き柄が記載される。しかし、結婚していない
男女の子どもは、実父母との続き柄は記載されない。これは、戸籍法違反であり、
差別ではないか。

　「認知されていない場合、法律上の父はいないので実母との続き柄になる。こ
れはやむを得ないことだし、胎児認知や認知を受けているのは例外でもやはり、
これによって直すことにしたら、事務が煩雑になり、出来ない」というのが法
務省の回答なのである。

　認知や胎児認知された婚外子は例外とみなされ、実父母との続き柄を保障す
ることは、法務省にはない。民法も戸籍法も求めていない長幼の序列を、無理
に維持しようとするため、矛盾がおきて法違反になる。「子どもは皆平等」の視
点から、続き柄を考え直すか、続き柄を無くすしか方法はないのではないか[165]。

3-7　戸籍による「子どもの不利益」の発生

　民法第750条の夫婦同氏制度の組み合わせによって、戸籍が標準とする形は
「夫婦及びその間の子」という家族形態になる。そして婚氏として選ばれた氏を
有する配偶者が戸籍筆頭者となり、他方の配偶者が二番目に入る。そして、子
どもは生まれた順には入っていく。ほとんどの夫婦は夫の氏を選択しているから、
実際には夫が筆頭者となり妻がその横に名前だけ記載される。伝統的家族、近代
家族等と呼ばれる家族形態が目に見えるように配置されることになる。しかもそ
れは、結婚は一回だけの日本人どうしの夫婦を標準にしているといえる。

　戸籍が家族形態の標準モデルをつくることによって、そうでない家族形態を
とる人の戸籍が、一見して、いびつな形に見えるような結果を招くことになる。

165　田中、2015、8〜9頁。

第3章 玉虫色の親権と「婚外子の戸籍」の問題

非嫡出子、養子、両親の一方が外国人である子ども等、そして、まだ世に知られていない「ひとり戸籍の幼児」の戸籍は、例外的な扱いとなり、それが他人の目に見えることによって、様々な不利益をもたらす。

　女性が結婚、離婚、再婚を繰り返すと、夫の氏を選んで結婚している限り、女性はその都度、戸籍に入る、出る、また入るを繰り返し、氏の変動を繰り返す。女性が従たる位置にあることが、戸籍の移動を通して目に見える。離婚後の未成年者の親権者は八割近くが母親である。子どもの戸籍は女性以上に、大人に従属した形で移動せざるを得ない。離婚をするとまず、子の母親のみが先に新しい戸籍に移る。離婚時に父親の戸籍に入っていた子は、家庭裁判所で母親の氏への変更許可（民法第791条1項）を得て、母親に少し遅れて母親の戸籍に移る。母親が再婚し二度目の夫の姓を名乗ると、母子一緒の戸籍からまず、母親のみが出て再婚の夫の戸籍に入る。もとの戸籍には子どもだけが残される。子どもが小さい場合、母親の改姓にともない子どもの姓も再度変更する。子どもは再度家庭裁判所の許可を得て母親の氏に変更し、母親の再婚相手の戸籍に入る。母親に少し遅れて、子どもは従属して転々と移るのである。親の戸籍の移動に一歩遅れて、親の変動に合わせて、その都度裁判所で許可をとらなければならないという仕組みは、実際の家族の現状には合わなくなっている。もともと無用な裁判所のチェックを、民法は子の氏の変更の条件にしている。

3-8　海外の婚姻のあり方

　かつて、日本にはヨーロッパにおけるような嫡出子という考え方は存在しなかった。しかし、明治8（1875）年太政官布達第209号による法律婚主義から「嫡出子」という言葉ができた。今日のようにDNA鑑定などの科学的技術が発達していなかった時代に婚姻という既成事実を父子関係確定の証拠としたものが嫡出推定制度である。これらの制度が子どもの差別を生みだしている。以下では、いくつかの国における親子法を中心に見たい。

① イギリス

キリスト教の影響で嫡出子と非嫡出子に分けられていた。コモンローでは、非嫡出子に対して二つの基本原則があった。一つに非嫡出子は誰の子でもない「the child of no one」ので、氏を取得しないでどの家庭にも帰属せず、親子関係は成立しない。もう一つは、「the child of populace」で非嫡出子は教区の子ども、社会の子どもとされ、その共同体（教区）が子どもの扶養、保護、監督の義務を負った。そこでは、実の親子関係は一切拒絶されていた[166]。

1987年の家族法改正法により妻が婚姻中に出生した子は、夫の子と推定する。子の出生登録時に父親と申請し、記載された者が父親と推定される。戸籍制度はなく個人単位の身分登録制度であり、嫡出子、非嫡出子の区別は、なくなった。

② フランス

婚姻中に妻が妊娠した子は夫の子と推定し、子の妊娠時期が子の出生前300日から180日までに婚姻と重複すれば、原則は婚姻していた夫を父親と推定する。ただし、離婚や別居があれば、父親推定は排除される。別居から300日を越えて出生した時は、子の出生簿に夫は記載されない。離婚や別居中に子が出生したときは、前夫の子としてではなく、後夫の子として推定される（フランス民法第312条）。フランス民法典は、フランスの私法の一般を定めた法典である。ナポレオン・ボナパルトが制定に深く関わっている経緯からナポレオン法ともいう。

戸籍制度はなく個人単位の身分証書制度だが、欄外で家族関係を示している。1970年には非嫡出子に嫡出子と同等の権利があたえられた。2005年には嫡出子、非嫡出子の区別を廃止。子は父母との関係で平等、真実、安定の三原則に基づき扱われる。フランス民法第322条は、子どもの出生証書に嫡出子と記載されている親子関係と一致していれば親子関係を争えないと規定している[167]。

166　釜田、1980、234頁。
167　松川、2001、30頁。

第 3 章　玉虫色の親権と「婚外子の戸籍」の問題

　また、身分占有でも証明される。しかし、出生証書の父欄に夫の名が記入されていない場合は、嫡出推定が適用されない。したがって、母は出生証書で嫡出推定を自由に排除できる。

③ ドイツ

　1998 年の「親子法」（ドイツ民法典 BGB）の法改正で嫡出子、非嫡出子という概念がなくなり、嫡出推定や嫡出否認という概念も廃止された。また、形式的な父性推定に制限が加えられた[168]。

　しかし、出生時に父母が離婚していたとき離婚後 1 年以内に第三者が父子関係を承認したときは、推定は及ばない。また、離婚した前の夫が父親なら、前の夫の承認か裁判所の確認が必要になる。戸籍制度はないが、個人単位の身分登録簿があり、家族手帳で家族関係がわかる。

④ アメリカ

　2002 年の「親子関係法」（Uniform Parentage Act）はこれを採用するか否かは、各州の意思に委ねられている[169]。父母の婚姻中に生まれた子、婚姻の解消から 300 日以内に生まれた子、子の出生後に父母が離婚した場合にはその夫が父と推定される。また、父子関係を自発的に承認したり、出生証明に父と記載されているとき、2 年間子と認め公然と同居してきたとき、その者は父と推定される。父子関係を否認できるのは、父（父と推定される者）、母、であり、子の出生から 2 年以内に提起できる（同第 605 条）。

　しかし、アメリカの家族法は州法で規定されており、一般的には、イギリスのコモンローを継受している。戸籍制度はなく個人単位の身分登録制である。嫡出子、非嫡出子の区別も撤廃している。離婚に 1 年以上の別居が必要なため再婚禁止期間もない。

168　岩志、1998、5 頁。
169　中村、2007、35 頁。

3-8 海外の婚姻のあり方

⑤ 台湾

　婚姻関係により生まれた子は、子の出生の日からさかのぼって、181 日から 302 日までを受胎期間とする。そして、妻の受胎が婚姻関係の存続中であれば、生まれた子は夫の子と推定する（中華民国民法、第 1061 条〜 1063 条）と規定しているが、2005 年 1 月国民党政権が破れ、戸籍制度は、運用停止になっている[170]。

⑥ 韓国

　2005 年 2 月 3 日憲法裁判所は、第 778 条(戸主の定義)、第 781 条 1 項(子の入籍・姓) 第 826 条 3 項本文 (妻の夫家への入籍) がその根拠と骨組となっている戸主制は、婚姻および家族生活において個人の尊厳と両性の平等を規定した憲法第 36 条第 1 項に違反するとし離婚から 300 日以内に生まれた子は、離婚した夫の子と推定されるが、嫡出否認の訴の提訴権者を夫だけでなく妻にまで拡大し (民法第 846 条)、提訴期間は嫡出否認を知った日から 2 年まで延長した (民法第 847 条)。戸主制度が廃止され、個人単位の身分登録制度を、2008 年 1 月 1 日から施行している[171]。

⑦ 中国

　中国の戸籍制度は、各戸ごとに住民登録をとり、住民登録機能を主として、身分関係については、ほとんど機能していない。

　戸籍登録は個人単位であり、戸籍は常駐地と連結しており、戸籍は農村から都市への人口移動を遮断する機能を果している[172]。

⑧ 日本

　明治 31（1898）年に戸籍法が施行され今日に至っている。民法第 772 条 2 項

170　黄、1993、2 頁。
171　趙、2007、86 頁。
172　田、2005、67 頁。

第 3 章　玉虫色の親権と「婚外子の戸籍」の問題

は離婚後 300 日以内に誕生した子は、前夫の子と推定している。（ここに無戸籍の子が生まれる原因がある）。また、民法第 900 条 4 号但し書きによる非嫡出子の差別がある。

欧米の親子法の比較

　ドイツでは、父子関係に推定規定を残しているが、嫡出・非嫡出の制度を廃止した。子の地位は父母の婚姻によって決定されるべきでなく、子の側から父母の結合形態を表現すれば、よいのである。夫婦であるか、ないかの言葉に代わったことに意義がある。

　他方、フランスでは、身分占有という独自の理論から親子の実態（出生証明書が必要）があれば嫡出推定が働く。ＤＮＡ鑑定や訴訟等で親子関係を否定できない。守るべき親子関係には、生物学上の真実さえ認めないのである。出生届の父欄を空欄にすれば父子関係は確定しない。嫡出推定制度を維持しつつ科学証明には、裁判所がコントロールしている。

　その上、アメリカでは、2002 年の親子関係法は、あくまでもモデルケースであり、家族法は各州に委ねている。出生証明書に「父」と記入されていれば、父子関係が確定する。また、イギリスでも、出生証明書に「父」と記入されていれば、父子関係が確定する。

　欧米型身分制度では、近親結婚になる危険性がある。生まれてから別々の家庭に養子に出された双子の男女が、その事実を知らずに結婚していた。裁判所は、近親結婚になるので無効と判断した。実の親は誰なのか、子どもの知る権利が問われた[173]。

　他方、日本の戸籍制度は、①夫婦およびこれと氏を同じくする子ごとに編製するという、家単位の登録制度になっている、②外国人には戸籍への登録が認められない、③個人の親族関係を無限に追跡できる、④個人の一生の居住関係の変遷を追跡できる、⑤個人の一生の身分関係の変遷を追跡できる、⑥戸籍の

173　平成 20（2008）年 1 月 13 日、朝日新聞、「身分登録のデメリット」より引用。

公開が原則とされていたためにプライバシーの侵害が起きた[174]。

他方、日本の親子法による差別は、①嫡出推定制度（民法第772条）は、妻が婚姻中に懐胎した子は夫の子と推定し、婚姻成立の日から200日後又は婚姻の解消若しくは取り消し日から300日以内にうまれた子は、婚姻により懐胎したものと推定すると規定している。ここに無戸籍の子が生まれる原因がある、②嫡出子と非嫡出子の差別（民法第900条4号但し書き）から非嫡出子の法定相続分差別（非嫡出子は相続分が嫡出子の2分の1）で、この2分の1の相続に対して、法律婚と非嫡出子の保護にあるので合理的根拠があるとして、憲法第14条の法の下の平等に違反しないとした[175]。このことは、モデルとして示される家族像に適合し登録した者は、保護される実態や中身があるものと推定され全面的に保護されるということである。そして、登録されない者は一部保護ということになる。

親子に関する法律は、親の子に対する責任や義務を規定するものと位置づけられ、子の利益を主体に考えている。民法第820条でも、「親権を行う者は、子の監護及び教育をする権利を有し、義務を負う」と規定している。そして、責任や義務を課す以上、法律上の親子関係が存在することが前提となる。その法律上の親子関係には、血縁（血のつながり）に基づく実親子と、親子関係を作る意思に基づく養親子がある。問題は、実親子に関する現行制度には父子と母子、婚内子と婚外子の間に取り扱いの違いがあることである[176]。

母子の場合は、分娩の事実から血縁が明らかになるので、法律上の親子関係も分娩の事実により発生するとされる。民法によれば、婚外子も母が認知することができるとしている（民法第779条）が、婚外子と母の法律上の親子関係について、最高裁は、「原則として、母の認知を待たず、分娩の事実により当然に発生する」と解釈している[177]。

174　二宮、2006、25頁。
175　最高裁判決、H16年10月14日。
176　二宮、2010、106頁。
177　最高裁判決、1962年4月27日。

第3章　玉虫色の親権と「婚外子の戸籍」の問題

　父子の場合は、母子と異なり、事実によって血縁を明らかにすることが難しい。そこで民法は、妻が婚姻中に妊娠した子については、夫の子と推定し、そうでない子については、父が認知することによって法律上の親子関係を認めることにした。現在では、遺伝子鑑定（ＤＮＡ鑑定）をすれば、血縁の有無を明らかにすることができるが、すべての子について鑑定を実施しなければ、法律上親子関係が発生しないとするのでは、費用も手続きもかかって合理的ではない。

　推定制度について、民法は、「妻が婚姻中に懐胎した子は、夫の子と推定する」と規定する（民法第772条1項）。この規定は、父親を推定する意味と、妻が婚姻中に懐胎した子に「嫡出子」としての地位を付与する意味とがある。この二重の意味を示すために、民法第772条の推定規定を「嫡出推定」とよぶ。

世界の非嫡出子廃止の流れ

　西欧では婚姻にこだわることなく子を産んでいる。非嫡出子の割合が日本と比較して非常に高い。これは、フランスの「パックス」やスウェーデンの「サムボ」のように、事実婚が婚姻に準ずる制度として確立されており、子は嫡出子と差別されることなく、社会で認められ保護されているからである。

　家族法の母国法であるフランス法は非嫡出子を廃止した。西欧の国では家族法の改革が行われ非嫡出子廃止の流れは止まらない。日本においても嫡出制度の見直しが必要である。フランスでは何故婚外子の出生率が高いのか。また、日本では何故、婚外子がすくないのか、である。それは、経済的なものと道徳的なものがある。まず、シングルマザーは経済的にやっていけない。不十分な社会保障、社会政策、男女間の賃金格差、労働市場での不利な立場等、日本のシングルマザーには経済的困難が付き纏う。その上、結婚しないで子どもを持つことを差別する社会的な偏見が存在する。

　結婚しないで子どもを産む女性、いわゆる「シングルマザー」が、生計をともにするパートナーのいない「真性シングルマザー」であるとは限らない。フランスでは、母親が法的に結婚していないだけで、子どもの父親とともに事実上の核家族を形成していることが珍しくない。

128

3-8 海外の婚姻のあり方

　日本人にはこのことが、良く解らないのである。このような状況に接して、「子どもの父親と良好なのに、何故結婚しないのか」と不思議に思うのである。つまり、良好な関係にある男女は子育てのために結婚するものなのだ、という道徳的前提がある。フランスでは、そのような道徳的前提が、婚外子の多さの前に崩れ去ったのである。法律の面でもそのような道徳の崩壊を裏付ける証拠がいくつもある。つまり、「子を産み育てるために、何故結婚するのか」ということなのである。結婚することなく、すなわち夫の経済的庇護をあてにすることなく、子どもを産み育てることが出来る社会的条件や家族政策があるからである。

表　3-8-1　世界各国の婚外子割合

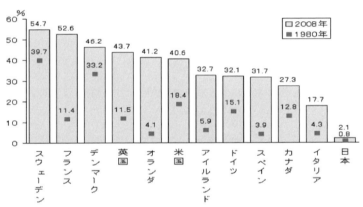

（注）未婚の母など結婚していない母親からの出生数が全出生数に占める割合である。
　　ドイツの 1980 年は 1991 年のデータである。2008 年について英国、アイルランドは 2006 年、カナダ、イタリアは 2007 年のデータである。
（資料）米国商務省、Statistical of the United States 2011
　　日本：厚生労働省「人口動態統計」

　日本と大きく異なる点として、親子関係を規制する法とカップルの関係を規制する法が分離されていることである。分離の現れとして、パックス、子どもの平等、親権、養育費の取り立て等がある。この「パックス」とは、二人の人が相手の性別を問わずに結ぶ共同生活契約で、1999 年に法律で創設された。二人の間の共同生活の契約で、二人の間での相互扶助の仕方や財産に関する取り決めを行うことが出来る（行わなくても良い）。その契約は裁判所書記課において

第 3 章　玉虫色の親権と「婚外子の戸籍」の問題

登録する。すると、この契約は二人の間で効力を持つだけでなく、国家を含めた第三者に対しても法律で決められた効果を発揮する。パートナーも自動的に疾病保険や出産保険の受給権者になれる。所得税が二人の合計所得に課税されて、場合によっては得になり、相続税も優遇されるし、パートナーが外国人の場合には滞在資格に関しても考慮してもらえる、等である[178]。

　フランスでの離婚は手続きが大変で時間もかかるが、パックスは一方的に破棄できる。しかし、離婚に伴う特典や義務に関しては、やはり結婚の方が大きい。パックスは結婚と異なって親子の法的関係に影響がないことである。このことは結婚している夫婦には父性推定が働き、親子の結びつきがあるのに対し、パックスカップルの女性が出産しても、自動的にその相手が親になり、子どもを養子にできるわけではないのである。

　そして、幾度もの法改正を経て経済的恩恵の面では、パックスは結婚にかなり近づいており、今日では、結婚と遜色のない税法上の恩恵と簡便さが多くの異性カップルを惹き付けている。パックスを作った政治的な目論見は、それまで法外に置かれ、司法からも無視されてきた同性カップルの共同生活に法的な枠組みを与え、同性カップルを承認することであった。現在では異性カップルの利用が多くなり、異性カップルにとってのパックスは、結婚、内縁と並ぶ共同生活の方式のひとつの選択肢となっている[179]。

　人は必ず死ぬ。だからこそ、子どもを産み、そして命を繋いでいくことに、人生の大きな価値がある。結婚しているか否かによって、子どもを産む価値に変わりがないはずである。しかし、日本では、結婚し「夫に属している女性」は、子どもがいるなしにかかわらず、社会保障や税制での優遇措置を受けている。それに対して結婚しないで母親になった女性への支援はお粗末であるし、その上、婚外子差別が堂々と罷り通っている国なのである。一人で仕事と子育てを両立させるのは困難である。それでも、結婚しないで子どもを産み、育てる女

178　斉藤、2012、85頁。
179　斉藤、2012、86 〜 88頁。

130

性が日本でも増えつつある。これから、行政が彼女らに沿って社会的支援をどこまで出来るかが、男女平等の観点からも少子化対策という観点からも、重要となるのである[180]。

180 井上、2012、172頁。

第 4 章 「性同一性障害者の戸籍」と子どもの人権

4-1 多様な人間の性を考える手がかりとしての性科学に基づく三要素

多様な人間の性を現代の性科学に基づく三要素で説明すると、①身体の性②心の性（性自認）③性的欲望の対象（性的指向）が挙げられる。これらの要素は、それぞれ典型としての「女」「男」を両端におく（図4-1-1）。永い間人間は、「身体の性」と「心の性」が女か男のどちらかに一致して、それぞれ異性に性的欲望を抱くという二種類の典型的な男女に、はっきり二分されると考えられてきた（図4-1-2）。現実には、それぞれの要素において、「女」と「男」は緩やかに繋がっている（図4-1-3）。

図 4-1-1 性を考える要素

図 4-1-2 典型的な「女」「男」

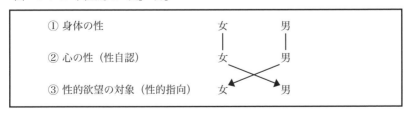

第 4 章 「性同一性障害者の戸籍」と子どもの人権

「性同一性」とは何か

「性同一性」とは gender identity の精神医学界における伝統的な訳語であり、他には、「性の自己意識」、「自己の性意識」、「性の自己認知」、「性自認」等と同じ意味として使われる。ジェンダー・アイデンティティという用語が主に使われるが、「心の性」と呼ばれる場合もある。gender identity の生みの親であるジョン・マネー[181] の定義によると、「一人の人間が男性、女性、もしくは両性として持っている個性の統一性、一貫性、持続性をいう」[182]。典型的な男性や女性では、性同一性は身体的な性別と同じである。しかし、性同一性障害では、性同一性は身体的性別とは反対になる。

図 4-1-3 三要素における多数者と少数者

① 身体の性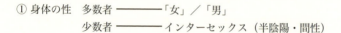

② 性自認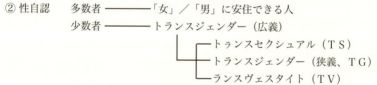

③ 性的指向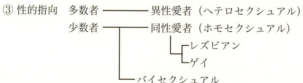

つまり、体が男性であっても、その人の性同一性は女性なのである。或いは、

---

181 性的な役割や性同一性は後天的なもので、生来のものではないと考えていた、性科学者でありジェンダー概念に貢献した最大の人物である。「人間にとって性別とは、セックスでなくジェンダーであることを明瞭に示したと、小倉千加子や上野千鶴子らに言われている。
182 針間、2011、20 頁。

体が女性であっても、その人の性同一性は男性なのである。もっとも、この性同一性という用語には一部に誤解がある。埼玉医科大学倫理委員会による「性転換治療の臨床的研究に関する審議経過と答申」（1996年7月）の中に「〈生物学的性〉[183] と〈心理・社会的性〉[184] が一致する時〈性同一性〉があるという」。そして、この記述をそのまま引用したと思われる性同一性という言葉の使い方が、非専門家によって書かれた文献に見られるが、このような記述・理解は誤りなのである。

　例えば、男性から女性へ性別移行をしようとしている人の場合は、女性としての性同一性が存在する。「生物学的性」と不一致でも性同一性がないわけではない。一致不一致の意味だけで性同一性を用いるとしたら、性同一性障害を有する者の性同一性を否定することになり、治療的意味において問題が起きる。性同一性の「同一」を「生物学的性と心理・社会的性とが同一」の意味に誤解していることから生じてくると思われる。しかし、identity の同一性とは、自己の単一性、不変性、連続性という意味において、同一なのである[185]。

性同一性障害と同性愛の違い

　性同一性障害とは、ジェンダー・アイデンティティに関することであり、同性愛は性指向に関することである、ジェンダー・アイデンティティつまり性同一性については上記で説明したので、同性愛の性指向について説明すると、性的興味、関心、魅力などを感じる性別が何処に向くかということである。

　男性が女性に、女性が男性に性指向が向けば異性愛である。男女両方に性指向が向けば両性愛である。例えば男性同性愛者は、自分を男性として認識しており、男性として男性を愛するのである。男性を愛しているからと言っても、体を女性にして、いわゆる本物の女性になりたいわけではないのである。女性の同性愛者にしても同じことなのである。

183　肉体が男か、女か、それとも両性共有かである。
184　心理社会的同一性とは自分と社会との適応的な結びつきがあるという感覚をいう。
185　針間、2011、22 ～ 23 頁。

第4章 「性同一性障害者の戸籍」と子どもの人権

　性同一性障害を抱える人の場合、一般的にはMTFでは、性的に魅力を感じる相手は、男性、女性、両性と人によって様々であり、FTMの場合には、女性に魅力を感じることが多い。しかし、どのような性指向であっても、性同一性障害なのである。MTFは自己を女性として認識し、女性として男性、女性、両性などに性的魅力を感じるのである。また、FTMも男性として、女性、時に男性や両性に性的魅力を感じるのである。

　性同一性障害は自分自身、一人だけの問題なのであり、周りに問題があるわけではない。愛する相手に関係があるわけではなく、自分自身が身体的性別に一致しなくて苦しみ続けるのが、性同一性障害者なのである。同性愛は、自分ひとりだけの問題ではなく、性的対象者となる相手との関係性の問題である。同性に惹かれば、同性愛であり、性同一性障害とは関係ないのである。現実には、同性愛なのか、性同一性障害なのか、本人も混乱する場合がある[186]。

4-2　「性同一性障害者」の戸籍

　名前を見れば、性別が分るために、GID（Gender Identity Disorder）の人の中には「改名」を希望する者も多くいたが、GIDを理由にした改名は殆ど認められなかった。しかし、1997年ごろから社会に認められはじめ、今日に至ってはGIDを理由とした改名はほぼ許可されている。

　また、戸籍の続柄の記載について、特に性別適合手術を受けたGIDの人々は「戸籍の性別を変えたい」と戸籍訂正の一斉申し立てをしたが、裁判所は「立法によって解決すべき」として平成15（2003）年裁判所は申し立てを取り下げている。

　その後、平成20（2008）年6月10日「特例法」が一部改正され、平成23（2011）年12月31日で2847人が性別変更を許可された。「戸籍法」第113条には「記載に錯誤」があった場合、記載の訂正を求めることができるとしている。以前

186　針間、2011、24 ～ 25 頁。

はこの条文を根拠に性別記載の「訂正」を求めていた。性別で人を区分けする社会にとって、性別は人を判断する基準なのである[187]。

　基本的に戸籍制度は、「続柄」で血統管理する制度であるから、親の性別は子どもの戸籍に「父・母」という形で記載される。親の性別記載が変わると、それに伴って当事者である親だけでなく、子どもにかかわる性別記載も変更しなくては整合性がとれなくなる。つまり、片方の親の名前を変更することは、同時にもう一方の親と子どもといった家族の書類の記載も変更する必要が出てくる。人を「個人」としてではなく「家族・血統」として登録・把握する「戸籍制度」の一面が出てくる。

戸籍による性別の決定と半陰陽という例外

　人間が誕生した時、日本では戸籍法第49条の規定に従って、14日以内に出生届が提出され戸籍登録される。この時、届書記載事項の最初に掲げられているのが「子の男女の別」である。それは、「長男」「次女」といった続柄として記載される。このことから、男女の別は特に重要視されている。そして、この戸籍登録の性別は一生変えることは出来ないものとされている。多くの国では、出生証明書、パスポート、健康保険証等に生物学的性＝ＳＥＸという記載事項はある。通常の戸籍の性別が判断される基準について、人間の性別は生命が誕生した時に、医師や看護師といった人々が立ち会い、外性器の様子を見て判断して決定する。将来、性交可能だと思われる男性器があって膣がなければ男、男性器がなく排尿が通常通り出来れば、膣があるものと判断されて女として登録される。

　しかし、時に外性器の形の上から見ても、性別を判定しにくい人が生まれてくることがある。立派な男性器を持ちながら膣もある人がいる。また、尿道口と膣が一体化しているケースや、陰嚢内に睾丸が降りてきていない無睾丸等もある。尿道が男性器の中を通っていない人もいる。こうした外性器的にみて、

187　土肥、2012、128頁。

第4章 「性同一性障害者の戸籍」と子どもの人権

　男女の区別のつきにくい人々を半陰陽と呼んでいる。これに内性器とXとYの性別決定遺伝子に変異のある人を含めて、インターセックスと呼び、また、そういう状態にある人々をインターセクシュアルと呼んでいる。ＩＳ（インターセックス）は、「4500人に1人とも、2000人に1人とも」言われながら、隠された問題のために正確な統計がなく、現在まで本当の発生率が明確に分かっていないのが現状である[188]。

　しかし、少なく見積もっても、日本だけでも3~6万人は存在するということなのである。こうした人の場合には、医師の診断書を提出して、戸籍の登録を保留にしておき、遺伝子検査やホルモン分泌の検査、内性器の検査等を行って、詳しい情報を得てから登録をすることも出来るようになっている。半陰陽であることを証明できた場合には、続柄を空白にしたまま届け出ることも出来るが、この空白は「遺漏」（記載漏れ）として「追完」[189]することになっている。インターセックスの人々には、思春期になると戸籍登録とは逆の性にしか見えない人々が出てくる。戸籍に登録した性別を書き替えなければ生きていけないほどの変化を示す場合があり、このような場合には「錯誤」として、性別を訂正することが出来るようになっている。それでも、こうした変更の事例として「判例時報」や「戸籍月報」といった法律の本や図書館のＣＤ－ＲＯＭに収められている数は、4か5例に過ぎない[190]。

オス・メスの定義

　ヒトの男女と生物の雌雄の本質はいったい何であるのか。また、それは普遍的なものなのであろうか。生物学的な雌雄の定義は、生物がいかに子孫を増やすかという生殖の方法から出てきた概念なのである。自然界では二つの個体がそれぞれ生殖細胞（配偶子）を出して合体させる生殖法（有性生殖）を発明した時

188　宮崎、2012、26 ～ 27頁。
189　必要な要件を欠くために効力を持たない法律行為が、あとで要件を備えて効果を生じること。
190　宮崎、2012、28頁。

から雌雄が発生したと考えられている。藻類のうち、ヒビミドロ等同じ大きさの配偶子が合体して子孫をつくる場合の生殖方法を同形配偶子接合といい、この配偶子はどちらが雄とも雌とも言えないが、藻類のアオサのように異なる大きさの配偶子が接合する場合、大きな配偶子（動きが小さい）を雌性配偶子、小さな配偶子（運動能力がある）を雄性配偶子という。これが極端になったのが、動物に見られる卵（大きい配偶子で栄養を蓄え動かない）と精子（栄養はないが、運動能力が大きい）の受精である。つまり、雌雄の違いとは、配偶子の大きさの違いのことであり、一つの個体が雌性配偶子しか出さない場合はその個体をメスと呼び、雄性配偶子しか出さない場合はその個体をオスと呼ぶ。多くの動物は個体レベルで雌雄が現れる（雌雄異体）が、カタツムリやミミズ等は雌雄同体である。一方、多くの植物はひとつの花におしべとめしべがあるので雌雄同株というが、ゼニ苔の雄株と雌株のように雌雄が分かれる雌雄異株もある[191]。

性決定はオス・メスだけではない

ヒトやショウジョウバエの例では、性染色体で性別が決定すると説明されて、ＸＸは雌、ＸＹは雄になる。ＸＯやＸＸＹなどの染色体異変が現れることがある。性の決定のしくみは複雑で、ほ乳類や鳥類では、染色体中の遺伝子→遺伝子の情報に基づき性腺が分化→性腺からの性ホルモンにより他の部分の性が分化する、という過程を経る。性染色体（ＸＯやＸＸＹ）や性ホルモン（ヒトは男女とも両方の性ホルモンをつくる。ただし、その量に男女差と個体差がある）の多様な状態のため、ほ乳類などでも半陰陽が見られる。また、多くの昆虫のライフサイクルの一部に間性が存在している[192]。

性転換をする生物

生物の性別は「受精の瞬間に、遺伝子が決定し一生変わらないもの」と、固

191　池田、2012、20〜21頁。
192　池田、2012、23頁。

定的に見られているが実際はそうでもなく、性決定は多様である。貝類や多くの魚類で、成長に従って自然に性別が転換する例が見られる。それまで、精子を産生していた個体が卵を産生するし、その逆もある。（例）クマノミはイソギンチャクに雌雄のカップルで共生している。メスが死ぬとオスはメスに性転換し、新しいオスをパートナーに迎える。

図　4-2-1　メス / オスを決めるもの

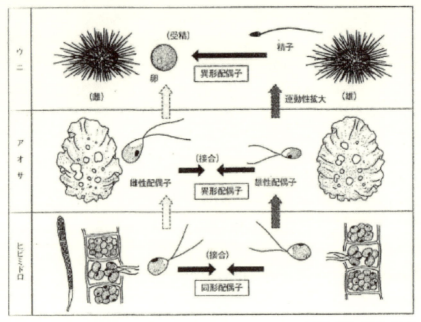

（出典）池田、2012、21頁

　また、人工的に幼魚に性ホルモンを与えることで、性転換を起こさせることも出来る。メダカを使った性転換は小学生の実験でも可能であり、発生時の温度によって性別が決まる。1960年代の発見であるので、それ以前に学んだ人にはあまり知られていない。遺伝子でなく環境で性別が決定するという興味深い発見である。これらのことが起きるのは、生物個体がもともとどっちにでもなれる能力、「性的可能性」を持っているからである。その性的可能性に環境等の

様々な条件が加わって、性が分化したり、転換したりすると考えられる[193]。

同性間にもある性行動

　生殖を目的としない行動もあり、多くの哺乳類でしばしば同性間で性行動が見られる。ボノボ（ピグミーチンパンジー）では子どものオス同士の「男性器・フェンシング」という遊びや、大人のメス同士の「ホカホカ」という性器をこすりあわせる行為も見られる。ボノボの場合、これらの行為が群れの親和力を高める等の意義を持っていると考えられている。ひとつの集団のすべての個体が生殖に参加しているわけではない。ヒト以外の生物でも性行動が生殖から離れている現象が見られる。生物界では様々な性行動がそれぞれの種で何らかの意味を持っていると考えられる[194]。

性同一性障害による差別

　性同一性障害では、身体的な性別と真逆の心の性別を持っている。性同一性障害の原因として、人の性同一性はどのように形成されるかを考える。性同一性（ジェンダー・アイデンティティ）という言葉は、心理学者ジョン・マネーによって概念化された。マネーによると、「生まれた時は中性であるがその後、臨界期(18〜24か月)までの、家族等の幼児を取り巻く環境、周囲からの刺激で決定され、一旦決定されると変更することはない」。つまり、氏より育ちということなのである。

　この説はこれまで、広く信じられてきたが、最近では、この考え方に疑問が出てきている。

　例えば、マネーがその説の根拠とした代表的症例に対して行った追跡調査では、ジョンという男児が生後7か月で男性器を医療事故で失い、女性としての外性器手術を受け、女児ジョアンとして育てられ、マネーが「ジョアンは自己

193　池田、2012、20 〜 23 頁。
194　池田、2012、23 〜 24 頁。

第4章 「性同一性障害者の戸籍」と子どもの人権

の性別を女性として認知し、女性として育った」と報告した症例を、ダイアモンド・アーノ・カーレン[195]がその後、追跡調査している。

それによると、ジョアンは自分が女性であることに違和感を覚え、男性としてのアイデンティティに目覚め、男性器の再建手術を受け、男性として結婚し妻と性交し、父親として養子を育て生きていたということである。

性染色体はXYであるが、男性ホルモン異常である5a還元酵素欠損によって、誕生時よりその外見から女性として性別を割り当てられ、女性として育てられた半陰陽児18名のうち16名が思春期以降に性同一性が女性から男性に変わった、という報告もある。男女の脳の形態学上、機能上の性差研究の知見等により、性同一性の確立には生まれてからの影響だけではなく、生まれる前からの生物学的要因が関与していると指摘されている。臨界期を過ぎても思春期が過ぎるまでは可変性があるのではないか。

身体的性別とは反対の方向への脳の性分化発達という考え方が最近では有力である。この説を根拠付ける性同一性障害の脳の形態学及び機能に関する例として、1995年オランダのスワープの研究がある。

この研究によると、ＭＴＦの死後脳を調査して分解条床核の体積についての報告がされている。分解条床核は性行動に関係が深いとされる神経細胞群で、男性のものは女性のものに対して、有意に大きいとされている。研究は男性、女性、同性愛者、ＭＴＦの分解条床核の体積を測定し比較したもので、ＭＴＦでは男性より有意に小さく、女性とほぼ等しいものであった。また、男性の性指向、すなわち異性愛か、同性愛かということは分解条床核の大きさとの関係は示されていない。

もう一つ、性同一性障害の遺伝情報に関する興味ある研究がある。これは、スウェーデンのランデン[196]による研究で、男性ホルモンの動きに関係する。アロマテーゼ遺伝子、アンドロゲン受容体遺伝子、エストロゲン遺伝子の繰り返

195　アメリカの性科学者であり、性にかかわる情報を学際的レベルに体系化した。
196　ランデンの遺伝子に関する研究の結果は、性同一性障害の当事者遺伝子に特徴が示唆されている。

4-3 「性同一性障害」(Gender Identity Disorder) の診断

し塩基配列の長さを調べたものである。この繰り返し塩基配列が長いと、その遺伝子が担当する部分の働きが悪くなると言われている。

ランデンの研究結果では、ＭＴＦの場合、アロマテーゼ遺伝子、アンドロゲン受容体遺伝子、エストロゲン遺伝子のいずれかの繰り返し塩基配列の長さが長い傾向を示した。つまり、遺伝情報が示すところによると、ＭＴＦでは男性ホルモンの働きが弱い傾向がある。性同一性障害に於いては、脳が体とは反対の方向での性分化を起こしていることが主な原因と現在では考えられている[197]。

4-3 「性同一性障害」(Gender Identity Disorder) の診断

性障害の診断は国際的基準性同一として、ＷＨＯ（世界保健機構）が定めたＩＣＤ－10によるものと、米国精神医学会の定めたＤＳＭ－Ⅳ－ＴＲによるものがある。ＤＳＭ－Ⅳ－ＴＲは「精神疾患の診断・統計マニュアル（第4版）」が1994年に出され、2000年には「精神疾患の診断・統計マニュアル（第4版修正版）」として修正された。米国だけでなく世界中で広く利用されている精神障害の診断と統計の手引きである。

ＤＳＭ－Ⅳ－ＴＲにおける性同一性障害の診断基準
（Ａ）反対の性に対する強く持続的な同一感（他の性である事によって得られると思う文化的有利性に対する欲求だけではない）。

● 子どもの場合、その障害が以下の4つ、又はそれ以上によって表れる。

● 反対の性になりたいという欲求、又は自分の性が反対であると言う主張を繰り返し述べる。

● 男の子の場合、女の子の服を着るのを好む、又は女装をまねるのを好む。

● 女の子の場合、定型的な男性の服装のみを身につけたいと主張する。

● ごっこ遊びで、反対の性の役割をとりたいという気持ちが強く持続する、

197　鍼間、2011、38 〜 41頁。

第4章 「性同一性障害者の戸籍」と子どもの人権

又は反対の性であるという空想を続ける。

● 反対の性の典型的なゲームや娯楽に加わりたいという強い欲求。

● 反対の性の遊び友達になるのを強く好む。

● 青年及び成人の場合、次のような症状で表れる。反対の性になりたいという欲求を口にする、反対の性として通用して、反　対の性として生きたい、又は扱われたいという。

● 欲求、又は反対の性に典型的な気持ちや反応を自分が持っているという確信。

（B）自分の性に対する持続的な不快感、又はその性の役割についての不適切感。

● 子どもの場合、障害は以下のどれかの形で現れる。

● 男の子の場合、自分の男性器又は睾丸が気持ち悪い、又はそれがなくなるだろうと主張する、又は男性器を持っていない方が良かったと主張する、又は乱暴で荒々しい遊びを嫌悪し、男の子の典型的な玩具、ゲーム、活動を拒否する。

● 女の子の場合、座って排尿するのを拒絶し、又は乳房が膨らんだり、又は月経が始まってほしくないと主張する、又は普通の女性を強く嫌悪する。

● 青年及び成人の場合、障害は以下のような症状で現れる。

● 自分の第一次及び第二次性徴から解放されたいという考えにとらわれる。例としては、反対の性らしくなる為に、性的な特徴を身体的に変化させるホルモン、手術、又は他の方法を要求する、又は自分が誤った性に生まれたと信じる。

（C）その障害は、身体的に半陰陽を伴ったものではない。

（D）その障害は、臨床的に著しい苦痛、又は社会的、職業的、又は他の重要な領域における機能の障害を引き起こしている。

「青年または成人の性同一性障害」（小児の性同一性障害は除く）の診断基準の一般的説明

A 「反対の性に対する強く持続的な同一感」がある。具体的には反対の性と同じような考え方や行動パターンをする、手術やホルモン療法で反対の性の身体

4-3 「性同一性障害」（Gender Identity Disorder）の診断

になりたい、反対の性で社会に暮らしたいなどの強い気持ちを持ったりする。

B 「自分の性に対する持続的な不快感、またはその性の役割についての不適切感」がある。具体的には、ＭＴＦの場合、男性器や睾丸がいやだ、ひげが生えているのがいやだ、がっちりした身体つきがいやだ、スーツネクタイ姿がいやだ、などがある。ＦＴＭの場合、乳房のふくらみがいやだ、お尻が大きいのはいやだ、月経がいやだ、スカートがいやだ、などがある

（MTF → Male to Female ＝男性から女性に性を移行する人、した人を指す）

（FTM → Female to Male ＝女性から男性に性を移行する人、した人を指す）

C 半陰陽とは、性染色体、性腺、内性器、外性器などの身体的な性別が、非典型的な状態を指す場合は性同一性障害からは除外する。性同一性障害は、身体的性別特徴が明白な形で非典型的なものはない。

D その障害は、臨床的に著しい苦痛、または社会的、職業的、または他の重要な領域における機能の障害を引き起こしている。

Ａ〜Ｄの診断基準を入れることで、疾患としての限界値を示し、上記の四つの診断基準を満たすと性同一性障害と診断される。

性同一性障害とは本当に「障害」なのか

性別の壁を乗り越えて生きて、自分の好みで性別の選択をしているだけなのに、それを「障害」と診断するのは、適切な判断なのだろうか。トランスジェンダーの歴史は古くは日本武尊の熊襲退治の時の女装から 400 年前から続いている歌舞伎に至るまで、一時的に明治の近代化の過程で社会から排除されたものの、ますます増え続けている。今日では「性同一性障害」は「障害者」として認められ始めているが、本当にそれは「障害」と言えるのだろうか。

シモーヌ・ド・ボーヴォワール[198] による、「人は女に生まれない。女になる」

---

198 フランスの作家。哲学者。サルトルの事実上の妻であり、サルトルの実存主義に加担するとともに、フェミニズムの立場から女性の解放を求めて闘った。

145

第4章 「性同一性障害者の戸籍」と子どもの人権

というのはあまりにも有名である[199]。しかし、実は、生物学的な性別、男の身体・女の身体といった概念自体が、社会構築されたものであり、文化そのものなのではないか。

　平成15（2003）年7月10日、「性同一性障害者の性別の取扱いの特例に関する法律」が成立した。この特例法は、根っこに「病者救済」あるいは「弱者救済」というようにもとれる性質がある。「多様な生き方を尊重する」という人権意識には、ほど遠いのである。特例法（第3条1～5）の5つの要件のうち、4つ目の「生殖腺の機能を永続的に欠く」という要件の意味は「断種」[200]を行うことであり、性別変更を希望するGIDは実子を持つことが不可能になるということなのである。これは、「優生思想」[201]に結びつく危険な法ではないのか。

　これら5つの要件は、「性別二元論」と「戸籍制度」の上に立脚しており、これらと齟齬をきたさない時だけ「特例的に」性別の変更を認めるということなのである。

性同一性障害者の性別の取扱いの特例に関する法律

第1条（趣旨）　この法律は性同一性障害者に関する法令上の性別の取扱いの特例について定めるものとする。

第2条（定義）　この法律において「性同一性障害者」とは、生物学的には性別が明らかであるにもかかわらず、心理的にはそれとは別の性別（以下「他の性別」という。）であるとの持続的な確信を持ち、かつ、自己を身体的及び社会的に他の性別に適合させようとする意思を有する者であって、そのことについてその診断を的確に行うために必要な知識および経験を有する二人以上の医

199　第2の性（1）事実の神話から https://jd.wikipedia.org/wiki/ 第二の性（2015/06 /20 閲覧・引用）。
200　優生学による集団あるいは個人の血統、つまり種を断つという側面に重点が置かれた用語である。そのため「本人の意思を伴わない不妊手術」という強制不妊手術を指すことがある。
201　生まれてきてほしい人間の生命と、そうでないものとを区別し、生まれてきてほしくない人間の生命は、人工的に生まれないようにしてもかまわないという考え方がある。

師の一般的に認められている医学的知見に基づき行う診断が一致しているものをいう。

第3条（性別の取扱いの変更の審判）　家庭裁判所は、性同一性障害者であって次の各号のいずれにも該当するものについて、その者の請求により、性別の取扱いの変更の審判をすることができる。

一　二十歳以上であること。

二　現に婚姻をしていないこと。

三　現に子がいないこと。

四　生殖腺がないこと又は生殖腺の機能を永続的に欠く状態にあること。

五　①　その身体について他の性別に係る身体の性器に係る部分に近似する外観を備えていること。

②　前項の請求をするには、同項の性同一性障害者に係る前条の診断の結果並びに治療の経過及び結果その他の厚生労働省令で定める事項が記載された医師の診断書を提出しなければならない。

第4条　①　（性別の取扱いの変更の審判を受けた者に関する法令上の取扱い）性別の取扱いの変更の審判を受けた者は、民法（明治29年法律第89号）その他の法令の適用については、法律に別段の定めがある場合を除き、その性別につき他の性別に変わったものとみなす。

②　前項の規定は、法律に別段の定めがある場合を除き、性別の取扱いの変更の審判前に生じた身分関係及び権利義務に影響を及ぼすものではない。

第5条（家事審判法の適用）性別の取扱いの変更の審判は、家事審判法（昭和22年法律第152号）の適用に関しては、同法第9条第1項甲類に掲げる事項とみなす。

この特例法の「現に子がいないこと」（第3条1項3号）は「現に未成年の子がいないこと」に改正された[202]。また、特例法は性分化疾患及び名の変更につい

202　2008年6月18日公布、2008年12月18日施行。

第4章 「性同一性障害者の戸籍」と子どもの人権

てはなにも規定していない。

4-4 「性同一性障害者性別特例法」の問題点

　生まれた時とその後で、性別が変わる場合もあり得ることを法的に制度化したことの意義は大きい。性別は多様であり、その決まり方も多様であるという「性の多様性」はまだ社会には十分に知られていない。なぜなら「性別は男か女だけであって、生まれた時の外性器の形状で決まる」というのが一般的な性別概念だからである。

「性同一性障害」に対する厚生労働省の説明

　女性なのに、自分は「本当は男なのだ。男として生きるのが相応しい」と考えて、男性なのに「本当は女として生きるべきだ」と確信する現象を「性同一性障害」(gender identity disorder) と呼ぶ。このような性別の不一致感から悩んだり、落ち込んだり、気持ちが不安になることもある。性同一障害については、まだ理解がすすんでいるとはいえず、診断や治療ができる病院も多くはない。性別といえば、男性か女性の2種類に分かれると多くの人たちは単純に考える。

　しかし、性別には生物学的な性別 (sex) と、自分の性別をどのように意識するのかという2つの側面がある。性別の自己意識あるいは自己認知をジェンダー・アイデンティティ (gender identity) という。多くの場合は生物学的性別と自らの性別に対する認知であるジェンダー・アイデンティティは一致しているため、性別にこのような2つの側面があることには気づかない。ただ、一部の人ではこの両者が一致しない場合がある。そのような場合を「性同一性障害」という。つまり、性同一性障害とは、「性別学的性別 (sex) と性別に対する自己意識あるいは自己認知 (gende ridentity) が一致しない状態である」と定義する[203]。

　「性別は男か女だけで生まれた時の外性器の形状によってのみ決まる」という

203　針間、2011、14〜17頁。

148

原則は果たして正しいのだろうか。この「特例」という文言には、特殊な障害者だから特別に救済してやるという発想が見えてくる。全ての人が男か女に属して生きなければならない「性別の制度」は考え直す必要があるのではないか。

「性同一性障害者」と認められるには「自己を身体的及び社会的に他の性別に適合させようとする意思を有する」ことが必要となる。この「意思」をどのように認定するかは非常に微妙である。(広義の)トランスジェンダーの中には「身体を望む性別のものに変えること」に重点を置く者もいれば、社会的な性役割等を「希望の性別のもの」に優先する者もいる。これは各人が置かれている状況・条件によって、より有利な選択が異なってくるし、それ以前に、このような選択は各人の「自由」であるはずである。法律が「身体改造を望まない者は性同一性障害者ではない」と定義するのは行き過ぎではないのか。この「子なし要件」は、平成20 (2008) 年の法改正により、「子」を「未成年の子」に変更したが、次のような批判があつた[204]。

・性別に関する自己決定権を制約している。
・性別の取り扱いの変更の審判後に、審判前に出生した子を認知したり、「強制認知」[205] の判決が下される場合があり得ることなどから、当該要件は合理性を欠いている。
・当該要件は諸外国において例がない。
・子の福祉や利益は、むしろしっかりした親子関係が形成されることによって、実現されるもので形式的な父や母の存在ではない。
・子どもたちは現実の社会的性別の親を見て行動しており、戸籍の性別により殆どが何の影響も受けることがない。

性同一性障害の親を持つ子の戸籍による不利益

性同一性障害の女性が戸籍上は男性に変更して結婚した。この夫には生殖能

204　佐倉、2006、124 頁。
205　認知を求める調停は父の住所を管轄する家庭裁判所に認知を求める子や子の代理人などが認知調停申し立て、認知の手続きを行う。

第4章 「性同一性障害者の戸籍」と子どもの人権

力が備わっていないため、第三者からの精子提供により妻は出産した。法務省では「戸籍上では男性に変更しても、生物学的には女性なので、女性同士の間で生まれた子は嫡出子としては認められない」という説明である。これを受けて、役所の窓口は「嫡出子」としての受理を拒否した。ただ、「非嫡出子としてならば受理する」という説明であった。いわゆる従来の男性からでないと「嫡出子」は認められないということなのである。一万組以上の夫婦が第三者による精子提供で出産した場合には「嫡出子」として認めている。このような子どもへの差別が戸籍では、平然と罷り通っているのである。

　戸籍の性別が外見の性別と異なることによって社会的に不利益を被る可能性が高くなり「子の福祉」に反するのではないか。

　特例法は、多くの問題点をはらんでいる。特例法によれば、性別変更が認められるための要件は、著しく厳しいのである。このことは＜男＞や＜女＞だと認めるには、限りなく完全無欠の男性や正真正銘の女性に近づいていなくてはならないということであり、性の多様性をおおらかに認め合おうというコンセプトとは対極にある。性別は男と女の二つしかなく、それは出生時の外性器の形状によって区分でき、恋愛や性行為はこの男女間でおこなうものである、というところから、特別法は一歩も出ていない。結果として、多くのトランスジェンダーの多様な生き方が、特例法によって法律上正式に否定されたと見ることも出来るのである。

　トランスジェンダーを含むセクシュアル・マイノリティについて「性は多様である」という文言が聞かれる。確かに、性別は「男」とか「女」だけで割り切れるものではない。性のありようのパターンは多様で、いわば人の数だけあるのである。

※ＬＧＢＴの子の戸籍問題

　日本では法律上は、パートナーシップ法や同性婚を認める法律は存在していない。ＬＧＢＴ当事者たちのパートナーとの関係性は法的に保護され、憲法24条における「家族」の概念は法律尊重から人的つながりを重視する見解へと変

わりつつある。しかし、養子となる子は手続きを踏んで実の両親の戸籍から、完全に離れて養親の戸籍に入るため、法律上親子関係は消滅する。

4-5 「同性婚」を認めた渋谷区役所

　同性カップルを準じる関係と認める「パートナーシップ証明書」を発行する全国初の条例が平成27（2015）年3月31日に東京都渋谷区議会本会議で可決・成立した。差別や偏見に悩む性的少数者の権利を守るねらいがある。ただ、法的拘束力はなく、婚姻関係のように相続などできない。他の自治体も同性カップルの支援策を検討するなど影響が広がりつつある。同性婚への道を開く「パートナーシップ証明書」の影響力として期待されるのが社会の意識の変化である。まず、家族向け区営住宅への入居が可能になり、生命保険に入れる可能性も出てきた。しかし、民間の賃貸住宅の場合、業者から「同性カップルは駄目」と断られる可能性もある。この場合、区としては事業者名を「公表」できるが、あくまでも最終手段としている。

　欧米を中心に広がった「パートナーシップ制度」で後に、同性カップルも夫婦と同等の権利を法的に認められ同性婚に至っている。早稲田大学教授の棚村政行（家族法）によると、現在、パートナーシップ制度を導入する国は20か国以上、同性婚を認める国は15か国以上になる。「渋谷区の条例は、国際社会が辿った歩みをようやく日本がとり始めたという意味で意義が大きい」と語った[206]。

　性別は男か女だけで割り切れるものではない。10年前の愛知万博で、公式マスコットキャラクターだったモリゾーとキッコロが開幕後に帰った、とされた。そこで市が当時、架空の「森の精の特別住民票」をつくり有料で発行したところ、申し込みが殺到した。その記載内容である、モリゾーの生年月日に関しては「ずっと昔」、性別は「調査中」。キッコロに関しては「生まれたばかり」で、性別は「なぞ」である。人気者は男か女かという区別を超越していたのである。

206　平成27（2015）年3月31日、朝日新聞（夕刊）。

第4章 「性同一性障害者の戸籍」と子どもの人権

　最近、「ＬＧＢＴ」という言葉が定着しつつある。性的少数者のうち、同性愛者のレズビアンやゲイ、両性愛者のバイセクシュアル、心と体の性が一致しないトランスジェンダーの頭文字を取った呼称なのである。日本では20人に1人が「性同一性障害」であるという調査がある[207]。性的少数者を理解し、彼らの人権を理解しよう。オバマ大統領いわく「私達は平等で、私達が交わす愛もまた平等でなければならない」[208]。

　性別を移行して暮らしている当事者にとっては「移行前の性別」で扱われていることは非常に苦痛である。例えば出生時の体は男性で、今は女性として生

図　4-5-1　パートナーシップ証明書の効果

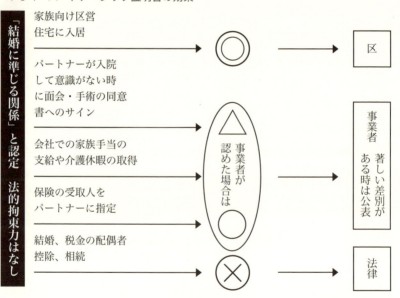

（出典）平成27（2015）年3月31日、朝日新聞夕刊より

207　Lesbian（レズビアン、女性同性愛者）、Gay（ゲイ、男性同性愛者）、Bisexual（バイセクシュアル、両性愛者）、Transgender（トランスジェンダー、性別越境者、性同一性障がいを含むこともある）の頭文字をとった単語で、セクシュアル・マイノリティ（性的少数者）の総称のひとつである。電通ダイバーシティ・ラボの2015年の調べ（全国69,989名にスクリーニング調査を実施）では、日本の人口の7.6％存在すると言われている。
208　平成27（2015）年12月13日、朝日新聞朝刊、「天声人語」より一部抜粋。

活している場合、「女性に力仕事をさせるのは、申し訳ないから男性にやらせよう」という配慮、あるいは彼女が元男性であったことを知って「同じ女性として接するから安心して」と悪気も差別もなく言ったとしても、当の彼女にとっては差別として受け取られる。これらのことから、男性か女性かで判断するのではなく、その人の個性を見て判断するべきなのである。

　差別は、その人自身の在り方を見ないで「男だから、女だから」と決めつけた発想から生まれてくると言える。性別を何で判断するかは、一般的に出生時の体の性別や書類上の性別を「本当の性別」と決めつけて考えてしまう。しかし、相手の性器を見て男か女かを判断しているわけではない。また、生物学的に考えても「性別とは何か」という問題は単純ではない。性同一性障害を持つ当事者にとって「差別がない状態」というのは、書類に「男」と記載されていて、その人の出生時の体の性別が男性であったことがわかっても、それを基準に判断するのでなく、目の前にいるその人自身のあり方を見て判断することなのである。「法的な性別を訂正・変更しなくて良い」というのが現在の制度を変えるべきでないという主旨であれば、それが意味するところは「書類上の男女の記載は、相手が男性か女性かを判断する上で重要である」ということになる。とすると、「差別がない状態」とは本質的に矛盾することになる。まして、明らかな就職差別さえ無くすことが出来ず、生きる権利が脅かされている現状では、何らかの制度的対応が必要である。

　現在の特例法には、性別変更にあたっていくつかの要件が規定されているが、これらの要件が緩和されたとしても、法律はどこかに線を引かざるを得ないので、線の外側にいる人は救済されないことになる。仮に、法律では要件を定めず、裁判所の個別の裁量によったとしても、認められるケースとそうでないケースが出てくる。このような問題を解決する方法は法的な「性別」という概念をなくして、一切の書類から性別欄をなくしてしまうことである。「書類上の性別には意味がない」ということを社会的通念[209]として確立させる必要がある。しかし、

209　一般社会的に支持されている常識や習慣のことで、その枠の中にとどまることが望ましいとされる考え方である。

第4章 「性同一性障害者の戸籍」と子どもの人権

実現性を考えると、その道のりは遠いと言わざるを得ない。ただし、「性別欄が不要と思われる書類について、できるだけ見直しを進める」といった方法はある。これについては、一部の地方自治体で、すでに取組みが始まっており、印鑑証明等いくつかの書類が見直しの対象になっている[210]。

特例法の根っこは「病人救済」「弱者救済」という性質を持っており、「多様な生き方を尊重する」という人権意識に根ざしたものではないという指摘がされている。そして5つの要件を点検することで、この特例法は「性別二元論」と「戸籍制度」の上に立脚しており、これらと齟齬をきたさない時にのみ「特例的に」性別の変更を認めるものであるという性格が浮き彫りにされている。「子どもには父親（男親）と母親（女親）が揃っているのが望ましい」という考えは、世間に広く浸透している。特例法のありようは、このような世間の中にある「望ましい女性像」「望ましい男性像」そして「望ましい家庭像」を維持・強化していくのである。しかし、このことは多様な性を生きることや、同性パートナー同士が子どもを持つこと、子持ちのシングル家庭の存在を否定することに繋がる[211]。

特例法により多くの性同一性障害である当事者が平和な日常生活を手に入れたということは確かな事実である。それでも、特例法には「影の部分」があることを忘れてはならない。本当に必要なのは、特例法によらずとも誰もが自らのありのままの姿で生き、自らの望むパートナーシップを築くことが出来る社会をつくっていくことである。

4-6 マイノリティ家庭の子どもの貧困

「望ましい家庭像」から外れた家庭の子どもには、多様性を認めない日本の社会では差別と貧困が待ち受けている。GDPはドイツ、フランスを押さえ世界第3位であるはずの経済大国日本は、子どもの貧困は6人に1人という、世界の

210　野宮、2011、242 ～ 245 頁。
211　土肥、2012、136 ～ 137 頁。

4-6　マイノリティ家庭の子どもの貧困

子どもの貧困最低クラスに仲間入りした。経済状況の格差の広がりは、貧困の家庭に生まれた子どもには未来のない明日を予想させる。また、貧困からくる親のストレスが、子どもへの虐待として発散される場合がある。それが、人としての道から外れると、子どもには消えることのない深い傷として残る。

　平成 25（2013）年 9 月、ゴミが散乱するアパートで、レトルト食品や缶詰を手づかみで食べる子ども達がいた。殆ど風呂にも入ってないようである。夫(38)は精神障害を患って虚ろな目で布団にくるまっているだけだ。妻（30）は家事や育児、金銭能力が備わっていない。彼女は中学を卒業後、実父からの性的虐待が始まり、部屋で寝ていると父親が入り込み力ずくで、ことにいたった。それは、1 年あまり続いた。「抵抗しても父親にはかなわない。家で寝るといつも怖かった。」という。高校 2 年の時、追い詰められて女性教諭に相談し、そして発覚した。父親は児童相談所の調査に対し「失業したストレスで娘に手を出した。」と答えた。

　その年の 12 月、彼女は児童養護施設に入所した。「安心して布団に入ったあの温もりは忘れない。」と話したという。しかし、父親の性的虐待の後遺症は彼女の心から消えることなく、孫への負の遺産として残る。彼女の母親は「娘が嘘をついている。」と面会に来ることもなかった[212]。

　全国の児童相談所が平成 25（2013）年度に対応した児童虐待件数は 7 万 3,765件で前年度より 7,064 件（10.6％）増えた。統計を取り始めた 1990 年度から 23年連続で過去最多を更新した。5 年前の 1.7 倍、10 年前と比べれば 2.8 倍に増えている。厚労省が児童虐待件数の統計を取り始めたのは 1990 年度からで、この時は 1,101 件であったが、年々増え続け、平成 25（2013）年度の件数はついに 7 万 3,765 件にも増えている。厚労省は例年、虐待で亡くなった子供の数と事件の検証も同時に公表している。だが今回は見送り、後日公表することにした。神奈川県厚木市で、所在不明だった男児（死亡当時 5 歳）が白骨化した遺体で見つかるなど、深刻な事件が相次いで発覚した。これを受け、検証や再発防止策の検討に時間をかけるためであった。

212　平成 26（2014）年 3 月 29 日、宮崎日日新聞、「止まらない連鎖」より抜粋引用。

第 4 章 「性同一性障害者の戸籍」と子どもの人権

　日本の子どもの虐待を報道する新聞の裏面には、米カリフォルニア沖の深海で、見つかってから少なくとも 4 年 4 カ月にわたり卵を抱き続けた母ダコの様子が報告されていた。母ダコはエサも食べず、やせ細って身体が白くなるまでじっと我が子の誕生を見守り力尽きた。母ダコは卵に覆いかぶさるようにして無数の卵を外敵から守り、新鮮な海水を送り込んで酸欠になるのを防いでいた。エサになる小エビなどが近くを通っても関心を示さず、身体が紫から白色に変色しても岩にしがみつき、決して離れることはなかった。無事に子ダコが誕生して、母ダコはそのまま力尽きたという[213]。

　厚生労働省が平成 26（2014）年 7 月 15 日にまとめた「国民生活基礎調査」によると、平均的な所得の半分を下回る世帯で暮らす 18 歳未満の子どもの割合を示す「子どもの貧困率」が、平成 24（2012）年には 16.3％と過去最悪を更新した。1985 年に始まった調査では、9 人に 1 人の割合の貧困率であったのが、6 人に 1 人と急激に子どもの貧困が増大している。OECD（経済協力開発機構）の報告でも、国際比較で日本の子どもの貧困の深刻な状況を伺うことができる。厚労省は「当時はデフレ下の経済状況で、子育て世帯の所得が減ったことが原因である。また、母子世帯が増えており、働く母親の多くは非正規雇用であることも影響したのではないか」と指摘している。母子世帯では 4 割以上が非正規雇用で、懸命に働いても生活苦から抜け出す事が出来ず、子どもの貧困を生んでいる。

　平成 22（2010）年 7 月 30 日に大阪市西区のワンルームマンションで置き去りにされ餓死した 2 人の幼児が見つかった。周囲をビルに囲まれ暗い場所に位置した部屋は風通しが悪く、小さな窓が一つあるだけである。ここで 2 人の幼児は、スナック菓子とジュースを食事代わりにして生きていた。数年前に離婚した母親は風俗嬢で金銭を得ている。幼児達をどこに預けることもなく育てていたが、6 月下旬、二人の幼児をマンションに閉じ込めて出かけ、そのまま二人が死んでしまうのを放置した。「育児が面倒になった」警察の調べにこう供述し

213　平成 26（2014）年 8 月 4 日、朝日新聞（朝刊）より引用。

ている。餓死した男の子の爪は一部が剥がれて血まみれだったという。必死で開けようとした冷蔵庫にはその血の跡が残っていた。冷蔵庫は開けられないようにテープが、頑丈に貼ってあった。

虐待の根っこには、貧困がある。16.3％の「子どもの貧困率」を政府は認めている。待ったなしの異常な事態に対し、貧困をその人の努力が足りないと自己責任だけを負わせている。

日本国における子どもの貧困政策

平成 27（2015）年 10 月 19 日「子どもの未来応援国民運動」の発起人会議では首相官邸で子どもの貧困対策として、1 日に創設した基金への寄付をよびかけている。基金は経済的に厳しい子どもを対象としたＮＰＯの生活支援・事業などに活用する目的として設立されたのである。日本政府は今後、基金を運営する日本財団とともに個人や企業からの寄付を募っている[214]。

子どもの貧困は寄付で賄うという政治のあり方

子どもの保護育成は国の義務ではないのか。消費税は社会保障に充てると約束したではないか。6 人に 1 人が貧困という子どもに対して、支援団体の応援や寄付金集めで、子どもの貧困に充てるということは、税金では対処しないということなのである。税配分の優先順位を政府は間違っているのではないか。菅官房長官は「生まれ育った環境にかかわらず、誰でも努力次第で大きな夢を持てる社会にしなければならない」と、その通りである。政治がやらないで誰がやるのだ。政府が「子どもの貧困対策」として、予算と省庁を使って恒常的に取り組むべき問題である。企業献金や政党助成金を廃止して、その原資を「子どもの貧困政策」に活用すべきではないのか。他人の懐に頼るより、まず、自分達政治家・富裕族の懐を痛めてみたら如何であろうか。それを見て、後から一般の庶民もついてくるというものである。

214　平成 27（2015）年 10 月 19 日 21 時 30 分、ＮＨＫニュースより。

第4章 「性同一性障害者の戸籍」と子どもの人権

図 4-6-1 児童相談所での児童虐待相談対応件数

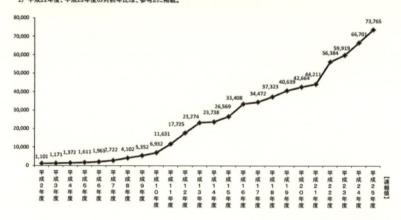

(出典) 厚生省 HP 掲載資料より

いじめの本質

　子どもを取り巻く環境は、年々悪化している。貧富の格差は、教育の格差を拡大し、非行少年の低年齢化や無気力化を増大させている。このような環境からいじめが多発している。

　平成25 (2013) 年6月、「いじめ防止対策推進法」が成立した。1980年代以降、法的側面から刑罰法規としては、暴行、傷害、恐喝等の損害賠償の請求に関して民法上の不法行為に関する規定が、その対処に用いられてきた。しかし、

「いじめ防止対策推進法」が制定されたにもかかわらず、定着するには至っていない状況にある。中野富士見中学校事件（1986年）、愛知西尾中学校事件（1994年）、滝川江部乙小学校事件（2005年）、大津いじめ自殺事件（2011年）等、凄惨な事件が繰り返し発生している。

文部科学省の平成24（2012）年度の「いじめ問題に関する児童生徒の実態把握並びに……」調査によれば、小中高特別支援学校のいじめ認知件数は19万8千件と前年度の約7万件より12万8千件増加し、児童生徒1千人当たりの認知件数は14.3件で、前年度の5.0件を大きく上まった[215]。

NPO法人ジェントルハートプロジェクト理事の武田さち子氏によると「いじめにより自ら命を絶った子の多くは、亡くなる数時間前まで家族だんらんの中に居たり、お笑い番組を観ていたり、ゲームに興じたりしていた。最後の最後まで親に心配かけまいと、必死に平静を装っていた」という。心に苦しみを抱えながら、表面上は笑顔を見せている。子どもはそんな複雑な顔をもっている。いじめに苦しんでいる子どもに気づいてあげられるのは学校ではないか。学校の先生には子どもの命を預かっているという自覚と責任が必要である。いじめを生みだす原動力は、「差異へのこだわり」にある[216]。「強い差異へのこだわり」は差別を生みだし、「排除の思想」を生み出す。この排除の思想が「いじめ」に転化するのである[217]。

政治と貧困

OECDの資料によると、税と社会保障のための負担と福祉・教育・医療等の諸制度で受けられる給付を差し引きした所得再分配後の子どもの貧困率が、分配後より上がるのは国際比較で日本だけである。日本国では政治の力で貧困率が引き上げられているのである。政治は貧困をなくす役目をまったく果たしていない。子どもの貧困を増やすために日本では政治があるのではないかとさえ

215　www.mext.go.jp＞会見・報道・お知らせ＞報道発表＞平成24年度の報道発表。
216　人間は「差異へのこだわり」に無自覚である。一人一人の無意識の中に潜む「差異へのこだわり」が滅びを招くという。
217　佐瀬、2009、12頁。

第 4 章 「性同一性障害者の戸籍」と子どもの人権

思われる。国の都合だけの政策がまかり通り、子育ては親の責任とする政治では、少子高齢化になるべくしてなったといえる。そして、それが子どもの貧困率世界のトップクラスへの道へと繋がったのではないか。貧困は、社会的孤立を招き、健康状態の悪化、憎悪の連鎖、自殺の増加そして社会が不安定になる。子どもの貧困は、近い未来の日本国の衰退を暗示している。

所得再分配による子どもの貧困率改善の国際比較

下の図は、教育・福祉・医療などの諸制度によって、受けられる給付を差し

図 4-6-2 子どもの貧困率

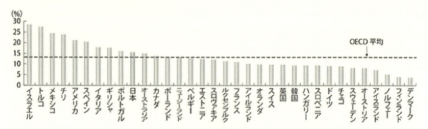

(出典) OECD (2014) Family database "Chikl poverty"
(注) ハンガリー、アイルランド、日本、ニュージーランド、スイス、トルコの数値は 2009 年、チリの数値は 2011 年。

引いた後（所得再分配後）の子どもの貧困率を示している。プラスが貧困率の減り具合、マイナスは貧困率が増えたことを表す。他のすべての国が貧困率を減らしているのに、日本だけが貧困を増やしている。

平成 26（2014）年 8 月 28 日、安倍晋三首相は「子どもの貧困対策に関する大綱」を 8 月 29 日に閣議決定することに関して「貧困の連鎖は断ち切らなければならない。そのためには、総合的な取り組みが必要だ」と語った[218]。

4-7　子どもの人権

まず、子どもの人権の前に母親である女性の人権はどうなのか。平成 12（2000）年 6 月 5 日、国連本部で「特別総会」が開催されたが、「女性差別撤廃条約」「国際法による女性の人権保障」そして、世界最低の男女の賃金格差である「経済的エンパワメント」について日本政府は一切触れなかった。「女性の人権尊重」という美しい言葉だけの、日本政府の演説であった。お隣の韓国では 1998 年に、DV 防止・処罰法を制定している。世界の中でも、アジアの中でも日本国は女性の人権「後進国」なのである。

見直される子どもの人権

敗戦を境に子どもの人権が見直され始めた。昭和 21（1946）年には、日本国憲法が制定され、憲法第 13 条では大人・子どもの区別なく、国民一人ひとりが個人として「幸福追求権」を持ち、かつ尊重されることを明示している。また、憲法第 25 条では、「健康で文化的な最低限度の生活」は、人間らしく生きるための基本的権利であることを明確にしている。人間らしく生きる権利を保障するために、国は国民に対して責任を持ち、生活に深く関わる社会福祉や社会保障、公衆衛生の向上に努める義務があるとしている。

児童福祉法が昭和 22（1947）年に制定され、第 1 条で子どもが「心身ともに

218　平成 26（2014）年 8 月 28 日、産経新聞より引用。

第4章 「性同一性障害者の戸籍」と子どもの人権

健やかに育成され、生活を保障され、愛護される権利」を謳っている。ここでは、子どもと家庭の福祉の基本的な考え方が示されている。第2条では、国及び地方公共団体は児童育成の責任を負うことを明示しており、第3条では、第1条の「心身ともに健やかに育成され、生活を保障され、愛護される権利」と第2条の「公的責任の明示」の二つが児童福祉の原則として、尊重されなければならないことを確認している。

日本は、児童憲章を昭和26（1951）年に宣言している。児童憲章は、すべての児童の幸福を図るために、児童の基本的人権を社会全体が自覚し、その実現に努力するためにつくられたものである。

国際連合は、平成元年（1989）年11月20日「子どもの権利条約」を採択した。子どもの権利を人権として法的・行政的に保障することを条約締結国に対して義務づけたことに大きな意義がある。「条約」とは国家と国家との文書契約のことであり、憲法に定める手続きを経て、国内法としても効力を持つ。条約は憲法に準ずる法的拘束力を持ち、条約の理念に沿って国内法を整備することが義務づけられている。そして、「子どもの権利条約」に反する事態に対しては、速やかに解決し改善する努力が要請されている。

「子どもの権利条約」とは、第一に子どもを「人権の主体」として認識し、その権利を保障する。特に子どもの「意見表明権」（第12条）が規定され、「子どもの最善の利益」（第3条）の確保を目指している。第二に子どもの「保護され、支援を受ける権利」は十分に保障する。これは、子どもが社会の犠牲になってきた歴史の反省からである。第三には、子どもの「権利表明権」の実効性を担保するために、子どもの権利を保障する親の第一次的責任（第18条）を定めている。第四に、各国の協働の努力によって、子どもの権利の保障と実現を「地球規模」で目指していることである。

子どもは、大人に向けて成長していく段階であり、大人と同じ権利を持っていても、まだ、表現できない。そこで、大人の手助けが必要である。第42条「条約の広報義務」では、条約の内容を「成人及び児童のいずれにも広く知らせることを約束しており、大人は子どもに対して、子どもも大人と同じく人としての

権利を持っていることを、分かりやすく説明し伝える義務があると明記している。

第19条「親による虐待、放任、搾取からの保護」では、「あらゆる形態の身体的、もしくは精神的な暴力、傷害もしくは虐待、放置もしくは怠慢な取り扱い、または搾取（性的虐待を含む）があった場合には、周囲の大人があらゆる方法を用い、責任を持って保護することを定めている。

第20条「家庭環境を奪われた子どもの保護」は、里親制度による保護も含まれている[219]。里親制度による保護は、児童福祉法で18歳までと定められている。それでは、18歳以降の子どもの権利擁護は誰が担うのかである。親が行方不明になった場合など、親権者がいないと、契約や権利擁護に関して不利益が生じる。社会的擁護が必要な子どもに法の壁が立ちはだかっているのは問題である。

4-8　子どもを虐待から守るには

子ども虐待の影響は、幼児期には「反応性愛着障害」[220]として表れ、次いで小学生になると多動性の「行動障害」[221]が目立つようになり、徐々に思春期に向けて乖離や「外傷性ストレス障害」[222]が明確になる。また、これらの一部は非行に推移する場合がある。そして、被虐待児の最終的な臨床像は、「複雑性PTSD」(Post Traumatice Stress Disorder)[223]と呼ばれる難治性の状態に至ることが知られている。乖離が常在化し、意識状態は容易に変化し健忘が生じる。

「多重人格」[224]を呈することが少なくなく、感情コントロールや、衝動コン

219　家庭での養育が困難又は受けられなくなった子ども等に、暖かい愛情と正しい理解を持った家庭環境の中で養育を提供する制度。
220　人と目を合わせず抱き着く。養育者に近づいたり、逃げたり、逆らったりするなど、通常では見られない不安定で複雑な行動態様を示す愛着障害の一種。
221　不注意（集中力がない）、多動性（じっとしていられない）、衝動性（考えずに行動してしまう）この三つの症状がみられる発達障害のこと。
222　強烈なショック体験、強い精神的ストレスが心のダメージとなって、時間が経ってからもその体験に対して強い恐怖を感じる。
223　いじめや虐待等の過去のトラウマを持つと様々な症状が認められることがある。少しのことでも怒りっぽくなり、うつ病など症状が重くなる。
224　解離性障害の一つで、多くの人格が一つの体に宿ると言われている精神的な病気である。

第4章 「性同一性障害者の戸籍」と子どもの人権

トロールが著しく不良となる。また、人との信頼関係を築くことが困難となり、未来への希望を持たない重度のうつ病状態となるのである。この終着駅に着く前に治療を行わないと、虐待は次の世代に繋がってしまう[225]。

　この虐待を受けた子どもに対する適切な治療とケアが必要不可欠である。しかし、日本では治療を行う施設が少なく、経済的事情から治療やケアを受けることが出来る子どもは一部に過ぎない。行政は早急に専門的な施設を多数整備し、一人でも多くの虐待を受けた子どもの治療とケアを実施することが必要である。これまでの長い間、警察・児童相談所・裁判所等の公的機関は、「法は家庭に入らず」、「民事不介入」、「親との関係を重視する」という大義名分[226]のもとに、虐待されている子どもを放置してきた。このお上の対応を味方にして、一般社会の人々もそれに追随し、「弱気を挫き、強気を助く」の理不尽な風潮をこれまで続けてきている。

　虐待により親から分離された子どもの多くは、児童養護施設に入所するしか他に選択肢はない。しかし施設の設備は大変劣悪である。施設の子どもは普通の一般家庭の子どもより、生活水準が劣っていても、当たり前という差別的な風潮が社会では蔓延っている。支援する人々からでさえ、使い古しの衣服や学用品を「くれてやるから、有難く思え」と見えてくる傲慢な態度が伝わる。そんな劣悪な施設からも18歳で退所しなければならないのだ。親から虐待を受け、たとえ劣悪な施設であっても居場所をなくして、どうやって生きていけというのか。日本の法制度は、子どもには無関心である。そして、国民もそんな可哀想な子どもを、人ごととして無視しながら、今日も何も変わらない。

　緊急の措置として、虐待している親の親権喪失宣告（民法第834条）を家裁に申し立てると同時に、審判前の仮処分として、親権者の職務執行を停止し、代わりに親権を行使する職務代行者を選任してもらうという方法がある。しかし、親権喪失宣告は親から一切の権限を剥奪する措置であり、戸籍にも記載される

225　後藤、2011、198頁。
226　本来は臣下として守るべき道義や節度、出処進退などのあり方を指した。今日では「行動を起こすにあたってその正当性を主張するための道理・根拠」をさしている。

164

ので、親失格というレッテルを貼るに等しいこと、親族関係が稀薄化し、親族が逆恨みを恐れたり、後見人になりたがらないこと等から、親族はその申し立てに消極的になる。

　児童相談所長も申し立て権があるが、児童相談所の関与による親子関係修復の可能性を考え、親と敵対関係になるのを避けるために、申し立てを控える傾向があった。実際に審判になっても、虐待などの濫用的事実の証明が困難であり、親権者が真剣に反省の姿勢を示すと、裁判官もそれにつられてしまうこと等もあって、めったに、宣告申立てはなされない。実情は取り下げが多く、また最近は喪失宣言の申し立て却下の方が多く、判断の困難さを示している。児童虐待防止法の規定するような活用はなされておらず、よほどの深刻なケースに限定されている[227]。

　北一輝は、その著作である「日本改造法案大綱」においてすなわち、「児童の権利について、満16歳未満の父母又は父なき児童は、国家の児童たる権利に於いて、一律に国家の養育及び教育を受くべし。国家は其の費用を児童の保護者を経て給付す。父生存して而かも父に遺棄せられたる児童亦同じ。但し此の場合に於いて国家は別途其の父に対して賠償を命じ、従わるものは労働を課して賠償に充てしむ。」と述べている。

　この胸の透くような論文は、北一輝によるものである。彼は、明治憲法で確立された天皇制国家の持つ矛盾性と危険を鋭く批判した。その批判があまりにも正当なものであったがために、警察（特高）[228]に要注意人物とされた。「軍部の上層部は必ず時の政治権力に密着して腐敗しているから下級士官が下士官・兵卒を握って主体とならなければならない」と主張した。これを実現したのが「二・二六事件」である[229]。北の思想は、一国内の権力者や富豪を倒して貧しき

227　二宮、2006、232 ～ 233 頁。
228　特別高等警察は国家警察として発足した。高等警察から分離し、国体護持のために無政府主義者、社会主義者、共産主義者、及び国家の存在を否認する者を査察、内偵し、取り締まることを目的とした。
229　昭和 11（1936）年 2 月 26 日早朝、陸軍の青年将校に率いられた約 1500 人の反乱部隊が決起して首相官邸などを襲撃した。日本は世界恐慌の煽りを受け、不況に陥り、政財界の癒着、社会の貧富の格差が背景にあった。

第4章 「性同一性障害者の戸籍」と子どもの人権

者が平等を求めることは、後進国が先進資本主義国と戦争をしてでも、領土と
資源の平等分配を求める権利の主張と同じだということであった[230]。

　子ども虐待が、何故今日まで放置され続けられてきたのか。子どもには選挙
権がないことから、政治家にとっては無視しても良い存在だったからと考えら
れる。政治家に富と権力をもたらしてくれる選挙権を持っている高齢者は、彼
らにとっては「お宝」なのである。したがって、莫大な数の「お宝」の選挙権
を持つ高齢者の福祉には、莫大な予算を投じるのである。

　児童養護施設

　児童養護施設は保護者のない児童（乳児を除く。ただし、安定した生活環境の確保
その他の理由により特に必要のある場合には、乳児を含む。以下この条に於いて同じ。）
虐待されている児童その他、環境上擁護を要する児童を入所させて、これを擁
護し、あわせて退所した者に対する相談その他の自立のための援助を行うこと
を目的とする施設である。

　平成17（2005）年2月1日現在、擁護施設558か所、定員3万3676人となっ
ているが、3万830人の子ども達が生活している。平成15（2003）年現在では、
男子が53.9%、女子が45.7%で、幼児17.9%、小学生40.8%、中学生21.2%、
高校生等20.1%である。入所の理由は父母の死亡3.0%、行方不明10.9%、入
院7.0%、虐待・放任・養育拒否等家庭環境35.5%、棄児0.8%、その他42.8%
であった。養護施設には施設長、児童指導員、保育士、調理員等の職員がいる。
児童指導員と保育士は合わせて3歳未満児2人につき1人、3歳以上の幼児4
人につき1人、それ以上は6人に1人とされている。また、平成13（2001）年
度から一部の施設に心理療法担当職員が配置されている。近年、虐待が急増し
ており、児童養護施設に入所する子どもも増えている[231]。

　平成24（2012）年に於ける人権犯罪事件の件数は、学校のいじめによるもの

230　http://www.kokubou.com/documento room/rekishi/kita-ikki.htm（2014/12/23 閲
　　覧）。
231　https://ja.wikipedir.org/wiki/ 児童養護施設。

166

が前年比 20.6% 増の 3,988 件、教職員の体罰によるものが前年比 32.6% 増の370 件にのぼり過去最多となったことが、法務省人権擁護機関の調べで明らかになった。法務省人権擁護機関は、人権侵害を受けた人からの申告により、救済に務めている[232]。

平成 24（2012）年の処理件数は 2 万 2,694 件で、このうち学校でのいじめによるものが 3,988 件、教職員の体罰によるものが 370 件、児童に対する暴行・虐待によるもの（体罰を含まない）が 873 件、インターネットを利用するものが671 件となった。学校でのいじめによる人権侵害の対応として、法務省ではいじめを受けている被害者児童に対して、助言や提案を繰り返し行いながら学校と連携するなどの援助をしている。子どもの人権侵害は、周囲の目につきにくいところで起こっていることが多く、被害者である子ども自身も身近な人に話にくいといった状況にある。

親権者は、子の学習権を保障する責任を果たすために、子に学校教育を受けさせる義務を負う（教育基本法）。しかし、これは親権者が本来的に負う監護教育義務の延長線にあるとみるべきだから、学校に教育を全面的に委ねてしまうわけでもなく、自己の教育義務を免れるわけでもない。そして、子に対して負う義務を履行する意味で、親権者には子の成長に相応しい学校教育を求める権利がある。この権利を如何に具体的に保障していくかが、現在の大きな課題である[233]。

「知らぬが佛批判」

植木[234] は「学知なきの生は死なり」という説を紹介して、日本の平民たちの元気がないのは、身近なことだけに気をとられ、世の中のこと国のことに疎かったからであり、今後は広く知識を世界に求めることが大事だと説いた。これが「民

232　www.moj.go.jp...> 人権擁護。
233　二宮、2006、220 頁。
234　植木枝盛、(1857〜1892)。毒殺の疑いがもたれている。日本の思想家であり政治家。自由民権運動の理論的指導者である。宗教・社会・法律・文芸等、多方面にわたって掲載している。一院制議会の開設、男女普通選挙、基本的人権の保障、抵抗権などの主張は卓越した民主主義思想を示している。「ひとつとせーえ」ではじまる「民権の数え歌」は有名である。

第 4 章　「性同一性障害者の戸籍」と子どもの人権

権自由」[235] を論ずるにあたって冒頭におかれていたことは重要である。この主張は教育一般の必要性を説くとともに、「教育体系」形成にあたって為政者たちの視野に入っていない、あるいは彼らが意図的に無視していた教育の分野があった。それについて「不知是天福（知らぬが佛）」を決め込んでいたらいけないと、いう注意であったことを見逃してはならない。福沢諭吉の場合、長男は発達が遅れ、二足歩行開始は 25 か月目であり、始めて言葉を発したのは 3 年半目であったという。しかし、その後は急速に同年齢の子どもたちに追いついた。父としての福沢の子育ての方法は、「養育の法、厳刻ならずして常に親愛を主とし、従来、何等の事情あるも、仮初にも打擲したることなし。唯言葉にて叱るか、或いは厳重なる顔色を以て父母の心に不平あるの趣を示し、自ら之に感じて懲らしむるか、或いは甚だしき不従順なる箇条あれば、稀に暗室に入るの罰あるのみ」である（「福沢諭吉子女之伝」1876 年初稿、1971 年再刊「福沢諭吉全集」別巻、「はじめて」より）。明らかに軽視されていた、女子には、三従（家にあっては父に、嫁しては夫に、そして夫の死後は子に従う）、七去（妻を離縁出来る七つの事由。父母に従順でないこと、子がいないこと、多言であること、盗みをすること、淫乱であること、嫉妬すること、悪疾のあること）という儒教の教えが説かれた時代が続いた。富国強兵を国策として採用すれば、その国策の直接の担い手である男子の教育に力をいれるのは当然のこととされた。しかし、明治維新直後の一時期、新政府は欧米諸国との交流を促進するにあたり、この男尊女卑の気運を、表面的・形式的であるにせよ改めないわけにはいかなかった。

　福沢は、森有礼[236] の死により、再び古風学が盛んになるのを恐れていた。後任の新大臣（陸軍大臣大山巌）に対し「前大臣の文明主義を変更するなきを勧告する」と付加えたが、教育政策は福沢の期待に反する方向に動き出した。福沢は後年、「森君が存命であったならば、我が国現在の教育はもう少し、どうにか

235　都市の知識人から全国的な農民層へと「自由と民権を平易な口語体にして」拡大していった。
236　明治 18（1885）年、伊藤博文の文相となり、ドイツの教育思想をとり入れ学制の整備に尽力したが、国粋主義者によって暗殺された。

進歩とか、改善とかいう域に在るのではなかろうかと、死んだ子の年を数える愚を知りながら、森君を惜しむ心が湧気するのである」と悲しんだという。

　森の死を待っていたのは、森の言動に不快を感じていた政府首脳や天皇側近である。元田永サネは、森の文相就任を快く思っていなかった。森の暗殺について「森文相は、1年前、伊勢の大神宮に参拝した時、靴のままで最も神聖な場所に入ろうとし、しかも、そこにかかっていた御簾を、皇族でなければ揚げることを許されないにも関わらず、ステッキで持ち上げたという理由で暗殺されたのである」と、東京大学のドイツ人医師は「ベルツの日記」2月16日付で記載している。

　暗殺した犯人西野文太郎については「神道が犯人西野のような狂信者を生んだ事実に、驚いている」とも書いている。3月19日の日記には次のように記されていた。「新聞社による暗殺者西野文太郎賛美のため、犯人西野の墓は学生、俳優、芸者が霊場参りさながらの光景である」。そして、森の行為が事実であったかどうかは分からないままである。日本国民が法律を制定すべき時に、暗殺者賛美が堂々と現出していた。このことは、日本国はまだ議会制度の時期に達していないことを示していたのである。森の考え方は「宗教にも頼らず、哲学にも頼らず。広く人間社会を通観し、此の世の中は自己と他人との相待ちにて、自他相共にすれば、世の中は太平無事に治まり、自他相反すれば騒動が起こるという有様を見て、自他併立という説を考え出し、之を以て徳育の主義と定めん（徳育鎮定論）」[237]とされた[238]。

4-9　従来の子どもの人権

　明治政府は、明治5（1872）年8月に国民皆学の理念、教育の機会均等などを謳っている「学事奨令に関する被仰出書」を布告している。学問が身分制度に

237　明治13（1880）年、徳育教育に関して論争が起きた。能勢栄は論争のまとめとして明治23（1890）年『徳育鎮定論』を刊行した。
238　山住、1996、492〜514頁。

第 4 章　「性同一性障害者の戸籍」と子どもの人権

代わり、差別は学問の力によってのみ生じ、人間は全て平等である、特に小学校における男女平等を説いた。この思想は福沢諭吉の「学問ノススメ」に基づくものと思われる。「一般の人民必ず邑に不学の人なからしめん事を期す。」、「幼童の子弟は、男女の別なく小学に従事せしめざるものは、其父兄の越度たるべき事」と立身出世のための学問の激励を促している。勤勉な日本人の努力は必ず報われるという思想は、人々に学ぶ意欲をかき立てたのである。

「一身の独立」[239] も「自助の精神」[240] も、実は「一国の独立」、「国家の布教」の為であり、国家の富強に役立つためにこそ個人の立身出世が奨励されたのであり、立身出世のために学問が必要とされ、そのために学校に行くことが必要とされた。それにも拘わらず、もし一国の独立・国家の富強が全面に押し出されるならば、「学事奨励に関する被抑出書」が指摘したように、学校教育の費用は当然国家が負担すべきであるが、そうではなく、「学問は身を立るの財本」であることを強調し、それによって子女の教育費が「父兄」の負担とされたわけである。

もし教育がもっぱら私事に属し、私費で賄われるべきものであるならば、教育を受ける、受けないは個人の勝手となるはずであるが、そうではなく教育を受けることが「義務」として強制されることになったのは、そこに、国家の要請が存在したからにほかならない[241]。

その後の明治 12（1879）年明治天皇から「教学要旨」のために伊藤博文・寺島宗則に教育方針が出された。総論が「教育大旨」及び小学校教育に関する「小学条目二件」で構成されている。また、明治 15（1882）年に明治天皇の勅令により、元田永サネによって編纂された修身書『幼学綱要』が刊行され、一時「童蒙修身綱要」とも称した。「教学聖旨」により開花主義を修正した仁義忠孝の道徳を明らかにしようとする教学刷新の方針が示された。これに基づいて元田に

239　「一身の独立にして一国の独立す」は福沢諭吉の「学問のすすめ」から、国民一人一人が独立してこそ独立国家といえる。自分を自分で支配し、他に寄り縋る心なき個人の独立があってこそ国家の独立がある。
240　他人の力によらず、自分の力だけで事を成し遂げること。
241　神島、1980、74 ～ 75 頁。

図 4-9-1 教育勅語

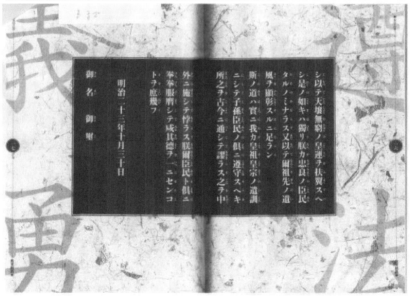

第4章 「性同一性障害者の戸籍」と子どもの人権

「幼童のための教訓書を編纂すべし」との下命があった。元田永サネによる儒教的倫理としての「仁義忠孝」（主君に対する忠義と親孝行、思いやりと正義）を基軸に転換していったが、勤勉さと立身出世は、そのまま残った。

伊藤博文の「教育議」は井上毅によって起草されたが、これは元田永サネによって起案された「教学大旨」に対する批判であった。「教育議」によると、道徳風俗の弊を認めるが、その原因は教育だけにあるのではなく、むしろ維新の変革で鎖国封建の旧体制を一挙に改革した結果、言行と伴になって淳風美俗をも害するに至り、こうした変動が相次いで人心が躁急になり、士族が職を離れて不平を抱き、そこへ欧州過激の論が入ってくると言う訳で、激論が横行するようになったことによる、とあった。

ところで、「教学大旨」は維新以来、知識を世界に求めた西欧化政策の結果、洋風を忘れたとなし、この弊を救治するために祖宗の訓典に基づき、孔子の教えを主として教育上の国教を確立しなければならないと説き、そのためには、忠孝の大義を幼少の始めに脳髄に感覚させ先入主とする必要があるというのである。元田はこれを「聖旨」（天子の考え。天子の命令。皇帝による天下への布告）として教育界及び国民に示そうと考えたのである[242]。

儒教思想を教育の基軸として明治政府は、明治15（1882）年に明治天皇による陸海軍への勅諭として「軍人勅諭」を出したが、「陸海軍軍人に賜りたる勅諭」のことである。また、「教科書図書検定条例」（明治19年）を制定し、天皇制国家体制を確立した。「大日本帝国憲法」（明治22年）を発布し、『教育ニ関スル勅語』（教育勅語）が「聖旨」として、絶対的な権威を持ち「臣民」（国民）は必ず従わなければなかったのである。

明治23（1890）年には明治天皇から下賜された「いにしえより続く日本の国体は教育の源である。天皇の臣民である国民の守るべき徳目を列挙し、その実践を通じて＜皇運ヲ扶翼＞することが国民の務めである。」このことは天皇自ら説いている。国家主義体制が確立し、学校教育では『忠君愛国』が説かれ「富

242　神島、1980、155頁。

国強兵」への道へと突き進んでいった。「忠君愛国」の体制では、「子どもは国家富強のための人的資源」とみなされた。神島二郎によると、このことが、「人が物となる根源となった」と指摘している[243]。

　教育勅語によって道徳領域に国家を構築することによって、一方天皇において理性を超越した絶対性を形成しながら、他方自己を「郷党的社会」[244] の日常道徳の中に原始化せしめるという特異な近代国家を生み出した[245]。

　高村光太郎の『十二月八日の記』

　今度の第二回中央協力会議開会の当日は実に感激に満ちた記念すべき日となった。丁度、「対米英宣戦布告大詔渙発の日」となったのである。

　昭和16（1941）年12月8日、私は電車の混雑を避けるため朝早く家を出たのでラジオの放送を聞かず何も知らずにあの座席についていた。すると隣席の某新聞社の編集長が、今朝三時頃ハワイで戦争があったと私に囁いた。

　この刻々の瞬間こそ後の世から見れば歴史転換の急曲線を描いている瞬間だなと思った。時間の重量を感じた。十二時近くなると、控室に箱弁と茶とが配られた。箸を取ろうとすると又アナウンサアの声が聞こえる。急いで議場に行ってみると、ハワイ真珠湾襲撃の戦果が報ぜられていた。戦艦二隻撃沈というような思いもかけぬ逓報が、少し息をはずませたアナウンサアの声によって響きわたると、思わずなみ居る人達から拍手が起る。私は不覚にも落涙した。国運を双肩に担った海軍将兵のそれまでの決意と労苦とを思った時には悲壮な感動で身震いが出たが、ひるがえってこの逓報を聴かせたもうた時の陛下のみこころを恐察し奉った利那、胸がこみ上げて来て我にもあらず涙が流れた。

　美術家の一つの役目がここにある。私は例えば厚生省のようなところが此事

243　神島、1980、86頁。
244　古い非合理的なものを温存し、郷党的社会としてこれを人民支配に利用するために郷党的社会集団を経済単位とし、日本資本主義の網の目に転化しようとした。こうした内在的矛盾をはらんだものが、敗戦の日まで日本の地域で成り立っていた。
245　藤田、2012、32頁。

第4章 「性同一性障害者の戸籍」と子どもの人権

を深く考慮して、実際的な規定を作り、産業報国会[246]のような有力な機関がその実行の促進にあたって、美術界の諸団体を組織的に動員徴用し、大工場施設と美術家とを緊密に結びつける方策の立てられることを熱望する[247]。

　作家である浅田次郎によると、晩年光太郎はこの時のことを、とても悔やんでいたという。太平洋戦争中に「戦争賛美の詩」を書いたことを悔い、高村光太郎は戦後、岩手県の山村で自炊の謹慎生活を送ったという。

　昭和20（1945）年8月30日には、マッカーサー連合国軍最高司令官が日本に到着し、教育管理について4つの「禁止的指令」が出された。すなわち、①極端な軍国主義、国家主義の禁止、②軍国主義教諭の審査と教職追放、③神道への政府の関与の禁止、④修身・日本歴史・地理授業の禁止である。

　これらの指令は「四大教育指令」とも呼ばれ、戦後教育の基本路線の第一段階として位置づけられる。「軍国主義や国家主義」を排除し、自由主義や平和主義を教育界に送ることがGHQの基本方針であった。教育基本法の発案者である田中文相は教育勅語と教育基本法は矛盾しないという考えであった。つまり、法律としての教育基本法と明治天皇の教育勅語は、形の上でも内容でも矛盾しないということである。CIE（占領軍教育課）は教育勅語に厳しい批判を持っていたが、教育勅語の廃止には、日本国民の反発を招く恐れがあるので慎重であった。ところが、「世界征服の拳に出づる」という教育勅語の政策の文言が司令部の眼に止まり廃止されたのである。「国体」（天皇を中心とした秩序（政体）を意味し、天皇統治の正当性とか日本国の優秀性を信じる人々にとっての考え方をいう）という名で非宗教的宗教がどのように魔術的な力をふるっていたかという痛切な感覚は、純粋な戦後の世代にはもはやないし、またその「魔術」にすっぽりはまってその中で「思想の自由」を享受していた古い時代にもなかった。

　しかし、その魔術はけっして「思想問題」という象徴的な名称が日本の朝野

246　昭和15（1940）年、政府はすべての労働組合を解散させて、大日本産業報国会をつくらせた。産業報国会はヒットラーが労働界に対処するために考えた解決法を手本にした計画からうまれた。敗戦とともに解散した。
247　太宰、2011、31～37頁。

を震撼させた昭和以降に、いわんや日本ファシズム[248]が凶暴化して以降に、突如として地下から呼び出されたのではなかった。日本のリベラリズム[249]あるいは「大正デモクラシー」[250]の波が思想界に最高潮に達した時代においても、それは「限界状況」において直ちにおそるべき呪縛力を露わしたのである[251]。

教育勅語の廃止

昭和23（1948）年6月19日衆議院の「教育勅語等排除に関する決議」では、「民主平和国家として世界史的建設途上にある我が国の現実は、その精神内容において未だ決定的な民主化を確認するを得ないのは遺憾である。これが徹底に最も緊要なことは教育基本法に則り、教育の革新と振興とをはかることにある。しかるに既に過去の文書となっている教育勅語並びに陸海軍軍人に賜りたる勅諭その他の教育に関する諸詔勅が、今日もなお国民道徳の指導原理としての性格を持続しているかの如く誤解されるのは、従来の行政上の措置が不十分であったがためである。思うに、これらの詔勅の根本的理念が主権在君並びに神話的国体観に基づいている事実は、明らかに基本的人権を損ない、且つ国際信義に対して疑点を残すものとなる。よって憲法第98条の本旨に従い、ここに衆議院は院議を以て、これらの詔勅を排除し、その指導原理的性格を認めないことを宣言する。政府は直ちにこれらの謄本を回収し、排除の措置を完了すべきである」となり、同年同日の参議院の「教育勅語等の失効確認に関する決議」では、「われらは、さきに日本国憲法の人類普遍の原理に則り、教育基本法を制定して、我が国家及び我が民族を中心とする教育の誤りを徹底的に払拭し、真理と平和とを希求する人間を育成する民主主義的教育理念をおごそかに宣明した。その

248　日本ファシズムの発展時期区分としての第3期は、日本ファシズムの完成時期であり、官僚・重臣等の半封建的勢力と独占資本やブルジョワ政党との間に、軍部が上からの担い手として不十分ながら連合支配体制を作り上げた時期である。
249　自己と他者の自由を尊重する社会的公正を指向する思想体系のこと。
250　大正期に興った自由主義・民主主義的な風潮及びその運動・世界的なデモクラシーの発展とロシア革命を背景に、護憲運動や普通選挙をはじめとして、労働運動・社会主義運動などが高揚した。思想家として吉野作造がいる。
251　丸山、2003、31頁。

第4章 「性同一性障害者の戸籍」と子どもの人権

結果として、教育勅語は、軍人に賜りたる勅諭、戊申詔書、青少年学徒に賜りたる勅語その他の諸詔勅とともに、既に廃止せられその効力を失っている。しかし教育勅語が、あるいは従来の如き効力を今日なお保有するかの疑いを懐く者あるをおもんばかり、われらはとくに、それらが既に効力を失っている事実を明確にするとともに、政府をして教育勅語その他の諸詔勅の謄本をもれなく回収せしめる。われらはここに、教育の真の権威の確立と国民道徳の振興のため、全国民が一致して教育基本法の明示する新教育理念の普及徹底に努力をいたすべきことを期する。右決議する」となり、廃止された[252]。

しかしながら、教育勅語を今でも日本の伝統と頑なに信じたい人々は、平成25 (2013) 年暮、教育基本法の見直しを打ち出した。安倍首相の私的諮問機関「教育改革国民会議」は教育基本法を見直して、「教育勅語」の復活に力を入れている。依然として、「子どもは物」として扱われるのである。

ノーベル平和賞を受賞した 17 歳の少女マララ・ユスフザイは「世界中の子ども達に、権利のために立ち上がらないとダメだよって伝えたいです。誰かを待っていてはダメなんです」と語っている。あの凄まじく抑圧された環境の中で声を上げた彼女の勇気を、私たちは見習えるだろうか。110 年以上放置され続けられた「戸籍による子どもの不利益」は、今ごろになって「戸籍のない子」がいると騒がれ始め出している。声を上げる術を知らない子どもを人として認めなかった日本の社会には問題がある。従順な臣民として生きることを美徳とした伝統は、今も人々の心に深く根付いて変わることはないのである。

---

252 「教育勅語等排除に関する決議」と「教育勅語等の失効確認に関する決議」は双方とも 1948 年 6 月 19 日各議院で決議され、廃止された。

第5章　戸籍における天皇制に関する問題点

　佐藤文明（1997年）『戸籍解体講座』（社会評論社）に収録されている佐藤文明作図「ピラミッド型　戸籍の差別構図」によると、一番上の天皇・皇族に近いところに位置している元皇族が現在も戸籍簿にいて、社会的な栄誉・名誉な地位が約束されている。明治維新以来続いている「名家」は廃れることもなく、「五摂家」である近衛、一条、二条、九条、鷹司が、「家」として皇族ではないけれど、「平民の一番上」の位置を占めている。この「名家」の人達は今も宮内庁に勤め、特権階級として「血統」の形で身分的な差別が確実に生き残っている。戸籍とは元々、差別意識により編成されていて、その背景にある「家」・「血統」から序列の中で上下を決めているので、現状の天皇制が続く限り差別意識が無くなることはないのである[253]。

　戸籍は日本国籍を持つ日本人を管理対象・登録対象としているが、天皇・皇族は戸籍に登録されていない。なぜならば、戸籍簿は「日本臣民簿」[254]として、天皇・皇族に支配されている家来たちの登録簿だからである。例えば、紀子妃の娘と紀子妃の父親との間には親族関係があるが、この関係は戸籍では証明できない。紀子妃は戸籍から外されて「皇統譜」[255]に移され記載されるので、父親との親族関係は証明できないのである。

253　佐藤、1997、23頁。
254　臣民とは天皇によって生かされている恩恵を授かる家来・臣下。いわば国民の戸籍簿のこと。
255　天皇及び皇族の身分に関する事項を記載する帳簿。形式として皇室典範及び皇統譜令に定められている天皇・皇后に関する事項を扱う大統譜、その他皇族に関する事項を扱う皇族譜の2種がある。

第5章 戸籍における天皇制に関する問題点

図 5-1-1 佐藤文明作図 『戸籍解体講座「ピラミッド型　差別の構図」』

これは日本人と外国人との間でも起きる。身分関係の証明を犠牲にして、天皇・皇族が支配する「臣民」「皇民」、その支配の外の「外国人」との区別が優先される。日本国は身分の登録を強制しておきながら、実は身分関係を証明できないのである。戸籍に天皇・皇族は入っていないし、外国人も入っていない。皇族が身分を離れ戸籍に入った場合を「臣籍降下」と言い皇統譜から外れ、つまり皇族の身分を捨てて、一般戸籍に入ってくる。ここに、戸籍と皇統譜の関係が判明するのである。

　皇統譜と戸籍の上下関係、さらに、戸籍に入れない外国人を、日本国のある一部の人は「戸籍感情」[256]から自分より下の位と思い込むのである。戸籍は皇統譜、戸籍、外国人登録の三つのカテゴリーに人間を分類し、その間に大きな差別、序列を設けている。ここに戸籍の持つ最大の差別が生まれるのである。皇統譜と非戸籍の存在を認め、戸籍の頂点に天皇が君臨し、最下位に非戸籍の人々がいるという戸籍制度の本質が隠されているのである。戸籍の中にある差別こそ日本国民は今、考えるべきではないか。

　故佐藤文明氏の意向により本図がひとり歩きすると、悪用される恐れがでてくるので、『戸籍解体講座』（1997年、22頁に記載）を参照して下さい。

　身分関係の登録を行う前に、対象としている人間は何者なのかということが、先に決まっているのが戸籍制度であり、住民票なのである。戸籍簿は「日本臣民簿」なのであり、天皇・皇族に支配されている家来たちの登録簿なのである。戸籍は、個人を個人として登録するものではなく、住所を登録するものでもない。身分関係を利用しながら、身分関係を証明しているわけでもない。戸籍制度とは、身分関係を装った所属組織登録であり、それは天皇の「臣民」としての所属を表している。

　中世ヨーロッパでは「教会簿」[257]をつくって、いかにもそれは国民全部の登

256　人々は単なる登録や公証に意味以上のものを感じ、戸籍記載を重視する意識が強く「戸籍が汚れる」といった感情を生んだ。

257　ヨーロッパのキリスト教諸国における身分登録は、教会簿（洗礼簿、婚姻簿、埋葬簿）を起源とする。市民革命によって、教会にあった身分登録は、市町村長等の官公吏の手に移り現在の制度となった。

第5章　戸籍における天皇制に関する問題点

録簿と思い込ませたのである。しかし、教会簿にはローマ教皇は記載されていないし、異教徒も記載されていない。単なる所属組織登録簿なのに、人々のすべてをフォローする制度であると、中世の教会簿で人々は信じ込まされていたのである。日本の戸籍と比較すると全く同じである。戸籍簿というのは、「臣民簿」であると同時に、天皇教の信者としての「天皇教徒名簿」でもある。

　戸籍は人を単なる人としてではなく、人を「家」の一員として組織している。それが何となく身分関係の登録簿らしく見えるのは、「家」を単位として組織した結果としてなのである。最初から身分関係の登録簿として戸籍簿が作られたものではなく、天皇制に於ける「臣民」の存在を明らかにし、その「臣民」を「家」として組織し、「家」が「血筋」を明確にしたのである。その結果、日本人同士の身分関係が証明できただけに過ぎない。日本国は人々を天皇制の下に「家」というもので細分化した組織を作り上げようとしたのである。そして、身分関係に組み込み、部分的に証明することが出来るようになっただけのことである。

5-1　「戸籍」と「天皇制」

　「戸籍」における天皇とは、戸籍と天皇はどのように結びついてきたのか。そして戦後の天皇制と戸籍の関係はどのように変化してきたのか。

　戸籍の研究家である佐藤文明によると、天皇制は、三つの柱で形作られている。まず、一つの柱は天皇という人格そのものである。次に皇位継承のシステム、そして三つ目の柱は天皇に対して現実の権限、権力を与える。これが「天皇大権」[258]であるが、いわゆる「統帥権」[259]、「勅令制定権」[260]などの現実の権力なのである。

258　大日本帝国憲法において、天皇に属するとされた権能のことであり、広義においては統治権全能を指した。
259　大日本帝国憲法下の日本における軍隊を指揮監督する最高の権限（最高指揮権）のこと。
260　明治憲法下で、議会の閉会中に緊急の必要があるとき、天皇の発布した法律に代わる勅令。治安維持法など軍国主義化を促進する多くの法律の制定・改定がこれによってなされた。
261　天皇が直接発する命令。天皇がその大権に基づき議会の審議も経ず、国務大臣によっ

5-1　「戸籍」と「天皇制」

　戦後、天皇制の天皇大権は一切否定され、統師権、勅令制定権[261]はなくなった。にもかかわらず天皇の存在は維持され、皇位継承権[262]も維持されたのである。天皇大権の柱を除いて、天皇制三つの柱のうち、二つの柱は戦後も象徴天皇制として残った。

　そして「家制度」は「戸主」が廃止されることもなく「戸籍筆頭者」という形で残されたが、新憲法の下では「戸主権」「戸主」の実際の権限は否定された。ところが、日本国の官僚や政治家により「戸主」は戸籍の「筆頭者」という言葉に置き換えられて、今日まで残っている。

　「戸主継承権」つまり「家督相続」は民法には出さず、権限の少ない「象徴的な家」の相続方法である祭祀継承権[263]として民法に存在させている。それは、戦後民法の「兄弟姉妹平等原則」[264]を放棄して、単独相続になり、しかも「氏を同じくする者」でなければならないのである。相続を受けた後に「氏」が変わった場合には、それを返さなければならないという規定がある。この事実こそ、「家督相続」＝「家の継承」→「戸主の継承」を支える現実的で具体的な制度なのではないか。

　多くのものを剥ぎ落されながらも、したたかに生き残り「家制度」は「戸主」と「戸主継承権」の二本の柱として戦後も残った。戦後消えたのは「戸主権」だけである。これは、「大権」を失った天皇制と同様に、戦後の「家制度」は「象徴家制度」として残ったのである。「天皇制」と「家制度」の両方で支え合いながら権威・権限を守り続けている。日本政府は、「天皇制」・「家制度」を国民に押し付けてきた。このことは、天皇制だけを残して「家制度」を廃止すること、またはその逆もあり得ないことなのである[265]。

てのみ制定施行することができた。
262　皇室典範では、「皇統に属する男系の男子」とさだめられ、女子には継承権がない。
263　祭祀財産の承継系譜、祭具及び墳墓などの所有権は祖先の祭祀を主宰すべき者が承継しても相続の対象にはならない（民法第 897 条）。
264　親に要求されるのは「兄弟姉妹を平等に育てる」という教育である。明治天皇が山縣有朋内閣総理大臣らに対し、教育に関して与えた勅語。儒教道徳を元にした、第 2 次世界大戦前の日本の根幹となった勅語。
265　佐藤、1997、37 頁。

第5章　戸籍における天皇制に関する問題点

　戸主は同一戸籍内において優位な地位に立ち、戸主が婚姻や離婚に同意しなければ成立しない。彼らは戸主権を盾にして身分行為など、すべてにおいて同一戸籍内の家族を統制した。戸主と同一戸籍内の関係は、国家と国民との関係に似ている。例えば、国家は天皇を「現人神」として崇め立てて、国民に選択の余地を持たせることなく、それを信じることを押し付けたのである。特に教育では子どもに「教育勅語」[266] を、青年には「軍人勅語」[267] である、それを批判することは絶対許されなかった。

　国家＝天皇は国民を支配し、国民は国家＝天皇に忠誠を尽くすという強力な権力の上下関係を作り上げたのである。戸主も同一戸籍内者に対して統制し、同一戸籍内者は戸主に服従するという上下関係を作り、戸籍を身分登録制度を超えたものとして利用したのである。天皇の国民に対する支配は、戸主の家族に対する支配（権利）と同質なものとされた。国民の天皇に対する義務が＜忠＞であり、子の親に対する＜孝＞が、＜忠孝一本＞として、国民の最高の道徳として説かれた。戸籍が国家の設定した規範、規制に従うような国民意識をつくり上げて、国家が国民を支配できるように戸籍でコントロールしたのである。

5-2　皇族の身分を離れた者及び皇族になった者の戸籍に関する法律

（1）皇族関連戸籍法と戸籍制度

　新憲法の施行と新民法・戸籍法の施行、昭和22（1947）年9月との間に皇室典範も改正に伴って皇族関連戸籍法が同26日に施行された。これが、「皇族の身分を離れた者及び皇族になった者の戸籍に関する法律（皇族関連法）」である。

266　明治23（1890）年に発表され、第2次世界大戦前の日本の根幹となった勅語である。儒教道徳を元にしたことが記載されている。
267　軍人勅諭のことであり、勅諭とは「諭すお言葉」ということで指導・訓示のニュアンスが込められている。明治天皇が軍人に下賜した勅諭であり、将校は全文暗誦できることが当然とされた。
268　皇族がその身分を離れ、姓を与えられ臣下の籍に降りること。賜姓降下（しせいこうか）とも言い、そのような皇族を俗に賜姓皇族ともいう。皇族女子が臣下に嫁すことで皇族がなくなる場合は、臣籍降嫁とも言った。

182

「臣籍降下」[268] はこの法律に基づいて同年 11 月 4 日に行われたが、新戸籍が施行される前に元皇族達の新戸籍は編成されていたのである。

　新戸籍の原理について、GHQ は「家制度」を残すものとして厳しくこれを批判した。しかし、政府は譲らず時間切れで強行実施した（1947 年 12 月）。GHQ に譲歩したら、元皇族の新戸籍はたった 2 カ月で、再改正しなければならなくなる。天皇制を維持する日本政府としては、このことを認めるわけにはいかなかったのである。

　結果、国民の戸籍は「家制度」を存続させた。戦後の新戸籍の第 1 号は元皇族達の戸籍であった。新戸籍は元皇族達だけのための、身分登録として編成されている。元皇族達のための新戸籍は、元皇族達に都合が良くて国民の優位に立てる「氏」・「血統」中心の「新戸籍」を強制的に押し付け、国民を今日も縛り続けているのである。一体、「氏」とは何なのか。「血統」とは何なのか。

　戦後の戸籍制度は、戦前の戸籍の支配、管理と同じ手法を維持し、現在も国民は取り込まれている。明治政府が作りあげた天皇制、あるいは家族国家観に完全に取り込まれているのである。そこで、日本国民をかつての戦前のように、「家」に帰属させて、再び人々を差別するために、「血筋」や「血統」を意識させて、それを「千代に八千代に、さざれ石のいわおとなりて、苔のむすまで」存続させる予定なのである。

(2)「氏」とは何か。

　氏とは、個人の呼称とする「中川説」（通説）、「家庭の名とする説」、「血統をあらわすものとする説」、「戸籍編成基準とする説」などがある。明治初年に、氏を称している人は僅か 6% に過ぎなかったのに、明治 8（1875）年の「平民名字必称令」により「氏」は国民に義務化されたのである。

　江戸時代「氏」は「生来の身分を血の繋がりで伝えていく意味」を持っていた。このことは「氏」＝「血統」であると考えられる。武士は氏を名乗っており、妻も親の氏を名乗り、夫婦は別姓であった。嫁は腹を貸すだけで別の「家」の人間であった。このことは、「家父長制＝儒教道徳」が、基にあったからである。

第5章　戸籍における天皇制に関する問題点

　庶民の多くは苗字がなく、妻は「女房」とあるだけで名前もなかった。女性がいかに軽んじられていたか。押して知るべしなのである。しかし、実生活は各地各様、様々な習俗があり、「天領」[269] の農民は苗字を持っていたし、屋号を名乗る庶民も多かった。幼名を改名して、名付け親が多くいくつもの名前を持っている者もいた。僧侶に至っては「出家」して氏も名前も持たないことが「誇り」であったのである。

　明治政府は、明治2（1869）年、寺が売っていた称号（正×位×守、従×位×介）を禁じた。翌年は、原田甲斐、大石主税といった国名、官名の使用も禁止している。また、皇室や天皇にまつわる文字の使用を禁じ、急激に統制を強めている。

　明治3（1870）年、政府は戸籍によって人々を管理するため、平民にも苗字を許可した。翌年には戸籍を庶民の「家系図」[270] として、「苗字」を「氏」にすり替えている。いわゆる壬申戸籍が出来た1872（明治5年）には許可なく「氏」を変えることを禁止している。それまでは、桂小五郎が木戸孝允に名が代わっても不思議ではなかったのである（桂小五郎は木戸孝允と同一人物である）。

　しかし、次の年の9月には僧侶にも「氏」を強要している。明治7（1874）年、「氏」を名乗りたがらない者にも強制的に押し付けている。こうして日本全国民は、「氏」によって「戸籍」に縛りつけられたのである。

　「明治19年式戸籍」（1886年）では生涯の身分関係を継続的に記述する方式を採用し、「明治31年式戸籍」（1898年）では一戸籍一氏、すなわち、すべての人民はいずれかの「戸籍」＝「氏」に属さなければならないと規定した。

　しかし、「姓（かばね）」は「天皇に対する奉仕、忠誠の度合に応じて賜与されるものである」という「氏姓制度」[271] の原則が明治以降にも貫かれ、支配者の

269　明治初期に旧幕府直轄領が天皇の直轄領になったときに、天領と呼ばれるようになった。

270　系図とは、ある一族の代々の系統を書き表した図表。系譜の場合は血縁関係だけでなく、学芸の師匠から弟子への師承関係を表した図表をいう場合が多い。特定の家の家督相続の継承の系統（家系）を記した系図は家系図・家譜ともいう。

271　古代日本においては、中央貴族についで地方豪族が、国家（ヤマト王朝）に対する貢献度や朝廷政治上に占める地位に応じて、朝廷より氏（ウジ）の名を授与され、特権的地位を世襲した制度。

5-2 皇族の身分を離れた者及び皇族になった者の戸籍に関する法律

天皇およびその一族には「氏」はなく、歴代の天皇および後続の系譜は人民の目には触れない皇統譜に記録され、戸籍法・住民台帳法の適用を受けない。戸籍が天皇達のための「奴隷台帳」であったという本質は現在も変わってはいない。

個人を単位として身分登録する諸外国と異なり、一式の親族をまとめて登録する戸籍制度は日本独特のものであるが、その当時、日本の植民地とされていた朝鮮、台湾にもこの戸籍制度が適用された。そして戦時中は、「皇民」[272] として徴兵され、戦後は、「本籍地を日本に持たない者は外国人とみなす」という勅（＝天皇の命令）によって、一方的に「氏」と日本国籍を剥奪されている[273]。サンフランシスコ条約発効から9日前の昭和27（1952）年4月19日、法務省民事局長通達が発されたが、日韓条約締結時に問題となり、日本政府もさすがに「国籍の選択権は与えるべきであった」と認めた。

明治天皇の妻である「一条美子（はるこ）」が、公式の書類では「藤原美子」と記載されたように、藤原家の屋号の一つであった「一条」は、天智天皇から中臣鎌足が賜った「氏」であるが「藤原」に譲ったものである。そして、下々の者の苗字も畏れ多くも天皇様から授かって、代々子孫に伝えこれからも永劫に伝えていくべき「氏」であると、観念されるようになったのである。

「氏」は「一家」を束ね、「万世一系」[274] の「系譜」を表示し、「天皇様から賜った」という観念を通じて、天皇家の分家としての役割を儀礼的に担う。この考え方は、また、そうした「氏」を戴く「氏集団」は「日本民族」という観念も育てるのである。実際にこのような「系譜」を伝えてきた者たちがいるので、この観念は一部の者に強力に迎え入れられる。旧士族層や公家、華族だった者、ごく少数の豪農、豪商の者たちである。手にしているささやかな権力に国家的な箔をつけて、権威を手にするためなのである。

---

272 皇国の民ということ。皇民化教育として、主に満州事変から太平洋戦争までの戦時中に、日本が朝鮮・台湾などの占領地や沖縄において日本文化への強制的な同化教育があった。
273 善積、1993、9頁。
274 永久に一つの系統が続くことで、多くは皇室・皇統（天皇の血筋）についていう。天皇家は何物にも代えがたい至上の価値があり、日本という国は他国より優れた特別な存在だという。

185

第5章　戸籍における天皇制に関する問題点

　こうしたことが、やがて「氏を持つのは日本人だけ」とか「外国人の姓は氏ではない」という変な観念と戸籍手続を生み出し、今日の「氏」のルールと、日本人と外国人との身分関係の中での「姓」の扱いを決定する規範となっている[275]。

5-3　天皇家には何故「氏」がないのか

　日本で氏が父系的な血族集団になり始めたのは3世紀末ごろからで、早くても完成したのは応神・仁徳天皇以降である5世紀の初めではないか。王権の系譜を天皇家に結集させるために聖徳太子の登場・大化の改新[276]、そして壬申の乱があった。それまでは権威は母から、権力は母の父からであり、氏は母系的で王権は外戚（王の外祖父）の実力にあった。弥生時代以降の日本は母系的な王国が並立し、お互いが通婚を繰り返しながら部族連合王国を形成した大和が、他を圧倒してきた。

　一夫多妻による大連合は通婚関係から出来ており、これが母系と別の権力継承の器になり王室が生まれたのである。王室にはそれぞれ別な氏（部族）に属する男女が、政略通婚のために派遣され、次代王室の通婚軸として皇太子だけが王室に残り、他の子は母親の氏族の元に戻される。現実の王室は各氏族が派遣した女官と兵士で支えられていたのである。王の氏は母の氏であり、世代交代の度に変動していた。壬申の乱の後は権力の父子相続が次第に固まり、「家」に転化していった。

　「皇室は絶対に尊厳なる貴種[277]にましますから、苗字がおありにならない」（『解義国体の本義講話資料』[278]より）というのが戦前の「天皇には氏が無い」理由であっ

275　佐藤、2002、91頁。
276　中大兄皇子と中臣鎌足らが蘇我入鹿を暗殺し、蘇我家を滅ぼした。乙巳の変（いっしの変）の後に行われた政治改革。645年の大化の改新も646年に換わり、近年では大化の改新はなかったとする説もでてきている。
277　高貴な家柄に属していた人のこと。皇室や源氏、平家、橘氏のような古来から続く名門や旧華族に属していた人間が挙げられ、その他数代数代続いている政治家。
278　佐藤、1988、48頁「戸籍うらがえ史考」に題名のみ記載されていた。したがって、『解義国体の本義講話資料』だけである。

た。今日では、他の血族集団と区別する必要がないほどの、図抜けた権威と力を持った特別の集団であったことの証である。

天皇家を古来万世一系と称するが、血統に断切があったならば、その前後を区別するために、双方に氏が伝えられているはず」[279] といった説明が、学問の装いを持ちながら罷り通るのである。たしかに氏を持たない皇室は中国文化の影響下にあった東アジアの珍種ではある。しかし、そのことが「比類なき者」として神秘化されるのは疑問である。

「朝鮮通信使」[280] が「天皇に氏がない」ことに首をひねったのは、彼自身が儒教的な宗氏観・国家観であったからかもしれない。古代日本人は無姓で、名だけの存在であった。日本の北方民族や、中国の影響以前の沖縄も姓氏がなかったし、「大和王朝」[281] の周辺では多数の無姓の民が存在していた。大和で姓氏を名乗っていたのは「天皇をまつろう者」[282] だけである。天皇に姓氏がないのは当然であるし、天皇以外に姓氏がないのも当たり前で「比類なき者」は、当時大多数の存在だったのである。

5-4 氏と「家制度」

夫婦同氏について初期の法制は、別氏をタテマエにしていた。しかし、明治31（1898）年の明治民法により夫婦同氏になったが、儒教道徳から抜け出したのではなく、日本独特の「家制度」を打ち出したいがためであった。明治民法第746条は「戸主及び家族は某家の氏を称す」とある。

「氏」は男も取り上げられ「家」のものとなった。今も個人は皆、「名」だけで、氏は戸籍についている。これが今日にまで続いているのである。「戸籍」が「家」

279　坂本太郎、『現代のエスプリ別冊』、1986年。
280　室町時代から江戸時代にかけて李氏朝鮮より、日本へ派遣された外交使節団である。朝鮮国王から日本国王に国書を渡すために派遣された使節のことである。
281　日本の古代大和において、天皇を頂点とした政権が組織され、この政権によって国家が統治されたのを大和朝廷と呼んでいる。
282　天皇制における教育は「まつろうもの国民」と「まつろわぬもの非国民」を峻別し、「非国民」は「非人間」であるとする教育であった。

第 5 章　戸籍における天皇制に関する問題点

を表し、氏が「家」のものになったため、どの戸籍に入っているかで「氏」は決まった。「戸主」は同じ「氏」を称した。今日の「夫婦同氏の原則」はここから来ている。

　敗戦後、GHQ（連合国軍最高司令官総司令部）[283] により民主主義は自立した個人によることが求められていた。日本政府は人々を「家」にまだ従属しているとして、個人の尊厳を否定していた。GHQ の強い批判で、「家」は廃止されることになったはずなのに、「戸籍」により人を管理することで「家」は、しぶとく生き残ったのである。

　新民法第 750 条は「夫婦は、婚姻の際に定めるところに従い、夫又は妻の氏を称する」とし、同法第 790 条は「嫡出である子は、父母の氏」「嫡出でない子は母の氏を称する」としている。戸籍は引き続き「氏」を同じくした者を管理することになり、「家制度」の骨格はそのまま残されたのである。

　宮沢俊義[284] の「家破れて氏あり」（せっかく「家」を廃止したのに「氏」を残してしまったという、悔しさが込められている。）の言葉通り、「氏」と「家制度」は密接に結びついている。また、「家滅びて氏あり」・「家滅びて戸籍残る」などと、戦後の戸籍法改正を強く非難した学者もいた。「家制度」が廃止されたにもかかわらず、「家」の代わりに「氏」による統制が、今日も行われているのである。「戸籍に記載される家族の範囲が氏を基準に決定される構造が維持された」と指摘されている[285]。

　戦後の政治では、家族制度を受け入れて革新でも保守と変わらず、国の承認を受けながら、己の分を守って暮らすことが幸福なのである。天皇制の国家観は日本の家族とよく似ている。「家」は天皇制をモデルにして強制的に作られ、天皇制は日本の支配的地位にあった人々の家庭をモデルに構築し、今日まで来ている。天皇と国民のあり方、戸主と家族のあり方の理想型は相互に転換できる。天皇の権威は家長や祖先の絶対性で支えられ、戸主の権威は天皇や祖先の不可

283　第 2 次世界大戦後の昭和 20（1945）年 8 月、アメリカ軍を基幹とする連合国軍による対日占領行政を担当するために設置された機関。
284　日本の憲法学界をリードした憲法学者であり、戦前は一貫して明治憲法を擁護したが、戦後は転向した。
285　水野、1992、164 頁。

188

侵性で補完される。戸籍制度によって天皇制の下に家族は組織される。家族は戸主に組織され、戸主は「系統」を辿ることで祖先へ、また下ることで分家や同族、広くは一族へと組織される。そして「系統」の観念や「姓は天皇よりの授かりもの」とする「氏」の観念によって天皇制国家に組織される。

明治維新、長州人の山県有朋は戸籍制度の根本精神について「凡そ人臣たる者、来世の前より君恩に生長し、一衣一食より、一田一廬より、君恩に非ざるはなし」という。祖先の霊と天皇とをすり換えている。これこそ、戸籍制度の理念であり、長州閥によって制圧された明治絶対主義政権なのである。

戦後の新憲法第24条に「ただし家族生活はこれを尊重する」の文言を付け加えるという動きがあった。結果、165対135で否決されている。しかし、憲法第24条を骨抜きにする「家制度」の復活は、「家族制度」という一見ソフトな法制度から、まず歩き出したのである。

「改正民法の＜氏＞の制度は、構造においても動態においても、いわれているような個人の呼称として現れているのではない。それは旧来の権力的社会機構を、改正法の背後において維持し、あるいは復活しようとする力の支点になり得るものであり、現に戸籍制度を借り、あるいは祭祀承継制度と結ぶなどと、色々な手段を通して、匿名の『家』として再構成されようとしている」と警告の声も上がった。しかし、当時の法律家の主流であった中川善之助や我妻栄は「法とは妥協である」と、これらの声を葬ったのである。

昭和26（1951）年6月8日、住民登録法が施行され、人々を住所によって支配し得るようになり、「身分によって支配する戸籍は不必要」の声が行政庁内部でも出始めた。しかし、息を吹き返した勢力によって消された。サンフランシスコ講和条約調印の年であった。

同年9月10日の朝日新聞によると、「吉田茂首相は社会秩序の一つの拠り所として＜家＞を重視して、改正民法が家族制度にメスを加えたのは、良い面もあるが行き過ぎもあったと解している」とあり、翌年（1952年）には木村法務総裁が憲法全面（第9条、第24条を中心に）改定を言明している。

また、昭和28（1953）年には内閣法制局調査科が、憲法第24条を「日本の

第5章　戸籍における天皇制に関する問題点

実情に適さない」と指摘している。翌（1954）年、自由党の憲法調査会会長である岸信介は「第24条を改正して、全体として昔の家族制度を復活したい」と強く述べた。

岸はサジ加減一つでどうにでもなる＜家＞制度の復活に向けて真正面から出る決意であった。そして、昭和31（1956）年には憲法調査会が成立する。そして、昭和42（1967）年、住民基本台帳法が成立し、住民登録法に替わった。住民登録法に伴う改正通達第1・4によると、「世帯を構成する者の内で、その世帯を主宰する者が世帯主である。……『主として世帯の生計を維持する者であって、その世帯を代表する者として社会通念[286]上妥当と認められる者』と解する」とあった[287]。

『世帯主』を戸主、『世帯』を家と読むと、世帯を特定する代表にすぎなかった『世帯主』が、「戸主」になるのである。戸主権や家督相続を含む絶対的な権力を伴わない「家」が復活したのである。「主婦」はこれらの二重の規定によって『世帯主』になれなくなったのである。さらに、同通達第2・（2）によると、記載されるべき世帯全員の序列まで定められた。そして、旧戸籍から追放された規定も住民表に復活したのである。「家」とは何か。これを説明するのは極めて難しい。現実的な生活形態から意識、慣習、制度、そして超観念的な宗教観からイデオロギーまで、あらゆるレベルを含んだ概念である。

5-5　「土地と日本人」[288]

日本は海と山に囲まれた島国である。海は殆どの国民全員が利用できる。山

286　人間社会の「暗黙の了解事項」の一つで、法律のように明文化されていない法律学における社会通念。裁判や法学に関する文章などでは、「社会通念」という言葉は民事法の世界では「慣習」や「取引通念」などと同義に使われ、刑事法の世界では「常識」と同義に使われる傾向がある。しばしば裁判官、または法学者が妥当と考える結論を述べる際の枕詞として使われることも多い。

287　佐藤、1995、14・15頁。

288　司馬遼太郎・野坂昭如・石井紫郎・高橋裕・ぬやまひろし・松下幸之助、『土地と日本人』、1976年、中央公論社。

5-5 「土地と日本人」

も海と同じように国民全員が利用できる広大な土地（山）がある筈である。しかし、誰も広大な日本の山の主を知る人はいない。この司馬遼太郎の対談本によって謎が解けそうである。

(1) 石井紫郎との対談 [289]

石井 「戦後マッカーサー司令部から示された新憲法草案には、土地公有論的な条項があったそうです」

司馬 「マッカーサーの部下はニューディール [290] 派が多かったようだ」

石井 「その条項を削らせたのは自分だと、当時憲法草案について折衝に当たっていた松本丞治が言っておりますが、やはり土地公有というのは共産主義だという考え方からだったようです」

司馬 「それは、古典的な考え方で、土地問題というものは、もっと多様なものだと思う。日本人に一番解りやすい理解は、土地は天下のものであり、天が公有である如く、地も公有であるという説明が良くわかる」

石井 「中国の儒教では孝を尽くす糧を得るために主君に仕える、つまり忠を行うと考えるのに対して、日本では忠節を尽くす手段として、家臣の家があると考える。日本と中国とでは基本的には同じではない。律令制で中国の口分田は私田と言い、日本では公田と言うが、この「公」という言葉は、最初に公民という言葉、オオミタカラという言葉があり、その公民が耕作していたところを公民田とか公田といった。律令だけを見れば、中国と同じで口分田を私田と言ってはいるが、日本では実際に使われた言葉使いを見ると公民が耕作している土地を公田といい、これは口分田のことであり、オオミタカラという言葉はオオミタのヤカラということです」

司馬 「戦前教育はあれをタカラと教えたのだからすごい」（「公」というのは天皇のことである。オオミタカラとは公田のヤカラ＝耕作者ということである→天皇治下の

---

289 『中央公論』、昭和51年7月号の一部収録より抜粋。
290 1929年に始まった合衆国の大恐慌は世界恐慌に発展し、合衆国に深刻な影響を与えた。ルーズベルト大統領はニューディール政策による恐慌克服を目指した。

第5章　戸籍における天皇制に関する問題点

農民）

石井　「オオミのヤカラだから公民となり、公民に班給された土地だから公田と
　　　なるわけです」

司馬　「日本の「公」というのは曖昧なので言葉を変えなければならない」

石井　「昨日まで「公」だったものがいつの間にか「私」になる。だから明治維
　　　新ができたのだろう」

(2) ぬやま・ひろしとの対談 [291]

ぬやま　「岩倉具視の建白書に従って、明治23年に四百八十万町歩がアッとい
　　　う間に、天皇家の私有財産に決められている。それに続いて島津、毛利、鍋島、
　　　他地方の素封家が山林原野を分取っている。どれだけ分取ったのか、その面
　　　積さえ測量されていない。その実際の面積と土地台帳とを比べたら、どんな
　　　に穏やかな日本人でも……」

司馬　「日本人の穏やかさは、古代から続いている観念の不明快さにある。天皇
　　　家の問題は、本来財産を持っていなかった京都の神主 [292] さんのような天皇家
　　　が、非常に多くの林を持つようになるのは明治十年代であるが岩倉がそうさ
　　　せた。つまり、藩主に対して廃藩置県 [293] の命令を出す時に天皇の効用があっ
　　　た。ところが、後になって士族の不平、自由民権運動の擡頭で岩倉が過度の
　　　神経を使った。そのころにはもう、廃帝の声が中江兆民の仏学塾 [294] 等から上
　　　がり、共和制の声も上がった。明治維新成立とともに、天皇家はやめて共和
　　　制でいって、大統領をだそうということである。官吏では伊藤博文もそうだっ
　　　た。博文は明治四年に大久保、岩倉達と欧米に国家見学に行き、アメリカも
　　　含めて世界の強国はどういうふうに国をつくっているか。すると、栄えてい

291　『無産階級』、1975年4月15日、第2号に収録より抜粋。
292　神社に仕える人。神職。神宮。
293　明治政府がそれまでの藩を廃止して、地方統治を中央管下の府と県に一元化した行
　　　政改革である。
294　中江兆民によって開かれた神田猿楽町の家塾で語学・思想史・漢学を重視した。福
　　　沢諭吉の慶応義塾と並び称された。

5-5 「土地と日本人」

るのはアメリカとフランス、これは共和制である。とすると、我々が天皇を
担いだことは少し古臭かったかな、と、帰りの船で共和制を唱えはじめている。
それに木戸も同調している」

ぬやま 「日記にそれらしいことが書いてある」

司馬 「木戸がそれに同調して、相当ふらふらした。ところが他の者がまあまあ
とおさめた。しかし太政官[295]の公家代表である岩倉は伊藤に対して危険を感
じはじめた」

ぬやま 「警戒しはじめたのですね」

司馬 「その伊藤が、自由民権運動は抑え難いものである、時の勢いであり世界
の勢いである、だからいっそのこと自分は官吏をやめて政党の親方になって
もいいんだ、と思いはじめる時期というのが明治十年代である。それで結局
憲法をつくらなければということで、ドイツの国家学者のシュタインにつく[296]。
国家とはなんぞやということを説明するのに住民がいた、そして後で国家が
できた。であるから、本来相反するもので、その矛盾を調整するのがつまり
政治であるという。伊藤博文の明治憲法はほとんどシュタインが書き、日本
語に金子堅太郎が直している。伊藤がベルリンのホテルにこもりっきりで、
それをやっている時に、岩倉は胃がんが悪くなって東京で死にかけていた。で、
伊藤に最後の遺言をしたいことがあるからと、帰れと電報を打てども、つい
に伊藤は帰らなかった。だから、伊藤の友人の井上馨を呼び、天皇の権力を
強くせよとか、天皇の財産を強くせよとか言ったらしい。そんな岩倉だから、
万一日本に自由民権運動[297]の大反乱が起った場合に、天皇に兵隊を養えるだ
けの財産を必要とすることが、天皇領の発想である。農地は天皇が地主にな
れないから山林ということになったのだろう」

---

295 大宝律令で定められた役所で中央・地方の諸官庁を総管し、大政を統理した。明治
前期では最高官庁であったが、明治18（1885）年内閣設置と同時に廃止された。
296 ローレンツ・フォン・シュタイン。ドイツの法学者・思想家。フランス初期社会主義・
共産主義思想並びにプロレタリアート概念をドイツにおいて、初めて学術的にまとめて
紹介している。
297 明治時代、日本で行われた政治運動・社会運動。明治7（1874）年、民撰議院設立
建白書の提出を契機に始まったとされる。

第5章　戸籍における天皇制に関する問題点

ぬやま　「明治維新から後になっても、混沌としているんですよ」

司馬　「天皇領は多くは木曽とか銘木の産地ではないか。つまり一本売ったら、今の値段でいえば一千万円になるような値段ではないか。いわば美林の山林や、おそらく雑木ばかりの中国山脈を含め、山林全部が今では金の山、札束の山になっている。これが、資本主義をつくっているもとである」

ぬやま　「今までは、地主と資本家とを別のものとして考えていたが、土地ブームが起き、土地はいつでも換金できる。隠された土地は、一般の人民の目には見えない。そしていつでもすぐに資本化できるわけですね」

司馬　「そうなんです」

ぬやま　「この天皇がもっていた総資産というものは、たいへんなものになる。終戦の時に天皇家が持っていた有価証券は、日本銀行の筆頭株主と、郵船会社の筆頭株主と、正金銀行[298] の筆頭株主等、膨大な有価証券をもっている。おそらく島津も毛利もみんなそうだと思うんです」

司馬　「そうだと思います」

ぬやま　「すると、有価証券の方は国有にもされないで、私有にされているわけです。三十年間の増資増資でこの膨大な資金が、どう管理されているのか。天皇が個人で管理することはできないから、要するに高級官僚が管理している。一方では、あの膨大な土地が国有になったとしても、それも官僚が管理しているわけです。この誰も目の届かないところで行われている土地の管理と資本の管理、これに伴う腐敗と堕落、それが浮かび上がってくる。田中角栄に言わせれば、俺のやったことなどものの数ではない（笑）と。おそらく腹の底では……」

司馬　「思っているでしょうね」

298　明治13（1880）年に設立され、かつて存在した日本の特殊銀行。外国為替システムが未確立だった当時、日本の不利益を軽減するよう現金で貿易決済を行うことを主な業務としていた。
299　ウォーターゲート事件。不正なニクソン政権の動きに世論が猛反発し、やがて議会の大統領弾劾の動きに抗しきれなくなり、合衆国史上初めて大統領が任期中に辞任に追い込まれた。

ぬやま 「アメリカではフロリダの土地業者と組んでいたニクソンが弾劾[299] を
くい、私有財産の公開が要求される。アメリカの大統領は、日本では天皇と
その官僚機構であるはずだが、天皇は象徴になっているから実際の権力はな
いという立場をとっている。しかし、物質的な基礎は、依然として天皇とそ
の官僚機構に握られている。この物質的な基礎をどうするか。いったいそれ
が現実にどれくらいあるのか？どう管理されているのか？ということを、人
民の目の前に明らかにすることです。現行憲法でも主権在民ということになっ
ている。日本の主人公は人民だという建前になっているので、国土の半分以
上を占める国有地は人民の財産である。だから、主人公がその財産を、その
必要に応じて使用するのは当然の権利である。まず、この観念が定着しなけ
ればならない。ところが実際には、その主人公が自分たちの財産が、いった
いどこに、どれだけあるのか、それすら知らない」

司馬 「実際には、昔も今も、天皇を頭とする官僚機構がこれを支配していて、
少数の特権高級官僚が、その利益を独り占めしている。まず、国有地の実測
をはじめることである。国の主人公である人民が、自分たちの財産について
何も知らないようではどうにもならない……」

平成 27 (2015) 年 11 月 5 日現在、依然として国有地の実測については予定
すらない。国有地の存在について知る国民は殆どいないし、別に知ろうともし
ていない。マスコミでさえ、知ってか知らずか、騒ぐこともない。こんなにも
大きな問題が放置されたままである。お上に依存し、疑うことを知らない日本
人の従順な体質は戦前も戦後も変わらないのである。

5-6　天皇制と民主主義

「民主主義とは民衆の権力」が原義（もともとの意味。原意。本義）で、「治者と
被治者の同一性」を意味し、人々が自分自身の支配のあり方、政治のあり方を
決めるシステムのことである。日本の戦後民主主義は、それまでの君主主権か
ら国民主権の国家へと大きく政治を変換させた。しかし、その民主主義への変

第5章　戸籍における天皇制に関する問題点

化は、日本国の民衆によって獲得されたものではなく、アメリカの占領軍や連合国によって形成された。戦後の日本の民主主義は天皇制の問題を十分に議論しないまま民主化を進めてきた。

　20世紀になると、国家の数が200近くに増え、各国は「民主主義」を謳い始めた。例えば、北朝鮮の正式国名は「朝鮮民主主義人民共和国」である。あの独裁国ですら、「民主主義」という言葉を確実に受け入れているのである。旧社会主義圏の国々も、社会主義体制を「資本主義より進んだ人民民主主義」と規定していた。昭和20（1945）年8月の敗戦後、占領軍と日本の旧支配勢力との間で行われた駆け引きの結果として作られたのが、戦後日本の民主主義であり、「天皇制民主主義」と呼ぶのがふさわしいという考え方もある。連合国側の思惑によって残された「天皇制」を、70年の歳月が経った今、日本人は「自分たちでどうすべきか」を考える時がきている。天皇制がなければ、どのような不都合があるのだろうか。天皇家という特定の一族が世襲で、姓もなければ選挙権を持つこともなく、それにもかかわらず国事行為を行い、象徴として特別な地位を持っていることを国民はどのように考えているのか。

　天皇とは、「日本国の象徴であり日本国民統合の象徴」とある。天皇は国家の象徴として国事行為を行っているのにもかかわらず、政府の公式見解では元首ではない、という。このことから、「憲法改正して、元首として正式に認めよ」という政治家もいる。現行憲法の規定では「元首（the head of the State）」に近く、外国では日本の元首として扱われている。しかし、「国家（the State）」の象徴としての天皇が本当に必要なのだろうか。「民族、国民（the Nation）」の象徴としての天皇が必要ならば、宗教の教祖のような存在として残すことは考えられる。天皇家の人々の自由や人権、選挙権・被選挙権についても考える必要があるのではないか。

　外国では、一般的に日本国は「立憲君主制の国」と規定されている。日本の天皇制はたしかに絶対君主制ではない。天皇には何の政治的権限もなく、内閣の決定に基づき国事行為をするいわば人形のような存在だから、イギリス型の立憲君主制とも違う「半君主制」ともいわれる。しかし、世襲一家が、特定の

役割をもって国家の最高の地位にいるということは、明らかに「君主制」ではないか。日本は世界一の君主国なのである。

19世紀から20世紀にかけて、世界の政治体制は、君主制から共和制[300]へ、独裁[301]から民主主義体制へと方向転換している。世界の多くの民主主義国では、民主主義は戦い取るものとされ、自由と民主主義のためには戦争も辞さないというのが常識なのである。しかし、日本では、天皇制と国民主権、憲法第九条と自衛隊、日米安保体制が並存している。

昭和17（1942）年、アメリカの「日本計画」による北海道・本州・四国・九州以外の地域では、天皇制が通用しないことをアメリカは見抜いていた。沖縄の人々は、かつて琉球王朝[302]をもっていたので天皇崇拝の感情が薄く、対日工作に使えると分析していた。そして、日本政府の沖縄切り捨てである。唯一の地上戦となった沖縄では、十数万人の沖縄人の犠牲者を出している。しかも日本兵によって沖縄の人々が殺されているのである。サンフランシスコ講和条約締結後、二十数年間沖縄はアメリカ軍の直接統治下にあった。やっと沖縄返還の声が上がったのは、1960年代になってからである。本来日本の仲間であるはずの沖縄の人々を切り捨てたのは、天皇崇拝が薄かったからとも考えられる。

日本国憲法では、天皇は政治的な役割をもたないことになっているが、外国訪問の時に「お言葉」という形で、過去の戦争について謝罪することは、元首の発言として首相の発言より重みを持つのである。

戦後民主主義は、憲法第一条を除いて、国民主権、議会制民主主義、議院内閣制、基本的人権、男女平等、普通選挙など、一般的な民主主義システムを採用している。制度的に見れば、立派な民主的な憲法である。特に第九条の戦争放棄、戦力の放棄という世界遺産的条項もある。この憲法と民主主義を支える

300　人民または人民の大部分が統治上の最高決定権を持つ政体。一般には政府の大半の意思決定が、元首の裁量によってではなく、成立した法を参照して行われる体制のこと。
301　自分一人の考えで物事を決めること。特に特定の個人、または階級が全権力を握って支配すること。
302　1429年〜1879年までは独立した国であった。前半は明国の半ば属国であり、後半は半ば日本の属国になった。明治12（1879）年に日本に併合したという形になった。

第5章 戸籍における天皇制に関する問題点

主体としての国民に問題はなかったか。

　日本は原爆投下された世界で唯一の国である。原爆投下されて、やっと敗戦した国民全体の被害者意識はどうなのか。蔣介石が毛沢東に「天皇制こそが中国民衆を苦しめている戦争の元凶であるから、天皇が最高の戦犯である。天皇制は廃止すべきである」というと、毛沢東は「天皇をどうするかは、将来日本の民衆が決める問題である。いまの日本人は戦争にも反対できなかったくらいだから、天皇制をなくすことはできないだろうが、それでも構わない」という答えであった。1945年5月、敗戦の3か月前のことでる。

　原爆投下については降伏決定を先延ばしにした戦争指導部の問題であるが、15年間の中国大陸への侵略戦争、36年間に及ぶ朝鮮植民地化の問題もある。「加害者」としての意識が1960年以前は殆ど顧みられることはなかった。戦後民主主義は「沖縄」の人々を切り捨てて、天皇を「象徴」として信心する者だけで纏まっていた。また、民主主義と一体になった平和を守ろうという意識が、戦争を放棄する、軍隊はいらないという意識から、経済成長で豊かになった生活を守ろうとする保守的な経済大国意識に変貌したのである。そして、戦争に反対する意味を、日本が戦争に巻き込まれないために象徴天皇制の基で国土を守るという意識に限定された。他国から見れば、奇妙な「一国平和主義」と呼ばれる世界への無関心、アメリカ依存を形成している。

　このような国民の問題には、天皇制による日本の民主主義の歪みが重要な役割を果たしたとも言えるのである。これからの未来、地球的規模の民主主義を目指す時、天皇制は障害になる可能性があるのではないか[303]。

303　加藤、2007、180 ～ 189 頁。

おわりに　子どもの人権を重視する社会の構築

　父母が離婚した場合、子どもの氏は変更されることはない。母親は旧姓に戻り、親権を持つ父親も養子の姓を名乗ると、残された子どもは一人だけでも従前のままの戸籍に残る。子どもの戸籍については届出の手続きをしなければ、自動的に親権者の戸籍に移動することが出来ないのである。子どもと親の氏が異なる場合、子どもは親の戸籍に入ることが出来ない。このため、子どもの親権者が氏を改めた場合に、子どもに自分と同じ氏を名乗らせない限り、自分と同じ戸籍に入れることはないのである。そして、子どもは従前の戸籍にひとりだけで戸籍に残り「一人戸籍の子どもの問題」が生まれる。

1　「ひとり戸籍の幼児」は、いま

　婚姻により氏を改めた子どもの親権者が、子どもを自分の戸籍に入れたいならば、家庭裁判所に対して「子の氏の変更許可」（民法第791条）を申し立て、子どもの氏を自分の氏と同じにする必要がある。家庭裁判所による子どもの氏の変更許可のみでは氏の変更の効力は生じず、子どもが親の戸籍に入籍する旨の届出をすることが必要である。これにより、子どもの氏の変更の効力が生じることになる。養子にいった父親である親権者が、自分の戸籍に入れたくない場合、「一人戸籍の子どもの問題」は起きる。

　また、戸籍は夫婦および夫婦と氏を同じにする子どもと作られる（戸籍法第6条）ことになっているため、親が復縁した戸籍の筆頭者がその親の両親（子どもにとっての祖父・祖母）であると、親・子ども・孫の三世代になり、戸籍法に反する事態になる。

　「ひとり戸籍の幼児」の情報は「プライバシーの侵害になる」ということで、

おわりに　子どもの人権を重視する社会の構築

役所の戸籍係では門前払いの状態であった。戸籍制度が如何に屈強なものであるか、わかってはいたものの、不気味なほど触れてはならないものである。近年、110年以上放置されていた無戸籍児、婚外子、性同一性障害の戸籍問題が、やっと、社会に周知され始めた。気の遠くなるような歳月をかけて、今日知られるようになったのである。無戸籍児に至っては、３世代に渡っている事例もある。行政サービスを受けることが出来ず、学校にも行けず、病院にも行けず、住まいを借りることも出来ない。当然にビザが取れる訳もなく居場所はこの地球上の何処にもないのである。結局、就職もできず、人間として生きる術を挽ぎ取られて、どうやって生きていけばいいと言うのか。「ひとり戸籍の子ども」にしても、同じことが言える。物心がついた３歳のころから、親の離婚により、たったひとりで戸籍を作られている。役所では、「親権を持つ親がいるのだから親に保護してもらえ」ということであったが、親権には拘束力がなく、戸籍からは排除された状態であった。

無戸籍者事例　65歳　初めての戸籍

戸籍も住所もないまま、日雇い労働で生きてきた男性の話である。車にはねられ入院したことでＮＰＯの支援が始まり、65歳になった平成27（2015）年、裁判所で日本国籍を認められて戸籍を得た。老いが迫る中、ようやくセーフティーネットに手が届いた。

150センチ余りと小柄な体、良く焼けた肌にゴツゴツした指。「あまり思い出せんけど」。ぽつり、ぽつりと彼は半生を語った。父親は　福岡県の港で荷担ぎをしていた。自分は韓国生まれ、4、5歳で母親と別れ日本人の父親と日本に戻ったと、父に聞かされて育った。小学校に行くと、自分の名前が記してある机のひらがなの文字が読めなかった。バカにされ、二度と小学校に行かなかった。

日本国籍と親族関係を示す戸籍が自分にはないと、父親に言われたのが小学校を出る年の頃である。「ああそうか、としか思わなかった。出生届が出されなかった理由はわからない」と言った。10代半ばで父親と名古屋市南区で暮らしたが、「ほったらかしになってばかり」でアパートを抜け出すようになった。あ

る日戻ると、家主らしき男に「父親は死んだよ」と言われた。

野宿を続け、20歳頃日雇いの街笹島（中村区）に落ち着いた。戸籍も住所もなくても別に若い頃は困らなかった。日雇い仕事に履歴書はいらず、簡易宿泊所で住所を聞かれることもなかった。そのうち、昔ながらの寄場では仕事が見つけにくくなった。10年ほど前、「住所がないやつは来なくていい」と手配師に突き放された。平成11（1999）年に労働者派遣法が改正され、日雇いも派遣労働者が増えた。手配師は携帯電話で人を集めるようになっていた。

川沿いの竹藪で小屋に住み、自転車で空き缶集めを始めた。「1キロ80円くらいで食っていけたよ」。しかし、平成26（2014）年4月、仕事中に車にはねられ左足を複雑骨折して、運ばれた病院で戸籍がないことがわかった。身元引受人を聞かれ、「中村区のホームレス支援団体」を思いついて挙げた。そのＮＰＯ法人、ささしまサポートセンターが支援に動いた。「足が痛く、空き缶集めはつらい。でも住所がないと他の仕事もない」と話す男性の身元を安定させるために、就籍 304 を名古屋家庭裁判所に申し出た。

家裁や支援者は手がかりの公的記録を探したが、見つかったのは、男性が野宿中に愛知県に事情を聴かれた時の資料だけである。それでも家裁は平成27（2015）年7月、就籍を許可した。「日本人男性と矛盾しない風貌で、日本語を母国としている」ということであった。男性が語る経歴には不自然な点は見られないとしている。本籍地と住所はセンターの場所になった。支援者の助けで生活保護受給の手続きが出来て病院にもいけるようになった。仕事探しは今も厳しい。「住所があれば、人生が変わったかもしれない。でも、おやじを恨んでもしゃーない。なるようにしかならんもんだろ、人生って」305。

「無戸籍、今も救い待つ。国の把握の実態はごく一部。役所対応に差、支援届かず」のキーワードが彼らの現状を語っている。無戸籍の小中学生は142人と

---

304 日本人でありながら戸籍のない者について、新たに戸籍に記載されること。家庭裁所判に許可を得るか、判決を得て就籍の届出をすればよい（戸籍法第110条・111条）。出生届をしなかったり、記載もれの時に無戸籍者になる場合がある。

305 平成27（2015）年11月13日、朝日新聞（朝刊）より抜粋。

おわりに　子どもの人権を重視する社会の構築

いう実態が文部科学省の調査で明らかになった。しかし、対象は役所が把握したごく一部に限られている。実際には、今も学校に行けない子どもや、学校に通えないまま成人した人もいる。無戸籍を解消するための調停や裁判の統計から、無戸籍者は大人を含め、少なくとも1万人はいると推定されるという。

2　「広がる、子どもを守る社会」

　離婚した女性の再婚を6カ月間禁じた民法の規定について、「違憲」とした平成27（2015）年12月の最高裁大法廷判決を受け、法務省は法改正の素案を明らかにした。再婚を100日に短縮したうえ、100日以内でも妊娠していなければ再婚を認め、ついに平成28（2016）年6月1日、民法の一部を改正する法律が成立し、「再婚禁止期間」は100日に短縮された。

　しかし、「離婚後＜300日以内生まれた子は前夫の子＞と推定する民法第772条」については、そのままである。出産した子が元夫の子とみなされることを恐れて出生届を出せず、無戸籍の子を産む原因となっており、この規定も含めた改正を望む声が大きい。

「女性差別撤廃委員会」の勧告

　女性差別撤廃条約の実施状況を審査する国連の女性差別撤廃委員会（OEDAW）は、平成28（2016）年3月7日、日本政府に対する勧告を公表した。夫婦同姓や再婚禁止期間の民法の規定について改正を求め「過去の勧告が実行されていない」と厳しく指摘している。平成27（2015）年12月、最高裁が「合憲」とした「夫婦同姓」について、「実際には女性に夫の姓を強制している」と改正を求めている。6カ月の「再婚禁止期間」について、最高裁が「100日を超える部分」を違憲とした判断についても「女性に対してだけ、特定の期間の再婚を禁じている」と改善を求めた。日本は昭和60（1985）年に女性差別撤廃条約を批准しているが、国連の女性差別撤廃委員会の勧告については、法的拘束力を否定している。

2 「広がる、子どもを守る社会」

母親の自立を阻む待機児童問題

平成 27（2015）年 4 月時点、待機児童数が全国の市区町村で 2 番目に多かった千葉県船橋市では、2016 年には市立保育所で定員割れをしている。平成 27（2015）年では 228 人いた臨時職員の保育士が 173 人しか集まらず、止む無く子どもの受け入れを制限したからである。保育所では子どもの年齢に応じて必要な保育士の数が定められ、0 歳児なら 3 人に対して 1 人の保育士が必要になるが、市の基準を元にした計算では、待機児童 1,067 人の約 4 分の 1 にあたる 288 人は保育士不足が原因であった。新しい保育園が出来て、移っていった保育士の分を補充できなかったからである。保育士不足による定員割れは、全国に広がっている。沖縄県では平成 27（2015）年時点で、那覇市など 12 市町村の 38 施設で、保育士が 65 人足りず、211 人が待機児童になっていた。広島市でも 2013 年〜 15 年度に計 6 園で子どもの受け入れを制限している。保育士不足による待機児童は 58 人であった。民間の保育園でも、保育士を派遣する複数の会社に高い紹介料を払っても、人が来ないのが現状である。自治体や企業による保育士の獲得競争も各地で始まっている[306]。

保育所などの認可施設は、保育ニーズの増加や認可施設の種類の拡大もあって、平成 20（2008）年から約 5,900 カ所増え、平成 27（2015）年には約 2 万 9 千カ所になった。保育所で働く保育士も、平成 20（2008）年から約 4 万人増えて平成 25（2013）年には 40 万 9 千人になった。しかし、この増え方では保育施設の増加に追いつかない。保育士不足の要因の一つは待遇の悪さである。民間保育所の保育士の給与の平均月額は 21 万 9 千円で、全職種の平均月額より約 11 万円低い。厚生労働省が 13 年に資格を持っているのに保育士としての就業を希望していない人を対象に、複数回答で理由を聞いた調査（958 人が回答）では、半数の人が「賃金と希望が合わない」と答えている。

安部晋三首相は「17 年度末までの待機児童解消」を掲げ、50 万人分の児童の

306　www.homes.co.jp.>FULLHome,spress> 調査データー・ランキング、（2013/10 /25 / 閲覧）。

おわりに　子どもの人権を重視する社会の構築

受け皿作りを進めている。実現のためには新たに9万人の保育士が必要だとして、様々な対策を打ち出してきている。例えば、保育士試験を年2回に増やし、一定の条件下で小学校等の教諭資格人で代替できる、などである。また、資格を持っているのに働いていない「潜在保育士」が全国に80万人弱いると見込み、現場に復帰する準備金として20万円を貸し付ける支援事業を始める。しかし、この事業も給与の低さが課題である。賃上げの壁になるのが財源の問題である。保育士の給与は、国が決める「公定価格」に影響される。政府は平成27（2015）年4月にスタートした子育ての新支援制度で平均5％の給与改善を掲げ、2016年度は消費増税分を財源に平均3％の改善をした。残り2％分には約400億が必要であるが、めどは立っていない[307]。

　平成28（2016）年2月中旬の匿名のブログ「保育園落ちた日本死ね!!!」の投稿からは、母親の悲痛な叫びが聞こえてくる。保育にかける日本の予算は、先進諸国とは比べようもない位の低水準にある。国は保育士の代替・補完策等を検討してはいるが、「子守なら誰でもいい」という発想では子どもにとって迷惑な話である。財源の確保と専門性を高めるための人材育成が急務となっている。

「自治体貧困対策」

　親から子どもへの「貧困の連鎖」を防ぐために自治体が実施する学習支援事業について、ＮＰＯ法人の調べでは、自治体の45％が実施を予定していなかった。これは、人材や財源の不足を自治体は理由にしている[308]。

　学習支援事業は、貧困家庭の子ども達の居場所づくりに繋がっている。貧困家庭の子ども達の親は、ほとんどが、働いていて家に居ることがない。ましてシングルマザーの子どもは、それ以上に孤独である。学校でのいじめや友人関係、勉強に追いつかない場合等、一旦つまずくと何処にも居場所はない。こんな時、支援がなければ社会から引き離されてしまう。学習支援事業は勉強だけでなく、

307　平成28（2016）年3月18日、朝日新聞（朝刊）から抜粋。
308　www.nikkei.com/article/DGXLASDG23H2S_T20C16A3CR0000/（2016/03 /30 閲覧・引用）。

集団活動を通して社会性を身に着けていくものである。経済的に苦しい家庭の子どもに無償で勉強を教え、子どもの居場所を作ることにある。

「居場所」のない子どもには、悪い大人の罠が待ち受けている確率は異常に多い筈である。公務員の仕事をつくるために、社会の悪をつくり育てているのではないかとさえ、思わせる。子どもに対する思いやりがあれば、子どもの居場所を作る予算くらいは捻出できるのではないか。財政難のために「学習支援事業」はしたくとも出来ないなどという理由は、当てはまらない。悪い大人から守られた家庭で育てられ公務員になった人は、居場所がなく悪い大人の罠に嵌まってしまった悲しい子どもの人生を取り締まるのである。公務員の居場所をつくる予算確保のための、「学習支援事業の予定なし。45%だけに留まる」は、想定内の数字なのである。かつて、「ひとり戸籍の幼児」が生き伸びるには、「九死に一生」の奇跡に近いものがあった。自分だけが幸福であればいいという人にとっては、それは関係のない話である。自治体が子どもに救いの手を差し伸べていたなら、「ひとり戸籍の子ども」・「無戸籍児」等、戸籍による不利益を受けた子ども達の人生も、もう少しは、ましになっていたかもしれない。

「虐待死の可能性350人」

日本小児科学会は年間約350人の子どもが虐待で亡くなった可能性があるとの推定を初めて纏めた。2011〜18年度の厚生労働省の集計では年69〜99人（無理心中も含む）。しかし、その3〜5倍になる。厚労省は自治体の報告を基に虐待死を集計しているが、日本小児科学会は「虐待死が見逃される恐れがある」と指摘している。防げる可能性のある子どもの死を分析するため、日本小児科学会の子どもの死亡登録・検証委員会が調査した。検証委員の小児科医が活動する東京都、群馬県、京都府、北九州市の4自治体で、2011年に死亡した16才未満の子ども（東京は5才未満のみ）368人を分析した。

医療機関に調査用紙を送り、死亡診断書では把握できない詳細について尋ね、一部は聞き取りにも行った。その結果、全体の7.3%にあたる27人について「虐待で亡くなった可能性がある」と診断した。この割合を全国規模で換算すると

おわりに　子どもの人権を重視する社会の構築

約350人になった、具体的には強く揺さぶられて起こる「乳幼児揺さぶられ症候群」とみられたり、虐待特有の外傷があったりした事例があった。幼児だけで入浴させるなど保護者が監督を怠ったり、適切な治療を受けさせない「医療ネグレクト」[309]があったりしたことが、死亡につながったとみられる事例もあった。

　厚労省の集計と差が生じるのは、臨床医に生前の生活ぶりなどの関連情報が届かず、診断時に虐待を見抜きにくかったり、医療機関と児童相談所のずれがあったりするためとみられる。また、予防可能性の観点から101人は出産や子育て状況の把握など行政機関の関与や、誤飲事故の予防啓発[310]といった適切な対策を行えば、「今後の同様の死を防げる可能性がある」と認定した。「今後の予防に生かすべき情報は、様々な機関で散逸してしまっている。情報を共有する有効な仕組みが整備されれば、多くの子どもの死を防ぐことが出来る」と日本小児科学会委員の溝口史剛委員長は語った。

「児童福祉法改正案」

　両親から虐待を受けて男子中学生が2年前の秋に自殺を図り、平成28（2016）年2月末に死亡していた。児童相談所は生徒を強制的に保護する対応を取らなかったほか、虐待情報の共有も不十分であった。生徒は、児童養護施設への入所を自ら要望していたが、児童相談所は施設への入所について判断できなかった。本人の意思表示がはっきりしているうえ、両親を指導できなくなった時点で保護するべきであったとの批判があった。親元との対立を避けるため問題が起こる。厚労省は、児童相談所が法的な観点からのサポートを受けながら一時保護などを円滑に進められるように、児童福祉法改正案を今国会に提出する。また、児童相談所への弁護士の配慮を原則として義務づけている。児童相談所が裁判所の許可を得て強制的に自宅に立ち入る「臨検・捜索」の手続きも簡略化する。

309　子どもに検査・治療など適切な医療行為を受けさせないと、精神に重大な障害が生じる可能性があるにも関わらず、保護者である親などが医療行為を拒否する状況をいう。
310　予防無知の人に教えて、物事を明らかにする。

「子ども食堂」

「子ども食堂」は、全国各地に誕生している。池袋の「要町あさやけ子ども食堂」は子どもが一人で入れる食堂として、第1・3水曜日限定でオープンしている。1食300円で毎回多くの親子連れで賑わっている。近年、「子ども食堂」の動きが全国へ広がっている。厚生労働省によると、「子どもの貧困率」は過去最高の16.3％に上り、6人に1人の割合である。貧困の末に子どもが餓死する事件や親が子どもを殺害するという悼ましい事件が起きている。そのような時にでも、子どもが一人でも立ち寄れる「子ども食堂」が待っている。そこでは、家では十分に食事が出来ない子どもや、一人だけで寂しく食べている子ども、不登校の子どもが家族の温もりのある「子ども食堂」に集う[311]。

3　動き出した自治体

「無戸籍児」支援に兵庫県明石市役所が動き出した。何らかの事情で出生届が出されず無戸籍になった明石市内の子どもを、1歳までに100％把握することを目指し職員による検討チームを平成27（2015）年9月4日付で発足させている。また、明石市は平成26（2014）年10月、市役所内に専用の相談窓口を設置した。国民健康保険や保健所の利用申し込み窓口も含め、0～7歳の無戸籍児6人を把握し、既に1人が戸籍を取得している。検討チームは、母子手帳取得者の追跡調査や民生児童委員との連携などを通じ、無戸籍児を広く把握する方法などをまとめ、取り組みをスタートさせる。

岩手県一関市は「無戸籍児」の問題に早い段階で動き出した自治体である。一関市では毎年のように無戸籍の子どもが確認されている。そこで、平成27（2015）年7月から新たな取り組みとして、出産前からすべての母親に担当の保健師をつけている。出生届が出されてなくて戸籍のない子どもを見つけると、まず戸

311　localnippon.muji.com/news/1195/ より。

おわりに　子どもの人権を重視する社会の構築

籍がなくても予防接種や検診が受けられることを知らせる。さらに、役所内の戸籍や住民票の担当者と連携して裁判で戸籍を取るための手続きもサポートしている。これまでに戸籍を取得した子どもも出てきている。一関市役所の健康づくり課では「手続きをやればいいのだからと口で簡単に言っても、本当に困っている人達はやれない。そういう人がたくさんいる」と住民を支援している。

「無戸籍児」の存在に気づき始めた社会

相当の事情があり届出をすることが出来なかった親に問題があるとした戸籍制度は、届け出をしなかった親に後ろめたさを押し付けたし、また、無戸籍児自身が戸籍がないことに気がついても声を上げることが出来ない。気がついても自分が悪いことをしたような感覚に陥って声を上げることは出来ないのだ。今、声を出すと親に迷惑がかかりはしないか、罰されないか、刑務所に入れられるのではないか、という恐れで結局は、声を上げることができない。

彼らは、憲法が保障している全ての権利を剥奪され、誰にも相談できず声を潜めて生きるのである。親の事情やＤＶ、貧困だけに囚われて、子どもへの配慮がお座成りにされてきた。親の緊急な事情の相談に乗りつつ、子どもの戸籍の届出に戸籍課の窓口が、これらの支援を始めた。国も「無戸籍児」の問題が社会に騒がれ始め、看過できなくなり、全国の自治体に通知を出している。戸籍がなくても、取敢えず乳幼児健診、予防接種、小中学校通学、健康保険証の作成については保障するというのである。

しかし、これが全国の自治体の全てに周知されていないという。国からの通知は出ているのに、「無戸籍の当事者が戸籍取得について」尋ねると、窓口では知らないので「裁判でも起こせば」というような冷たい対応をとられる。勇気をもって無戸籍者で窓口に行く人はまだまだ少ない。「戸籍取得」に行けない人が殆どなのである。

無戸籍の人々に伝えたい！

「あなたは悪くないのだよ」「本当に辛かったね。これからは大丈夫だよ」。運

3　動き出した自治体

よく国からの通知を周知した窓口の人に出会い、「勇気を持って届出た無戸籍」の人がいたら、怯えている仲間に「罰せられないのだよ。優しい仲間だってたくさんいるよ」と伝えてほしい。それから、その無戸籍の人に「戸籍が無いことを届け出てほしい」と。当事者の言葉ほど心に響くものはない。

　そして、社会一般人の声掛けである。まず、学校で学んでいるはずの時間に公園で遊んでいる子どもがいたら、「どうしたの？」と優しく話を聞くことが、「おせっかい」と思われても、大事なことなのである。この「おせっかい」で、救われた無戸籍の子どもが多い。また、児童虐待の幼児や子どもに社会の人の眼があることで、自分を守ってくれる人がいることを知り、違ってくるのではないか[312]。

自治体による児童虐待対応の強化

　児童虐待は密室で人知れず繰り返され幼子は被害を誰かに訴える術を知らない。これは、最も残酷な犯罪である。平成 27（2015）年は約 9 万件が発覚し、24 年連続で過去最多を更新する児童虐待。検察では児童虐待防止のプロジェクトチームを立ち上げた。これまでの検察は、行政機関と連携することはなかったが、児童相談所と協力することで児童虐待の撲滅に挑んでいる。児童虐待事件では、親が逮捕されても、子どもの怪我が軽いといった理由で不起訴になることがある。しかし、自宅に戻った途端に子どもを暴行し、死なせる例が後を絶たない。こうしたケースを防ぐには、事件の背景や加害者の過去の虐待等も把握することが必要になる。そこで、起訴するか決める前に、児童相談所や学校に話を聞くという「事前協議」を始めた。

　処分保留で釈放した場合も児童相談所に連絡する。加害者には「処分はあくまでも保留で、今後はあなた次第」と念押しをして、児童相談所の指導を受けなければ起訴もあると釘を刺す。これまでの児童相談所の職員は虐待した親が逮捕後どうなったのか分からなかったのだから、大きな違いである。児童相談

312　ameblo.jp/family772/entry-12048364044html より引用。

209

おわりに　子どもの人権を重視する社会の構築

所が子どもを守るために家庭裁判所に申し立てをする場合には助言や情報提供
をする。事件を検証する自治体の第三者委員会にも積極的に協力する。捜査情
報を外部に出すのは本来御法度であるが、子どもの福祉のために必要であると
判断したのである。プロジェクトチームで陣頭指揮をとり、管内の虐待事件の
記録を取り寄せて分析を重ねた。事件の立証に欠かせない法医学を学ぶために
医師と研究会も開いている。「これまで検察は社会から離れ、少し高みに身を置
いていた。でも司法というのは本来、もっと社会に働きかけるものであると思う」
と、高松高検検事長酒井邦彦氏は語った[313]。

中核市と東京 23 区の児童相談所設置に向けて

厚生労働省は、東京 23 区による児童相談所の設置を新たに認める方針を決め
た。設置が進んでいない人口 20 万人以上の中核市にも促す。児童虐待に対応す
る拠点を増やし、急増する通告や相談にきめ細かく対応できる体制を作る予定
である。児童福祉法改正案は、今国会に提出し、平成 29 (2017) 年度からの施
行を目指している。

児童福祉法は、都道府県と政令指定市 (20 市) に児童相談所の設置を義務づけ、
希望する中核市には設置を認めている。だが、東京 23 区は規定がないので設置
ができない。改正案の素案では、23 区も設置可能とした上で、施行後 5 年をめ
どに中核市と 23 区に対して政府が設置に向けた支援や必要な措置を講じると定
めた。専門的な人材を育成するための研修の実施や児童相談所の施設整備費や
人件費の財政支援などが見込まれる。

児童相談所は平成 27 (2015) 年 4 月時点で全国に 208 カ所あり、そのうち東
京 23 区内が 7 カ所ある。45 の中核市のうち、設置しているのは神奈川県横須
賀市と金沢市 2 カ所だけである。一方、児童相談所が対応した児童虐待は急増
し、平成 26 (2014) 年度は過去最多の 8 万 8931 件で、平成 12 (2000) 年度の
5 倍に上っている。素案では市区町村に子どもや家庭の支援拠点を設ける努力義

313　平成 28 (2016) 年 2 月 6 日、朝日新聞より抜粋。

務を課した上で、虐待の内容に応じて児童相談所が市区町村に対応を引き継げ
る仕組みづくりも盛り込んだ。児童相談所に弁護士を原則として配置すること
も入れている。

　児童養護施設などの出身者が入れる自立援助ホームの利用年齢上限は、原則
として20歳未満から大学などへの就学中に限り、22歳になる年度末に引き上
げることも有識者が検討してきたが、厚労省は民法上の成人年齢を18歳に引き
下げる議論があることを理由に見送る方針である[314]。

4　多様な生き方を認める社会

　多様性とは、何かを中心的な制度、標準的な制度とすることを否定すること
を意味する。平成12(2000)年12月、日本政府が策定した男女参画基本計画では、
「個人がどのような生き方を選択しても、それに対して中立的に働くよう、社会
制度・慣行について個人単位の考え方に改めるなど必要に応じて見直しを行う」
と記している。この中立性の原則は、これまでのように性別役割分業型の婚姻
家族を標準的な家族として、税法や社会保障法で優遇する政策をとらないこと
を意味している。このことは制度の基本を個人に置くことから、家族の多様性
を認めることになる。そして、より少数派の選択も保障されるのである。しかし、
ライフスタイルを異にする少数派に対して、社会が非寛容なのではないかとい
う不安感もある。個人を単位として、少数派の選択を可能にするには、法制度
による「承認」というプロセスが必要なのである[315]。

　家族に於ける法の果たす重要な役割は、家族内に於ける個人の人格・身体の
自由への侵害に対して、被害者を護るために法が介入することである。ＤＶや
児童虐待、高齢者虐待への介入はその典型的な例である。「法は家庭に入らず」
の原則の下に放置されてきた家庭内の暴力に対して、行政や警察が公的に介入
する道を開いた。これは、法による人権の保障であり、法の最も典型的な役割

314　平成28（2016）年3月9日、朝日新聞より抜粋。
315　二宮、2012、75～76頁。

おわりに　子どもの人権を重視する社会の構築

なのである。

　法のもう一つの重要な役割は「承認」である。家族を個人と個人の関係として捉えると、当事者が対等な合意の下でのパートナー関係を形成する自由、家族生活を営む自由が保障されなければならない。当然に、法制度が当事者の合意形成に介入することは最小限に留められなければならない。他方で、自由な合意形成を支援する仕組みが欠かせない。

　あるライフスタイル、家族生活に対して社会的な偏見や差別が強い場合には、そのようなスタイルや生活を選択することが困難となる。そこで、法がそのスタイルや生活を「承認」することによって社会的な認知度が上がり、差別や偏見をなくすことができる可能性が出てくる。例えば、性同一性障害に関して、一定の要件の下に性別取扱いの変更を認める「性同一性障害者の性別取扱いの特例に関する法律」を作ることによって、性同一性障害に対する社会的な認識をある程度深めることになった。

性的少数者の働き易い職場

　日本ＩＢＭでは平成 28（2016）年１月に同性パートナー登録制を始めた。男女間の結婚と同様に介護休職などが利用できる。性的少数者（ＬＧＢＴ）が働きやすい職場作りを 10 年以上求め、Ｋさんは実現させている。きっかけは 2003 年の米国出張だった。現地の上司がゲイで自分も打ち明け、勧められて参加したニューヨーク州で開かれた各国ＩＢＭ社員の当事者会議には、100 人以上がそこにいたのである。会社の姿勢に「ここにいることが嬉しい」とＫさんは思った。世界は変わったのである。

　帰国して人事部門に相談し、ＬＧＢＴの社員が匿名で参加できる電話会議をすると、10 人ほどが集まった。自らを隠すことで能力を発揮できない人もいた。会社にも本人にも惜しいことである。ＬＧＢＴを知る研修、誰にでも使えるトイレ、同性の「結婚」の祝い金給付等である。「ばれる」怖さはあったが、会社に働きかけて一つずつ制度を積み重ねた。本業の業績で賞をもらった平成 27（2015）年の春、50 人の同僚を前にしたスピーチで、カミングアウトした。「Ｉ

４　多様な生き方を認める社会

ＢＭが多様性を受け入れる文化を持っていたから、自分も成長出来た」。拍手が起き、Ｋさんは握手を求められた。「自分とは違う他者を認めることは、企業の発想転換にも繋がる」。彼の思いが生んだ制度は他社のモデルとなり、広がり始めている[316]。

男女差別からの解放

パナソニックは社内ルールを変更し、平成 28（2016）年 4 月から同性カップルを結婚に相当する関係と認めて、慶弔休暇や福利厚生の対象とする。会社の指針を見直し、「ＬＧＢＴ」（性的少数者）を差別しない姿勢を明確化する[317]。

また、社内から要望があった他に、パナソニックは国際オリンピック委員会（ＩＯＣ）の最高スポンサーであるが、五輪憲章では「性的指向による差別禁止」を掲げていることも後押ししている。国内の企業では先進的な取り組みであり、他企業にも広がる可能性が大である。現在、具体的な見直し作業を進めており、就業規則上の「結婚」や「配偶者」の定義変更や同性パートナーを持つ社員を慶弔休暇などの福利厚生の対象にすることを検討している。国内外のグループ企業の社員約 25 万人を対象にした行動指針には「性的指向や性別の認識で差別しない」の表記を加える方針である。社員から「同性婚を考えている」との申し出を受け、平成 28（2016）年 2 月 18 日社内ルールの見直しに着手した[318]。

海外を含めた連結従業員約 25 万人の大企業の動きは、今後他社にも広がる可能性は大きい。ただ、同性カップルパートナーとしての証明書を発行している自治体は、東京都渋谷区や世田谷区など一部に留まっており、婚姻関係の認定方法を検討中である。ＬＧＢＴへの対応を進める企業は益々増えている。日本ＩＢＭは平成 28（2016）年 1 月「同性パートナー登録制度」を新設して、ＬＧＢＴのカップルが人事部に登録することで結婚祝い金を貰えるなど、事実婚を含む男女の既婚者と同じ待遇を受けられるようになった。

316　平成 28（2016）年 3 月 18 日、朝日新聞朝刊「ひと」より抜粋。
317　平成 28（2016）年 2 月 12 日、毎日新聞より抜粋。
318　平成 28（2016）年 2 月 18 日、毎日新聞より抜粋。

おわりに　子どもの人権を重視する社会の構築

婚外子の続柄記載

　婚外子に関しては、戸籍の父母との続柄を婚外子であっても「長男」「長女」等と記載し、住民票の世帯主との続柄記載については、婚外子を「子」と平等化して記載する。婚外子が父に認知された場合には児童扶養手当の支給を停止する規定を削除する。日本人の父と外国人の母との婚外子については、父の認知によって日本国籍を取得することを可能とする法改正（国籍法第3条）をする等で平等化が進んでいる。残された課題は、相続分差別の廃止と、父母の共同親権を可能にすることである。これらが改正されると、婚外子に対する社会の差別的な認識は確実に変わると考えられ、婚外子の出生率も上がることが予想される。

多様化する家族のあり方

　平成17（2005）年の国勢調査によると、世帯構成は、「夫婦と子どもから成る世帯」29.9％、「ひとり暮らし世帯」29.5％、「夫婦だけの世帯」19.6％、「ひとり親と子から成る世帯」18.6％であったが、平成22（2010）年の国勢調査速報値によれば、「ひとり暮らし世帯」が31.2％になり、「夫婦と子から成る世帯」28.7％を上回った。今日では、「夫婦と子」がモデルとされた日本の標準家族のあり方も崩れつつある。

　他方で、離婚と再婚が日常化している。離婚は、平成22（2010）年で25万1,378件となり、毎年25万件を超えている。父母の離婚を経験している子は、平成22(2010)年では24万7,761人以上であり、毎年25万人前後となっている。婚姻の4分の1は、一方或いは双方を含めて再婚である。ライフスタイルも多様化している。生涯に於いて、婚姻経験のないカップル、事実婚カップル、性同一性障害者や同性カップル、複数の高齢者による共同生活等多様な家庭、人々は自分にとって一番の生き方を模索している。社会の変化は、変化を重ねていくうちに、「既成概念」[319] が徐々に打ち消されていく。

319　広く社会に認められ適用している概念である。

男女の雇用形態及び賃金の格差があっても、少子高齢化の中で女性の雇用は後退することはない。女性の経済的な自立の傾向はさらに進み、家族の生活も多様化し、夫婦と子どもの家族モデル、夫婦の性別役割分業を前提とすることは、現実に適合しなくなってきた。多様な家族生活の多様なニーズに応えられるような、社会の仕組みを転換していく必要に迫られている。特に離婚した家庭の子には緊急に自治体のサポート・援助が求められている。

5 民法・戸籍法の差別的規定の廃止・法改正へ

昭和21 (1946) 年に公布された日本国憲法で、婚姻・離婚・家族に関する法律は、個人の尊厳と両性の「本質的平等」[320] に立脚して制定された (憲法第24条)。これに基づき1947年に改正された民法の大きな特徴は、明治時代以来の家制度を廃止して男女の平等を徹底したことであった。家族は夫と妻、親と子、親族相互の個人と個人の権利義務関係として規定し、個人を基礎にしたことである。家制度とは、家族の長としての戸主が家族を統率して、家族は戸主の命令に服従する仕組であって、戸主の地位は家督相続として長男に継承されていた。これを廃止したものに改正され、当時としては世界で最も男女平等の家族法と言われていた。

民法と戸籍法は緊密に繋がっている。例えば、民法により裁判所で届出の許可を出し、戸籍法で届出を受理するという具合にである。明治民法を立法する以前に、戸籍制度は確立していた。民法は継受法であったが、日本国法の身分制度を前提とした諸規則について、明治民法は身分行為の届出制をはじめとして戸籍制度に極力合致するように立法された。にもかかわらず親族法、相続法の領域において戸籍制度と民法では、必ずしも整合的とはいえない関係が残っており、戦後の民法改正以降もこの関係は受け継がれている。

---

320 憲法第24条は家庭生活における個人の尊厳と両性の本質的平等を定めている。夫婦関係について平等で自由な人的結合を示したものである。男性と女性は人間として根本的に平等なのである。

おわりに　子どもの人権を重視する社会の構築

　例えば、日本法では、親子関係の要件に関する民法の規定が基本的にはフランス法を継受したものでありながら、出生証書と身分占有による嫡出子身分の確定を継受せず、判例は親子関係存否確認訴訟というドイツ類型を認めたのは、ドイツ民事訴訟法のもつ訴訟法的制限を導入しなかったためである。このように民法にも問題がある。

韓国の戸籍制度廃止

　平成 20（2008）年、韓国は戸主制の廃止に伴い戸籍制度を廃止し、個人別にその人の家族関係、つまり父母、配偶者、子を順次記載する「家族関係登録制度」に改めた。この制度は人々に肯定的に受け止められている。韓国の延世大学で「ひとり戸籍の幼児と子どもの人権」について発表した。反響は大きく、延世大学・北京大学の教授・院生の皆さんと質疑応答が英語で行われ、一番の争点は「何故、そのような戸籍が 110 年以上も改正されることなく、現在でも存在しているのか」であった。

　韓国も、かつては戸籍制度による差別で苦しんだ国であったが、家族関係登録簿によるアメリカ合衆国と同様の個人単位の登録にしている。中国は農村戸籍・都市戸籍（身分を証明する日本の戸籍とは違う）という、いわば住民票による地域格差で悩んでいる。平成 26（2014）年 7 月 30 日中国国務院は「戸籍制度の更なる推進のための意見」を発表し、「平成 32（2020）年までに都市戸籍と農村戸籍を合わせた住民戸籍に統一する方針」を表明した。

戸籍制度からの解放

　日本では、氏と戸籍の一体化によって標準的な家族モデルが維持されてきたが、多様化する今日の家族のあり方は今までのように、これらの枠にはめ込むことには無理がある。戸籍制度は、明治時代の家制度から夫婦と子どもを基本とする家族への転換を人々に明示する上で重要な役割を果たした。

　他方、日本でなお性別役割分業意識や慣行が根強い背景には家意識が残っていることがあり、戸籍にはこれを温存する作用もあった。しかし、家族の多様化、

個人化を踏まえるとき、夫婦と子どもという特定の家族像を基本にすることは、現状に合わない。社会的な差別をなくし、多様な家族のあり方を保障し支えるためには、戸籍のあり方も家族関係から中立であるべきであり、個人の自立、個人の尊厳という観点からすれば、個人単位が望ましいのではないか。

社会が多様な生き方を認めることは、様々なライフスタイルの人々の平等に繋がる。また、平等があるから自由が保障される。家族法の領域では、自由と平等は相互に関連して助け合う関係にある。婚姻は風通しの良い制度となり、他の関係を抑圧することもなく、純粋に当事者の人格的な関係を安定させるためのひとつの選択肢になる。それは、婚姻制度の特権化を無くすための鍵にもなる。

戸籍支配を終わらせるには、戸籍がなければ立ちいかない様々なシステムを、戸籍から自立したシステムに変えなければならない。また、それら自立したシステムが戸籍に成り代わって、差別支配を継続させないようにしなければならない。それには、これまで戸籍に繋がっていた住民登録制度を戸籍から分離して、自立したシステムにする。住基ネットによる付番システムが戸籍と連動してこれを妨げることは許してはならない。また、住基ネットが戸籍制度の代替システムになることも防がねばならない。そして、住民登録制度が第二の戸籍制度にならないように、これからの行政のあり方も監視していかなければならないのである。

「戸籍制度」や「家制度」が私達日本人の生活意識に与えた影響は極めて大きく、私達がそのマインドコントロールから抜け出すために多くの犠牲者と、多くの時間を費やしてきた。それは人権にとって大きなマイナスだったと言わざるを得ない。従って、他の国の人々が同じ道を歩まぬように、戸籍制度の問題点を世界に向けて発信することが必要なのである。

このことが急がれるのは東アジアに対してである。特に台湾は現時点で、戸籍制度は停止しているが、復活することが危惧される。ちなみに、台湾では日本の支配層がそのまま国民党の新政府に重用されたため、戸籍はそのままの姿で残されている。これは国民党[321] とともに大陸からやって来た人達の特権的地

321　一般に国家主義や民主主義を掲げる政党をさす。

おわりに　子どもの人権を重視する社会の構築

位を証明するものとして利用されたのである[322]。

　戸籍制度は人権より国家の利益と安全を最優先する制度である。個人の差別管理は支配の効率を高め、為政者にとって、これほど都合の良い制度はないのである。今も人々の人権を歪め、子どもを「モノ」として扱い、依然として女性の地位は低い。人は生まれながらにして皆平等である筈なのに、勝手に戸籍で人の差別を決定してしまうのが戸籍制度である。このような差別を強制的に押し付ける戸籍制度は廃止すべきではないか。

　現在、日本においては、法律を作る場合には、第1条には目的規定を置き「何のためにこの法律を作るのか」を書くのが通例であり、例えば、民法第1章第1条によると、「①—私権は、公共の福祉に適合しなければならない。②—権利の行使及び義務の履行は、信義に従い誠実に行わなければならない。③—権利の濫用は、これを許さない。」とある。又、刑事訴訟法第1条（この法律の目的）では、「この法律は、刑事事件につき、公共の福祉の維持と個人の基本的人権の保障とを全うしつつ、事案の真相を明らかにし、刑罰法令を適正且つ迅速に適用実現することを目的とする。」とある。

　ところが、日本の身分登録制度としては、戸籍と皇統譜、それと外国人登録の三つの制度があるが、戸籍法と皇統譜令には、何のために身分関係を把握するのかが明記されていないのである。皇統譜については、当然に厳重に管理されているから情報が悪用されることはない。しかし戸籍の場合は、目的が明記されていないために、戸籍法上の情報がどの範囲まで流れ、それがどこまでで流れを食い止めることができるのかということである。目的規定のない戸籍法は、非常に危険な面を持っている。

　戸籍制度は明治5 (1872) 年「明治5年式戸籍」（壬申戸籍）から昭和23 (1948) 年「昭和23年式戸籍」へ幾度となく改正されたが中身は変わっていない。行政事務において戸籍制度は極めて重要であり、日本国籍を有する者の身分関係を証明する唯一無二の公的証明は、「管理方式」としての有効監視になる。このこ

322　佐藤、2002、14頁。

とを踏まえ新戸籍が作られるシステム（新規作成システム）と個人編纂システムでは対立が生じるのである。戸籍制度の特徴として、①制度設計における国民管理の強調（身分関係の証明）。②市民に対する福利厚生概念の欠如、これは行政管理の要でもある。③システム的欠如は「新規作成方式」に重点が置かれる。④21世紀型社会への不満、これは多様性（ダイバーシティ）の欠如である。⑤法制度における救済性の欠如から「ひとり戸籍の幼児」の存在等多くの問題が噴出している。

付録資料　日向国那珂郡飫肥人買船実録原文

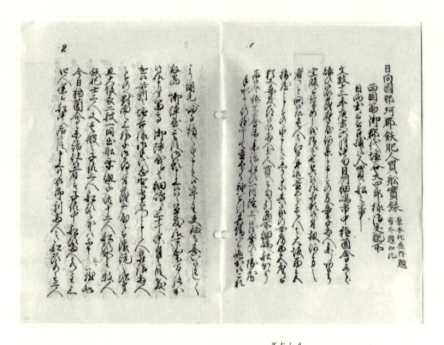

　文政13（1801）年庚寅六月中旬、日州細島市祇園会にて賑わい候ところ、薩摩屋何某と申すもの方へ童子（乞食の少年）二人参り、あまり空腹にて候間めしを給べさせてくれ候よう相頼み候に付、さて何方の者かと問い候ところ一人は江戸牛込益五郎、一人は大阪西ノ宮勝蔵と申すものの申し立て候、しかるに其家の女房西ノ宮産にて……なお又くわしく尋ね候ところ、両人とも人買いにかどわかされ、当所細島へ船がかり居り候ところ、祇園会参詣のため船頭一同おか（陸）へ上がり候を幸いに、勝蔵手水に行く躰にして益五郎が袖を引き、その場を逃げ出し候。これより国元へ帰るつもりの由申立て候。亭主夫婦も甚だいたわしく存じ、当御陣屋へ其段御願い申上げ候ハバ宜敷きよう成し下さる

べく間、罷り出て候よう申し聞け、富高御陣屋へは細島より三十丁余これある段敷へ候……

此処は塩谷様御手代志賀守右衛門と申す人相詰められ、両人の者へ対面の上様子お尋ねに付、薩摩屋にて演説の次第且つ大阪表ニ艘一同出船、乗組み子供十二人、船頭、水主数人、飫肥士三人、また一艘は子供三人、船頭のほかは居り申さず候、しかるところ今日祇園会参詣仕り候者は（欠文？）、子供中、船頭両人、水主三人四人余は船中へ居り候段申上げ候ところ、即刻買人の船頭、水主二人召し捕られ候、内残りの水主は逃げ失せ、飫肥の士三人は逃げ帰り候由。夫より後十三人の子供並びに召捕られ候者御役所へ御召寄に相成り、子供中へ御吟味これあり候ところ、十一人はかどわかされ、四人は売られ候者に相違これなく候……

右船一艘は住吉丸と申す三百石積、一艘は丸と申す千二百石積、日州に於て御高五万石余飫肥居城伊東修理太夫分船にて、大阪蔵屋敷より子供を乗せ日向の方へ下り候由。蔵屋敷にては三十人余これあり候ところ、十五人は船へ乗り申さぬ内逃げ候由……

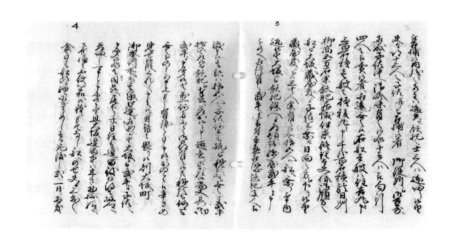

寅吉は抜け参り致し候を、尾州名古屋にて飫肥役人市井元右衛門と申す人、大阪の方へ連れ越し、元右衛門より申し聞け候には、日向と申す処は結構にて、

付録資料　日向国那珂郡飫肥人買船実録原文

米の飯、菓子、饅頭など日々給べさせ、脇差も買うて与え、その上参宮致させ候て国元へ返し候と申し聞け候由。其外の子供も夫々来歴これあるべく候へども、委細は承り申さず、大意、寅吉申出候ようの候と聞え候。

　大阪にて飫肥役人より、道頓堀銭屋武平と申すものへ相談あり、武平より書付にて親類もこれなきに付、武平拾い取り候て飫肥へ奉公に差出し候と、申す御意に御座候。

　間又その武平より申し聞け候には、万一いづかたにて御尋ねこれあり候とも、親類も何もこれなきものと申上ぐべし。もし有躰のこと申候においては辛きめ見せ候段、くれぐれ申立て候に付、皆々長り候……日州へ登り下りも二十日余りも逗留いたし候えば、故郷へ差し帰し申すべしと申し聞け候。且つ大阪逗留中は甘き物など給べさせ、ごくごく不憫を加え　躰にもてなし……

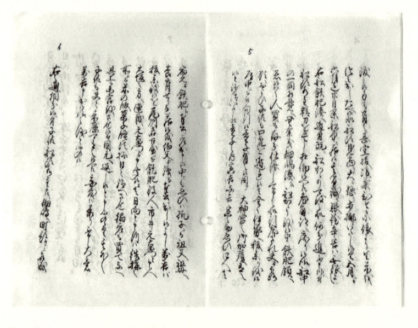

船へ乗せ、それより三度の食事も船頭より細きにぎりめし一つ宛て渡し、或いは一日に両度渡し候事もこれあり、甚だ空腹凌ぎ、ひそかに俵より生米をぬすみ出し、たべ候処、船頭見当り大いに怒り打郷いたし候由。五月より六月

222

まで二十日余り船中に居り候。其間誠に艱難辛苦は限りなきよし……

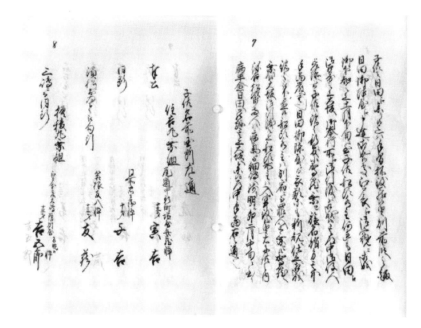

　右船飫肥へ近付きに船がかり致すべきの処、何分進み申さず候に付、船頭、水主、精力を尽し相働き候へども、とにかく後へ戻り候よう船中の一同相覚へ、余儀なく細島湊へ船がかり致し候由。飫肥領へ着き候ハバ人買いも存分仕済まし申すべきの処、引き戻され、それより露顕におよび子供も口虎逃れ候は、全く伊勢へ抜け参り致し候道中にて勾引され候童子にこれあり候因て、大神宮の加護これあり候と沙汰いたし候……

付録資料　日向国那珂郡飫肥人買船実録原文

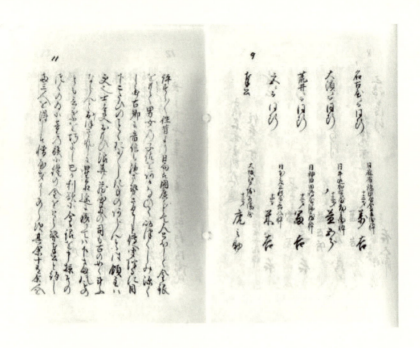

　右の通り相分り候に付、子供、船頭、水圭ともども細島へ町預けに相成り、子供は自由へ参り候迄は手習いなど致し居り候由。すなわち前段の　日田御陣屋へ申し達しに相成り候処、江戸表へ御窺いに相成り、御下知の上十一月下旬、子供、船頭、水圭、何れも日田へ御召し寄せの上、大阪御奉行所へ御引越に相成り候。其道中御役人差添へにて子供は銘々新しき小駕籠に乗せ、旅宿賄い方其外手当厳重なり。日田御陣屋にて衣類等も新規に仕立てに相成り、銘々下し置かれ候。船頭水圭は別宿にて罪人を乗せ候駕籠へ乗り候。大阪御引渡しの上、船頭水圭は入牢致し候由。
　右子供の内、彌吉、松次郎両人は病気にて細島へ残り、明くる卯二月中旬に至り病癒え、日田へ　越し、其上大阪へ参り候。道中手当右の通也。

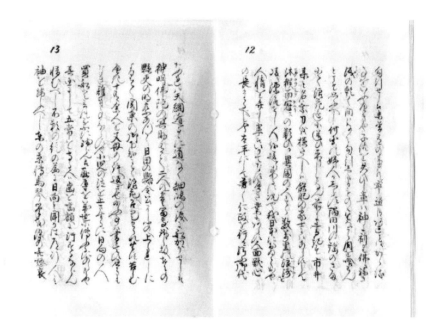

　より日向は国広くして人乏しく、をもて男女の子供をあがないて、いつくしみ深くした古郷に　償もたえきせざりと、伝え聞きつるに、目下こたびのごとく、おにおにしき事のあらんとは。領主は更なり、士大夫おもひ、屋敷の司も古の如く計うならんとおぼされしに、遥かに移りては、下さたのものども言葉を巧みにし己が利欲に金銀を申し椋め、その償いに、其の旗(やから)に、わずかの金をとらせ奉公と約し、両三人を得しは憎むべきにあり。
　次ぎ其余十有余人を勾引せしは未曽有のことか、　盗臣あれとはかかる事をいうべきや。子供を失いし輩は脾に祈り、佛に禰ぎ、泗の乾く間はなく、かどわかししたるものの生きながら肉を喰わんとす。思うべし。（下略）

付録資料　日向国那珂郡飫肥人買船実録原文

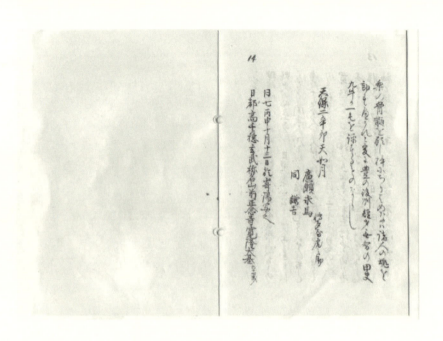

＊上記の古文書は、広瀬淡窓資料館（大分県日田市豆田町 9-7）所蔵「日向飫肥人買い船実録」資料コピー転載許可を得たものである。

　飫肥の人買い船は、かなり昔からの慣行であったらしい。日向の稚児（幼児）が東国の人買いに連れ去られ、母がその子を尋ねて全国を漂流した悲しい物語があった。「言うことを聞かないと飫肥の人買いにやるぞ」と云えば、泣く子も怯えて黙ったという。「日向飫肥人買船実録」は世間を震撼とさせた。この「実録」の事件は、永く人々に伝承され、明治時代に入っても、なお関西地方では「云うことを聞かぬと、日向飫肥の人買いにやるぞ」と云えば、泣く子も即、黙ったという。
　この事件直後の天保三年、飫肥藩は「産児間引き」の流俗を禁じ、にわかに育児奨励、人口増殖政策を打ち出した。しかし、容易に終息することはなかった。

あとがき

　本論文は、私が法政大学大学院公共政策研究科に入学した 2011 年からの研究
成果であるとはいうものの、息子の腎臓を犠牲にしてまでも大学院で研究させ
てもらったという負い目があった。私は一人戸籍の幼児であったという体験か
ら、きっと社会の中で取り残されている人々がいると考えている。この問題を
世に知らせる義務を負っている使命があると勝手に信じているのである。国民
のために存在するはずの法制度により不利益を被る子供たちがいることを世の
人々は知らない。たとえ、知っている行政関係者などもその事実から目をそむけ、
暗闇の中に放置している現実の前で、子どもが不利益を被り、女性が戸籍によ
り差別されている。人々の怒りはどうすれば改善できるだろうか。

法政大学大学院武藤博己教授との出会い。
　この研究を進めるにあたり、ご指導を頂いた論文指導教員の武藤博己教授に
は感謝し尽くせない。武藤先生との出会いがなければ、この論文がこのような
形で完成することはなかった。また、日常の議論を通じて多くの知識や示唆を
頂いた武藤研究室の多くのゼミ生の皆さんには、生まれてはじめて心地よい居
場所に入れて頂き、私は人並みの幸福をかみしめている。
　武藤先生からは、戸籍制度の問題点をより具体的に描くことを薦められたが、
戸籍のような非常に繊細な問題を公で語る人は少なく、統計資料や関連文献も
ほとんど存在しないこの分野では、体験的な事例や政策的論争よりは戸籍法の
法解釈論ばかりが先行しており、資料ももっぱら戸籍法の紹介がほとんどであ
り、本文を書いていくこともままならないほどであった。先生はその辺を良く
分かっておられ、地方自治総合研究所の「コラム」に「ひとり戸籍の幼児」に
ついて執筆して下さっている。先生の応援で「一人戸籍の幼児」の存在は少し

あとがき

ずつ世間に知られ始めた。

五十嵐敬喜教授との出会い。

　博士に進学するとともに、都市法を専門とする五十嵐先生のゼミに属し、戸籍問題についても法的なアプローチについて学んだ。戸籍法という法の中身やその解釈などについて、高いレベルでの議論が続いたが、体系的に法律学を学んだことがなかったので苦しんだ。また、日本の「公共事業」や「都市」のあり方について、新たなモデルを構築するための基盤的な思考法を学習した。五十嵐教授が「法律家・弁護士」であることから、主として制度面からの検討を行ない、折に触れ研究室主催のシンポジウム等の開催や、授業時間内の外部ゲストスピーカーによる講義も行われた。民主党が政権を取った時は、先生が国家戦略担当内閣官房参与に任命されたので、菅総理大臣や日本を牛耳る財界人との交流が頻繁にあり、目を見張ったものである。日本のトップレベルの人々の言葉を心に焼き付け、もう二度とないであろう機会を夢のように過ごした。それでも夢みたいな日々は結構続いた。「大平内閣における田園都市構想」について、森田一（元運輸相、元大平正芳内閣総理大臣秘書官）を五十嵐ゼミに招き、「総有的国土像」の議論が展開された。等々である。

申先生に出会えたこと。

　申龍徹先生には修士から博士課程修了まで論文指導をして頂いた。そして、海外視察・旅行、また韓国延世大学での学会発表では大変お世話になった。両股関節骨折のため歩くのが困難な私を参加させて頂き大変迷惑をお掛けしている。それにもめげず声をかけて頂き、私はめげず図々しくまた参加している。いずれにしろ私との出会いは、先生にしたらとんでもない災難だったに違いない。私の戸籍の研究では韓国が戸籍廃止に踏み切ったのは何故かということが戸籍問題の核心なのである。韓国の大学での学会発表・自治体視察等では韓国の戸籍事情にアンテナを立て一分も漏らさないように先生にへばり付いた。先生は相当辟易されていたようだった。

あとがき

　韓国は何故戸籍制度を廃止したのか。　韓国延世大学での学会発表等。

　日本と同じ戸籍制度を構築してきた韓国と台湾が戸籍制度を廃止した。戸籍制度がもたらした様々な差別、中でも家父長制度と戸籍制度が男女差別を助長するとされる憲法違反の判断の続出を背景に、戸籍制度の廃止に踏み切ったわけである。なぜ、日本では戸籍制度の廃止ができないのだろうか。

　2015年の夏、韓国の延世大学で行われた3大学交流会議では、日本の戸籍制度の課題を発表したが、討論者であった韓国や中国の先生方も日本の戸籍制度の影の部分について共感し続けて研究することを薦めてくれ、大きな励みになったことを覚えている。かつて日本に住んでいたという教授の母親は、戦後に戸籍も財産も没収されて、韓国に強制的に着の身着のままで返され路頭に迷ったという。教授はこうも言った。「私は日本を恨んではいません。日本人は友人ですから。学者たちは殆どがそのような考えです」。私は恥ずかしさと申し訳なさで胸が痛くなった。

　これから、子どもの人権を守るために残りの人生を捧げたい。

　一人の体験談としてではなく、今なお戸籍で苦しんでいる多くの人々のためにも、この研究を続けていくことが支えになった人々への恩返しであると確信している。これからの人生がどのくらいなのかは分からないが、子どもの人権を守るために残りの人生を捧げたい。ここまでたどり着くまで、多くの人にお世話になった。命の半分をくれた息子のためにも、私は「ひとり戸籍の幼児」の存在を社会に訴え続けたい。食べること・居場所に困らないような社会を一日も早く、待っている子どもたちに届けられるように。

　　　　　　　　　　　　　　　　　　　　2018年4月　稲垣陽子

参考文献

青柳幸一（2007 年）、「憲法判例百選 1—〈尊属殺重罰と法の下の平等—尊属殺重罰規定判決〉」、
『別冊ジュリスト』、186 号

我妻 栄（1959 年）、「戸籍に弱い？」『ジュリスト』、185 号

我妻 栄（1961 年）、『親族法』、有斐閣

朝日ジャーナル編集部・君島二郎（1975 年）、『朝日選書 44（新版）日本の思想家（上）』、
朝日新聞社

荒川直子（2010 年）、『揺れるいのち』、旬報社

荒巻重人・吉永省三編集（2008 年）、『子ども支援の相談・救済』、日本評論社

五十嵐敬喜（2002 年）、『市民の憲法』、早川書房

五十嵐敬喜（2005 年）、『憲法改正論』、日本経済評論社

五十嵐敬喜（2007 年）、『国民がつくる憲法』、自由国民社

五十嵐敬喜・近衛幸治・湖澤能生（2014 年）、『民事法学の歴史と未来』、成文堂

池田真明（2011 年）、『ボアソナドーとその民法』、慶応義塾大学出版会

石井光太（2014 年）、『世界「比較貧困学」入門』、PHP 研究所

石原豊昭（2014 年）、『戸籍のことならこの 1 冊』、自由国民社

石村華代・軽部勝一郎（2013 年）、『教育の歴史と思想』、ミネルヴァ書房

市原其三郎（1978 年）、『天皇制国家の謎』、立風書房

伊藤勇治（1994 年）、「戸籍情報を含む個人情報総合管理システムの可能性と諸問題」、
『日本都市情報学会学会誌』、6 号

井戸田博史（2004 年）、『夫婦の氏を考える』、世界思想社

井上たか子・斉藤笑美子・二宮周平（2012 年）、『フランス女性は何故結婚しないで子ども
を産むのか』、勁草書房

李 英美（2005 年）、『韓国司法制度と梅謙次郎』、法政大学出版局

今井康雄（2009 年）、『教育思想史』、有斐閣

今津孝次郎（2007 年）、『いじめ問題の発生・展開と今後の課題—25 年を総括する—』、
黎明書房

今村都南雄・武藤博己・沼田良・佐藤克廣（2009 年）、『ホーンブック基礎行政学』、北樹出版

岩志和一郎（1998 年）、「ドイツの新親子法（上）」、『戸籍時報』、493 号

上野千鶴子（2004 年）、『なくそう戸籍と婚外子差別』、明石書店

参考文献

上野千鶴子（2009年）、『フェミニズム理論』、岩波書店

唄 孝一（1988年）、『「氏」二題「家の名・族の名・人の名─氏─」』、三省堂

海野福寿・大島美津子（1996年）、『家と村』、岩波書店

梅謙次郎・今井貴（1984年）、『法典質疑問答（第7編）憲法・行政法・戸籍法（全）』、信山社出版

遠藤正敬（2010年）、『近代日本の植民地統治における国籍と戸籍』、明石書店

黄 宗楽（1993年）、「台湾の戸籍法とその改正」、『戸籍時報』、426号

近江幸治（2005年）、『新しい民法全条文--現代語化と保障制度改正』、三省堂

太田武男（1990年）、『親族法概説』、有斐閣

太田季子・谷合佳代子・養父知美共著（1995年）、『戸籍・国籍と子どもの人権』、明石書店

大棟治男（1986年）、『家族法と戸籍』、テイハン

大村敦志（2010年）、『家族法』、有斐閣

岡孝・江戸恵子編著（1985年）、『梅謙次郎著書及び論文目録：その書誌学的研究』、法政大学出版局

岡本武憲（1997年）、『人づくり風土記』、宮崎県農村漁村文化協会

婚差会編者（2004年）、『非婚の親と婚外子─差別なき明日に向かって』、青木書店

加藤周一・丸山真男（1996年）、『翻訳の思想-日本近代史系（15）「箕作麟祥君伝大槻文彦編」』、岩波書店

釜田泰介（1980年）、「嫡出・非嫡出による区分と法の平等性保護」、『同志社法』、32巻4号

神島二郎（1971年）、『日本人の結婚観』、講談社

神島二郎（1979年）、『常民の政治学』、講談社

神島二郎（1980年）、『岩波講座 子どもの発達と教育 子ども観と発達思想の展開』、岩波書店

神島二郎（1981年）、『政治をみる眼』、日本放送出版協会

神島二郎（1993年）、『日本人の発想』、講談社

川島武宣（1947年）、「民法改正案に対する意見書」、『法律時報』、19巻8号

韓国民事法務研究会（1985年）、『韓国・戸籍法（84年度）改定版』、韓国通信社

姜尚中（2010年）、『アジアから読む日本国憲法』、岩波ジュニア新書

岸俊男（1973年）、『日本古代籍帳の研究』、縞書房

北一輝（北輝次郎）（2005年）、『北一輝思想集成』、書捷心水

君島二郎（2003年）、『日本の思想』、岩波書店

金 鐘鐵（2001年）、「大韓民国の住民登録制度」、『関西大学法学論集』、51巻4号、（訳）

参考文献

園田 寿

久保義三・米田俊彦・駒込武・児美川孝一郎（2001年）、『現代教育史事典』、東京書籍

こうのとりのゆりかご検証会議編著（2010年）、『こうのとりのゆりかご』、明石書店

後藤啓二（2011年）、『法律家が書いた子どもを虐待から守る本』、中央経済社

崔 弘基（1996年）、『韓国戸籍制度の研究』、第一書房

西 周（2013年）、『明治啓蒙思想集』、筑摩書房

斉藤純子（1997年）、「親子法政策法案の可決」、『ジュリスト』、1123号

榊原富士子（1992年）、『女性と戸籍-夫婦別姓に向けて-』、明石書店

榊原富士子（1998年）、『戸籍制度と子どもたち』、明石書店

坂田仰（2013年）、『いじめ防止対策推進法、全条文と解説』、学事出版

佐倉智美（2006年）、『性同一性障害の社会学』、現代書館

佐瀬一男・佐瀬恵子（2009年）、『新・人権はだれのものか』、有信堂光文社

佐藤幸治・長尾龍一・田中成明（1971年）、『西洋思想史の継受』、東京大学出版会

佐藤秀夫（1994年）、『教育 御真影と教育勅語1』、みすず書房

佐藤秀夫（1996年）、『教育 御真影と教育勅語2』、みすず書房

佐藤秀夫（1996年）、『教育 御真影と教育勅語3』、みすず書房

佐藤秀夫（1996年）、『続・現代史資料』、精興社

佐藤文明（1988年）、『戸籍うらがえ史考』、明石書房

佐藤文明（1991年）、『戸籍が見張る暮らし』、現代書館

佐藤文明（1995年）、『戸籍がつくる差別＜新装版＞』、現代書館

佐藤文明（1997年）、『戸籍解体講座』、社会評論社

佐藤文明（2002年）、『戸籍って何だ』、緑風出版

沢田省三（1990年）、『夫婦別氏論と戸籍問題』、ぎょうせい

司馬遼太郎・野坂昭如・石井紫郎・高橋裕・ぬやまひろし・松下幸之助（1976年）、『土地と日本人』、中央公論社

渋谷秀樹・赤坂正浩（2010年）、『憲法1 人権』、有斐閣

自由国民社編集部（2005年）、『開戦の詔書』、自由国民社

趙 慶済（2007年）、「韓国の新しい身分登録法―〈家族関係の登録等に関する法律〉」、『ジュリスト』、1340号

於保不二雄・中川淳（2004年）、『新版 注釈民法（25）親族（5）』、有斐閣

申 龍徹（2004年）、『都市公園政策形成史』、法政大学出版局

申 龍徹（2006年）、『韓国行政・自治入門』、公人社

参考文献

杉山直治郎・曽我祐邦編集（2009 年）、『富井政章先生追悼集』、信山社

千田有起（2011 年）、『日本型近代家族』、勁草書房

高翔龍（2005 年）、「韓国家族法の大改革」、『ジュリスト』、1294 号

ダグラス・C・ノース（1994）（Douglass・C・North）（訳）竹下公視、『制度・制度変化・
　経済効果』、晃洋書房

太宰治他（2011 年）、『戦争と文学（8）アジア太平洋戦争』、集英社

田代有嗣（2002 年）、「戸籍とは何か。何故諸外国には戸籍が無いのか」、全国連合戸籍住
　民基本台帳協議会

田中須美子・角野由紀子（2004 年）、『なくそう婚外子・女性への差別』、なくそう戸籍と
　婚外子差別・交流会

田中須美子（2013 年）、『なくそう戸籍と婚外子 Voice 合本 2013 年』、なくそう戸籍と婚
　外子差別・交流会

近江幸治（2005 年）、『新しい民法全条文—現代語化と保障制度改正』、三省堂

田 暁利（2005 年）、『現代中国の経済発展と社会変動—＜禁欲＞的統制政策から＜利益＞
　誘導政策への転換—』、明石書店

東京都産業労働局雇用就業部労働環境課編集（2014 年）、『2014 年版 働く女性と労働法』、
　清光社

遠山茂樹（1992 年）、『遠山茂樹著作集 第 4 巻』、岩波書店

利谷信義（1995 年）、「戸籍制度の役割と問題点」、『ジュリスト』、1059 号

利谷信義・鎌田浩・平松浩（1996 年）、『戸籍と身分登録』、早稲田大学出版部

永井憲一・吉岡直子（1998 年）、『子どもの人権と裁判–子どもの権利条約に即して』、法
　政大学出版局

長尾龍一（2001 年）、『穂積八束集』、信山社

中川善之助（1965 年）、『新訂親族法』、青林書院新社

中川善之助（1989 年）、「民法改正余話」、『ジュリスト』、936 号

中村 恵（2007 年）、「国境を越える生殖医療と法」、『法律時報』、988 号

中村健二（1982 年）、『戦争って何さ 戦災孤児の戸籍簿』、ドメス出版

成毛鉄二（1956 年）、「戸籍実務から見た民法及び戸籍法の再検討」、『法務研究法務研究
　報告書』、第四十三集第六号、法務研修所

西尾勝・武藤博己編著（2004 年）、『自治体改革 2』、ぎょうせい

二宮周平・榊原富士子（1996 年）、『21 世紀親子法へ』、有斐閣

二宮周平・榊原富士子（2005 年）、『離婚判例ガイド 第 2 版』、有斐閣

参考文献

二宮周平（1996 年）、『家族をめぐる法の常識』、講談社

二宮周平（2006 年）、『家族法 第 2 版』、新世社

二宮周平（2006 年）、『新版 戸籍と人権』、解放出版社

二宮周平（2010 年）、『家族と法』、岩波書店

沼田哲・元田竹彦（1985 年）、『元田永孚』、山川出版社

野宮亜紀・針間克己（2011 年）、『性同一性障害って何？』、緑風出版

原武史（2009 年）、『松本清張の「遺言」―「神々の乱心」を読み解く』、文芸春秋

針間克己・野宮亜紀（2013 年）、『性同一性障害と戸籍 [補強改訂版]』、緑風出版

東川徳治（1997 年）、『梅謙次郎』、大空社

廣井亮一（1993）、「家事事件にみる〈家〉」、『家裁月報』、45 巻

福島瑞穂（2001 年）、『あれも家族これも家族-個を大事にする社会へ-』、岩波書店

福島正夫（1996 年）、『福島正夫著作集』、勁草書房

藤岡武雄（1998 年）、『和歌山牧水』、桜楓社

藤田省三（2012 年）、『天皇制国家の支配原理』、みすず書房

細川清・海老原良宗共編（1986 年）、大棟治男「父・母と氏を異にする子が父・母の氏を
　　称する場合の家庭裁判所の許可について」『家族法と戸籍より』、テイハン

細川清・海老原良宗共編（1986 年）、大森政輔『家族法と戸籍―その現在及び将来―「戸
　　籍の信頼保持方策について―虚偽届出と過誤処理に伴う二、三の問題―」、テイハン

毎日新聞社会部（2008 年）、『離婚後 300 日問題 無戸籍児を救え！』、明石書店

増本敏子・久武綾子・井戸田博史（1999 年）、『氏と家族―氏＜姓＞とは何か―』、大蔵省
　　印刷局

松川正毅（2001 年）、『変貌する現代の家族と法』、大阪大学出版会

松下圭一（2012 年）、『成熟と洗練　日本再構築ノート』、公人の友社

松村高夫・高草木光一編集、加藤哲郎（2007 年）「天皇制民主主義論」『東アジア 日本が
　　問われていること』、岩波書店

丸山真男（2003 年）、『日本の思想』、岩波書店

水野紀子（1992 年）、「戸籍制度」、『ジュリスト』、1000 号

武藤博己（2003 年）、『入札改革 談合社会を変える』、岩波書店

武藤博己（2008 年）、『道路行政』、東京大学出版会

元田竹彦・海後宗臣（1969 年）、『元田永孚』、元田文書研究会

柳田國男（1995 年）、『遠野物語』、集英社

山住正巳（1996 年）、『教育の体系』、岩波書房

参考文献

山本政行（1958 年）、『日本社会と家族法・戸籍法をとうして』、日本評論社

吉岡増雄・山本冬彦（1987 年）、『在日外国人と国籍法入門』、社会評論社

吉本隆明（1979 年）、『共同幻想論』、河出書房新社

善積京子（1993 年）、『婚外子の社会学』、世界思想社

吉本隆明（1979 年）、『共同幻想論』、河出書房新社

ロニー・アレキサンダー・池田久美子・土肥いつき（2012 年）、『セクシュアル・マイノリティ（第 3 版）』、明石書店

渡辺泰彦（1997 年）、「ドイツ親子法改正の政府草案について」、『同志社法学』、49 巻 1 号

渡辺洋三（1994 年）、『家族法を見直す』、岩波書店

和田幹彦（2009 年）、「戦後占領期の民法・戸籍法改正過程」、『法学志林』、107 巻 1 号

和田幹彦（2010 年）、『家制度の廃止―占領期の憲法・民法・戸籍法改正過程―』、信山社

【著者紹介】

稲垣　陽子（いながき・ようこ）

1943 年　宮崎県日南市生まれ
1962 年　埼玉県で不動産賃貸業を開業。現在も東京都で不動産賃貸業を営む。
2013 年　法政大学大学院公共政策研究科公共政策学専攻修士課程修了
2017 年 9 月　法政大学大学院公共政策研究科公共政策学専攻博士後期課程修了
　　　　（博士 / 公共政策学）
2018 年 5 月より法政大学大学院「自治体政策実践論」兼任講師

〈著　作〉『ヤギと少女』平岡陽子（ひらおか・ようこ）2002 年、文芸社

ひとり戸籍の幼児問題とマイノリティの人権に関する研究

2018 年 8 月 10 日　初版発行

　　　　著　者　　稲垣　陽子
　　　　発行人　　武内　英晴
　　　　発行所　　公人の友社
　　　　　　　　　〒 112-0002　東京都文京区小石川 5 － 26 － 8
　　　　　　　　　TEL 03 － 3811 － 5701
　　　　　　　　　FAX 03 － 3811 － 5795
　　　　　　　　　E メール info@koujinnotomo.com
　　　　　　　　　http://koujinnotomo.com/
　　　　印刷所　　倉敷印刷株式会社
　　　　装画提供　公益財団法人いわさきちひろ記念事業団
　　　　装　丁　　上村千寿子
